Eine Produktion des Copress-Teams, München

Lektorat und Bildredaktion	Pierre Sick
Produktion und Layout	VerlagsService Dietmar Schmitz GmbH
Umschlaggestaltung	Stiebner Verlag GmbH
Alle Fotos	FOTOAGENTUR SVEN SIMON
Fotografen	Annegret Hilse, Frank Hörmann, Franz Wälischmiller
Zusatzfotos	Imago: S. 23, 25, 27, 31, 33, 34, 36, 37, 42, 44, 47, 52, 55, 65, 78/79, 81, 82, 92, 105, 107, 109, 110, 111, 132, 155, 166, 167, 168, 169
Textredaktion	Andreas Hunzinger, Markus Löser
Autoren	David Bernreuther, Thomas Böker, Julian Franzke, Uli Gerke, Oliver Hartmann, Hardy Hasselbruch, Axel Heiber, Thomas Hiete, Andreas Hunzinger, Hans-Günter Klemm, Markus Löser, Thiemo Müller, Uwe Röser, Steffen Rohr, Thomas Roth, Karlheinz Wild, Jana Wiske
Kommentare	Rainer Holzschuh, Ciriaco Sforza

KORREKTORAT	Christian Rheingruber
STATISTIK	kicker-Datenredaktion
BIBLIOGRAFISCHE INFORMATION DER DEUTSCHEN NATIONALBIBLIOTHEK	Die Deutsche Nationalbibliothek verzeichnet diese Publikation in der Deutschen Nationalbibliografie; detaillierte bibliografische Daten sind im Internet über http://dnb.d-nb.de abrufbar.
AUFLAGE	3., unveränderte Auflage 2014
COPYRIGHT	© 2014 Copress Verlag in der Stiebner Verlag GmbH, München Alle Rechte vorbehalten. Wiedergabe, auch auszugsweise, nur mit Genehmigung des Verlags.
PROJEKTMANAGEMENT	Stiebner Verlag GmbH, München www.copress.de
REPRODUKTION	digiartworx, Hilgertshausen
DRUCK UND BINDUNG	Kessler Druck + Medien, Bobingen
PRINTED IN	Germany
ISBN	978-3-7679-0975-5

Inhalt

Eröffnung

14

Blatter schweigt, J.Lo rockt,
das Volk tobt — 14
Das deutsche Team — 16

Vorrunde

A **18**

Brasilien – Kroatien 3:1
Brasilien im Land des Lächelns — 22

Mexiko – Kamerun 1:0
Eine zufriedene Laus und
ein begossener Pudel — 23

Brasilien – Mexiko 0:0
Nicht nur bei Sammelbildern:
Ochoas Marktwert steigt — 24

Kamerun – Kroatien 0:4
Kamerun setzt sich mit
»Suizid-Fußball« schachmatt — 25

Kamerun – Brasilien 1:4
Majestätsbeleidigung –
Alleinunterhalter Neymar gekränkt — 26

Kroatien – Mexiko 1:3
»Marquez hat uns killt« — 27

B **28**

Spanien – Niederlande 1:5
Schlaflos nach dem Albtraum
von Salvador — 32

Chile – Australien 3:1
Die »Roten« müssen Steine klopfen — 33

Australien – Niederlande 2:3
Der König bedankt sich – Holland hüpft
ein bisschen höher als die »Socceroos« — 34

Spanien – Chile 0:2
Der König dankt ab –
für Chile der »schönste Moment« — 35

Australien – Spanien 0:3
Abschied in eine positive Zukunft? — 36

Niederlande – Chile 2:0
Die Systemfrage:
Van Gaal platzt der Kragen — 37

INHALT

C 38

Kolumbien – Griechenland 3:0
Ein Milchgesicht beendet
die Durststrecke 42

Elfenbeinküste – Japan 2:1
Drogba lehrt die »Samurai«
das Fürchten 43

Kolumbien – Elfenbeinküste 2:1
»Viva Colombia!« –
endlich wieder Achtelfinale 44

Japan – Griechenland 0:0
Die zwei Seiten einer Medaille 45

Japan – Kolumbien 1:4
Mondragon genießt den
»großen Moment« 46

Griechenland – Elfenbeinküste 2:1
Der Abschied der goldenen Generation 47

E 58

Schweiz – Ecuador 2:1
Genie oder Glückskind?
Beide Joker stechen 62

Frankreich – Honduras 3:0
Das unbestechliche Auge 65

Schweiz – Frankreich 2:5
Die »Grande Nation« spielt groß auf,
die Schweiz dilettiert 66

Honduras – Ecuador 1:2
Der »falsche« Valencia macht
den Unterschied 69

Honduras – Schweiz 0:3
Shaqiri krönt sich zum
»Dschungelkönig« 70

Ecuador – Frankreich 0:0
Schlagabtausch erst in Unterzahl 73

G 84

Deutschland – Portugal 4:0
Alles Müller oder was?
Ein perfekter Start. 88

Ghana – USA 1:2
Ein Sieg made in Germany 92

Deutschland – Ghana 2:2
Klose: Historisches Tor
weckt Appetit auf mehr 92

USA – Portugal 2:2
Kein Bock auf Pink 96

Portugal – Ghana 2:1
»CR7« – bei großen Turnieren
keine große Marke 96

USA – Deutschland 0:1
Schweiger Schweinsteiger
und das Spiel ohne Verlierer 98

D 48

Uruguay – Costa Rica 1:3
Brych brilliert beim Coup
des Außenseiters 52

England – Italien 1:2
Grau ist alle Theorie – oder doch rot? 52

Uruguay – England 2:1
Rosa Elefanten 54

Italien – Costa Rica 0:1
Costa Rica 3, Weltmeister 0 55

Italien – Uruguay 0:1
Ein Biss, ein Schrei … Uruguay 56

Costa Rica – England 0:0
Schlaf, England, schlaf … 57

F 74

Argentinien – Bosnien-Herzegowina 2:1
Historisches Malheur und ein
magischer Moment 78

Iran – Nigeria 0:0
Dem Präsidenten hat's gefallen –
dem Rest nicht 79

Argentinien – Iran 1:0
Ein Schuss, ein Tor, ein Messi 80

Nigeria – Bosnien-Herzegowina 1:0
Der Zorn des Edin D. 81

Nigeria – Argentinien 2:3
Noch reicht die »One-Man-Show« 82

Bosnien-Herzegowina – Iran 3:1
Ein kleines Trostpflaster für Dzeko
und Co. 83

H 102

Belgien – Algerien 2:1
Berge versetzt,
Negativrekord verhindert 106

Russland – Südkorea 1:1
Kerzhakov sorgt für das
Geburtstagsgeschenk 107

Belgien – Russland 1:0
Pflicht erfüllt – schmucklos
ins Achtelfinale 108

Südkorea – Algerien 2:4
Selbstkritik und Eigenlob 109

Südkorea – Belgien 0:1
Belgiens Reserve ist auch in
Unterzahl zu stark 110

Algerien – Russland 1:1
Slimani wärmt Algeriens Herzen 111

Vorrunde *Kommentar*
Rainer Holzschuh:
»Die Kleinen sind erwachsen
geworden – Europa ist der
eindeutige Verlierer«« 112

Achtelfinale

114

Brasilien – Chile 3:2 i. E.
Ein Schuss lässt ein Land erzittern,
einer stürzt es in den Freudentaumel   116

Kolumbien – Uruguay 2:0
James – Carlos Valderramas
würdiger Nachfolger   118

Niederlande – Mexiko 2:1
Vom »stillen Örtchen«
ins Rampenlicht   120

Costa Rica – Griechenland 5:3 i. E.
»Zeus« ist ein Costa Ricaner   122

Frankreich – Nigeria 2:0
Frankreichs Bank-Geheimnis:
»Wir sind 23 Brüder«   124

Deutschland – Algerien 2:1 n. V.
»Kopf und Kragen riskiert« – der
weltbeste Torwart ohne Viererkette   126

Argentinien – Schweiz 1:0 n. V.
Der letzte Akt in einem
brutalen Geschäft   130

Schweizer Bilanz
Ciriaco Sforza: Hitzfelds
Nachfolger Petkovic soll
die Schweiz unter die
Top-Nationen führen   132

Belgien – USA 2:1 n. V.
Überschätzt und übertrumpft   134

Achtelfinale *Kommentar*
Rainer Holzschuh:
»Dramatik pur – und die
Favoriten setzen sich
durch«   136

Viertelfinale

138

Frankreich – Deutschland 0:1
Hummels kann auch den Löw-Stil   140

Brasilien – Kolumbien 2:1
Das Neymar-Drama –
Brasilien in Schockstarre!   144

Argentinien – Belgien 1:0
Der »Floh« kann auch kämpfen –
enttäuschter van Buyten setzt
auf Deutschland   146

Niederlande – Costa Rica 4:3 i. E.
Tim Krul – der erfolgreiche Plan C   148

Viertelfinale *Kommentar*
Rainer Holzschuh:
»Wie so oft bei großen
Turnieren …«   150

INHALT

Halbfinale

152

Brasilien – Deutschland 1:7
Ein historischer Triumph –
und ein historisches Desaster ... 154

Niederlande – Argentinien 2:4 i. E.
Romero – der undankbare Zögling
von van Gaal ... 160

Halbfinale *Kommentar*
Rainer Holzschuh:
»Ein Märchen als
Glanzpunkt in der
Realität« ... 164

Spiel um Platz 3

166

Brasilien – Niederlande 0:3
Blind ins Verderben ... 168

Finale

172

Deutschland – Argentinien 1:0 n. V.
Der vierte Stern strahlt über
Deutschland ... 174

Finale *Kommentar*
Rainer Holzschuh:
»Deutschland
und der Fußball
der Zukunft« ... 180

Statistik ... 182

Schlecht gelaunt: Arjen Robben spielte ein sehr starkes Turnier, aber im Halbfinale war für den Bayern-Star und die Niederlande Schluss.

Auf dem Hosenboden gelandet: Wayne Rooney gelang sein erster WM-Treffer, aber England überstand die Vorrunde dennoch nicht (Bild oben).
Stratege ohne Fortune: Yaya Touré und die Elfenbeinküste enttäuschten (Bild rechts).

»CR7« am Boden: Der Weltfußballer und Portugal blieben wieder einmal bei einem Turnier hinter den Erwartungen zurück.

Raus ohne Applaus: Mario Balotelli war sportlich fast ein Totalausfall.

Luis Suárez leistete sich mit seiner Beißattacke gegen den Italiener Giorgio Chiellini die Entgleisung der WM.

Schock für Brasilien: Für Neymar war die WM nach Juan Zunigas Foul vorzeitig beendet (Bild oben).

Ikone als Sicherheitsrisiko: Iker Casillas patzte mehrmals – auch deshalb schied Spanien nach der Vorrunde aus (Bild links).

Gefallene Stars: Steven Gerrard (Bild links) und Sergio Ramos (Bild rechts) gehörten zu den Enttäuschungen des Turniers.

Eröffnung

Blatter schweigt, J.Lo rockt, das Volk tobt

Die Vorfreude auf die zweite Austragung einer Fußball-WM nach 1950 teilten nicht alle Brasilianer. Schon während der Generalprobe, dem Confed-Cup 2013, hatten sich Hunderttausende nicht nur auf den Straßen in den zwölf Austragungsorten versammelt. Die Demonstranten verschafften so ihrem Unmut über Misswirtschaft, Korruption, steigende Preise und staatlich verordnete Zwangsumsiedlungen – auch mit Blick auf Olympia 2016 in Rio de Janeiro – ein Ventil.

Auch vor der offiziellen Eröffnungsfeier in der Arena de Sao Paulo hatte es teilweise gewalttätige Demonstrationen gegen die Regierung und den Weltverband FIFA gegeben. Im Gegenzug setzten die Einsatzkräfte ihre Null-Toleranz-Strategie konsequent um. In den mehr als acht Milliarden Euro, die sich das Schwellenland das bis dato teuerste Großereignis in der Fußballhistorie kosten ließ, waren auch etwa 630 Millionen Euro für den Posten »Sicherheitsvorkehrungen« veranschlagt. Laut Staatspräsidentin Dilma Rousseff sollte der brasilianische Steuerzahler mit keinem einzigen Real (ein Euro = drei Reais) belastet werden. Frau Rousseff hatte bei ihrem Versprechen wohl auch ihre mögliche Wiederwahl im folgenden Herbst im Hinterkopf.

Das 25-minütige, sechs Millionen Euro teure Programm der Eröffnungsfeier entfachte jedoch nicht wie von den Machern erhofft grenzenlose Euphorie. Weder

Grün, rot, blau, gelb: Natürlich durften bei der Eröffnungsfeier heiße Sambarhythmen und brasilianische Schönheiten nicht fehlen.

ERÖFFNUNG

an den Bildschirmen, vor denen sich knapp über eine Milliarde Menschen versammelt hatte, noch im rund 64 000 Zuschauer fassenden Stadion. Die Natur, der Mensch und der Fußball – die drei Schätze Brasiliens – bildeten den Mittelpunkt. Dagegen schienen die 660 Darsteller ihren Spaß zu haben. Auf der VIP-Tribüne überwogen jedoch auch die bittersüßen Mienen. Allen voran die des FIFA-Chefs Joseph »Sepp« Blatter. Der hätte nur allzu gern selbst im Rampenlicht gestanden, verzichtete aber darauf – und schwieg beharrlich. Denn schon bei der Eröffnung des Confed-Cup im Vorjahr war er ob seiner Ignoranz gegenüber der Kritik von der Straße gnadenlos ausgepfiffen und ausgebuht worden.

Friede, Freude, Eierkuchen: Das ist das Rezept, nach dem Blatter und sein Gefolge der Welt ihre Spiele präsentieren. Und so verwunderte es auch nicht, dass die Bildregie zur Zensur griff. Denn als der Junge mit indianischen Wurzeln, der zusammen mit einem hellhäutigen Buben und einem dunkelhäutigen Mädchen die WM durch das Freilassen von drei weißen Friedenstauben offiziell eröffnete, ein Transparent mit der Aufschrift »Demarcação« (Ausgrenzung) enthüllte, reagierte die Regie blitzschnell und schickte ein unverfängliches Bild über die Satelliten in die Welt hinaus.

Zu diesem Zeitpunkt hatte US-Popikone Jennifer Lopez, von ihren Fans nur »J.Lo« genannt, den WM-Song »We Are One« zusammen mit Rapper Pitbull und der Brasilianerin Claudia Leitte bereits vorgetragen und das Stadion gerockt. Noch mehr Beifall erhielt allerdings Volksheld Neymar, obwohl dessen Konterfei nur auf der Video-Leinwand zu sehen war. Als der Ball dann endlich rollte, nahmen sich auch die Demonstranten eine Auszeit.

Sorgten für etwas Glanz: US-Popikone Jennifer Lopez bevorzugte ein grünes Glitzerkleidchen, der Brasilianerin Claudia Leitte stand das blaue nicht schlecht.

Mit Pauken, aber ohne Trompeten: Insgesamt 660 Darsteller hatten ihren Spaß bei der Zeremonie in Sao Paulo.

15

Das deutsche Team
Alle 23 Spieler der WM 2014

(Stand der Angaben: bei WM-Beginn)

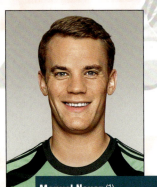

Manuel Neuer (1),
Torwart, Bayern München,
geboren am 27. März 1986
in Gelsenkirchen,
Größe: 1,93 m, Gewicht: 92 kg,
Länderspiele: 45

Kevin Großkreutz (2),
Abwehr, Borussia Dortmund,
geboren am 19. Juli 1988
in Dortmund,
Größe: 1,86 m, Gewicht: 72 kg,
Länderspiele: 5

Matthias Ginter (3),
Abwehr, SC Freiburg,
geboren am 19. Januar 1994
in Freiburg,
Größe: 1,90 m, Gewicht: 87 kg,
Länderspiele: 2

Benedikt Höwedes (4),
Abwehr, FC Schalke 04,
geboren am 29. Februar 1988
in Haltern,
Größe: 1,87 m, Gewicht: 80 k
Länderspiele: 21

André Schürrle (9),
Mittelfeld, FC Chelsea,
geboren am 6. November
1990 in Ludwigshafen,
Größe: 1,84 m, Gewicht: 74 kg,
Länderspiele: 33

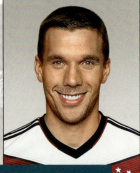

Lukas Podolski (10),
Mittelfeld, FC Arsenal,
geboren am 4. Juni 1985
in Gliwice/Polen,
Größe: 1,82 m, Gewicht: 83 kg,
Länderspiele: 114

Miroslav Klose (11),
Sturm, Lazio Rom,
geboren am 9. Juni 1978
in Opole/Polen,
Größe: 1,84 m, Gewicht: 84 kg,
Länderspiele: 132

Ron-Robert Zieler (12),
Torwart, Hannover 96,
geboren am 12. Februar 1989
in Köln,
Größe: 1,88 m, Gewicht: 83 kg,
Länderspiele: 3

Per Mertesacker (17),
Abwehr, FC Arsenal,
geboren am 29. September
1984 in Hannover,
Größe: 1,98 m, Gewicht: 90 kg,
Länderspiele: 98

Toni Kroos (18),
Mittelfeld, Bayern München,
geboren am 4. Januar 1990
in Greifswald,
Größe: 1,82 m, Gewicht: 78 kg,
Länderspiele: 44

Mario Götze (19),
Mittelfeld, Bayern München,
geboren am 3. Juni 1992
in Memmingen,
Größe: 1,76 m, Gewicht: 64 kg,
Länderspiele: 29

Jerome Boateng (20),
Abwehr, Bayern München
geboren am 3. September
1988 in Berlin,
Größe: 1,92 m, Gewicht:
Länderspiele: 39

Mats Hummels (5),
Abwehr, Borussia Dortmund, geboren am 16. Dezember 1988 in Bergisch Gladbach, Größe: 1,92 m, Gewicht: 90 kg, Länderspiele: 30

Sami Khedira (6),
Mittelfeld, Real Madrid, geboren am 4. April 1987 in Stuttgart, Größe: 1,89 m, Gewicht: 85 kg, Länderspiele: 46

Bastian Schweinsteiger (7),
Mittelfeld, Bayern München, geboren am 1. August 1984 in Kolbermoor, Größe: 1,83 m, Gewicht: 79 kg, Länderspiele: 102

Mesut Özil (8),
Mittelfeld, FC Arsenal, geboren am 15. Oktober 1988 in Gelsenkirchen, Größe: 1,83 m, Gewicht: 76 kg, Länderspiele: 55

Thomas Müller (13),
Mittelfeld, Bayern München, geboren am 13. September 1989 in Weilheim, Größe: 1,86 m, Gewicht: 75 kg, Länderspiele: 49

Julian Draxler (14),
Mittelfeld, FC Schalke 04, geboren am 20. September 1993 in Gladbeck, Größe: 1,85 m, Gewicht: 74 kg, Länderspiele: 11

Erik Durm (15),
Abwehr, Borussia Dortmund, geboren am 12. Mai 1992 in Pirmasens, Größe: 1,83 m, Gewicht: 73 kg, Länderspiele: 1

Philipp Lahm (16),
Abwehr, Bayern München, geboren am 11. November 1983 in München, Größe: 1,70 m, Gewicht: 66 kg, Länderspiele: 106

Shkodran Mustafi (21),
Abwehr, Sampdoria Genua, geboren am 17. April 1992 in Bad Hersfeld, Größe: 1,84 m, Gewicht: 82 kg, Länderspiele: 1

Roman Weidenfeller (22),
Torwart, Borussia Dortmund, geboren am 6. August 1980 in Diez, Größe: 1,88 m, Gewicht: 85 kg, Länderspiele: 3

Christoph Kramer (23),
Mittelfeld, Borussia Mönchengladbach, geboren am 19. Februar 1991 in Solingen, Größe: 1,89 m, Gewicht: 82 kg, Länderspiele: 2

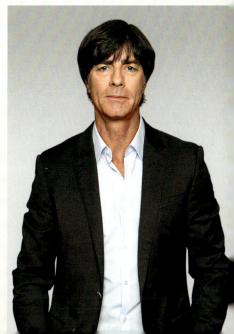

Die WM in Brasilien war Joachim Löws viertes großes Turnier als Bundestrainer. Er setzte erneut auf einen Bayern-Block und sorgte für einige Überraschungen im Kader.

Brasilien – Kroatien			3:1 (1:1)	
Mexiko – Kamerun			1:0 (0:0)	
Brasilien – Mexiko			0:0	
Kamerun – Kroatien			0:4 (0:1)	
Kamerun – Brasilien			1:4 (1:2)	
Kroatien – Mexiko			1:3 (0:0)	

1. Brasilien	3	7:2	7	
2. Mexiko	3	4:1	7	
3. Kroatien	3	6:6	3	
4. Kamerun	3	1:9	0	

Raus ohne Applaus: Volker Finke und Kamerun blamierten sich bis auf die Knochen (kleines Bild). Brasilien konnte sich dagegen auf Neymar (rechts vorne) verlassen und kam erwartungsgemäß weiter.

VORRUNDE
Gruppe A

Brasilien
Kroatien
Mexiko
Kamerun

Souverän, aber wenig beeindruckend meisterte Gastgeber Brasilien sein dreiteiliges Auftaktprogramm auf dem Weg zum sechsten WM-Titel. Und auch auf Platz zwei gab es – wie von den meisten Experten erwartet – keine Überraschung. Mexiko fertigte im »Gruppen-Endspiel« Kroatien locker ab, zog zum sechsten Mal in Folge ins Achtelfinale ein. Eine einzige Blamage waren dagegen die Auftritte der von Volker Finke trainierten Kameruner: null Punkte, 1:9 Tore. Seit dem furiosen Einzug in die Runde der besten acht 1990 wirken die »unzähmbaren Löwen« ziemlich zahnlos.

Brasilien

1. Jefferson, 02.01.1983
   (Botafogo Rio de Janeiro)
2. Dani Alves, 06.05.1983 (FC Barcelona)
3. Thiago Silva, 22.09.1984
   (Paris Saint-Germain)
4. David Luiz, 22.04.1987 (FC Chelsea)
5. Fernandinho, 04.05.1985
   (Manchester City)
6. Marcelo, 12.05.1988 (Real Madrid)
7. Hulk, 25.07.1986 (Zenit St. Petersburg)
8. Paulinho, 25.07.1988
   (Tottenham Hotspur)
9. Fred, 03.10.1983
   (Fluminense Rio de Janeiro)
10. Neymar, 05.02.1992 (FC Barcelona)
11. Oscar, 09.09.1991 (FC Chelsea)
12. Julio Cesar, 03.09.1979 (FC Toronto)
13. Dante, 18.10.1983 (Bayern München)
14. Maxwell, 27.08.1981
    (Paris Saint-Germain)
15. Henrique, 14.10.1986 (SSC Neapel)
16. Ramires, 24.03.1987 (FC Chelsea)
17. Luiz Gustavo, 23.07.1987
    (VfL Wolfsburg)
18. Hernanes, 29.05.1985 (Inter Mailand)
19. Willian, 09.08.1988 (FC Chelsea)
20. Bernard, 08.09.1992 (Schachtar Donezk)
21. Jo, 20.03.1987 (Atletico Mineiro)
22. Victor, 21.01.1983 (Atletico Mineiro)
23. Maicon, 26.07.1981 (AS Rom)

Trainer: Luiz Felipe Scolari

Kroatien

1. Stipe Pletikosa, 08.01.1979 (FK Rostow)
2. Sime Vrsaljko, 10.01.1992
   (CFC Genua 1893)
3. Danijel Pranjic, 02.12.1981
   (Panathinaikos Athen)
4. Ivan Perisic, 02.02.1989 (VfL Wolfsburg)
5. Vedran Corluka, 05.02.1986
   (Lokomotive Moskau)
6. Dejan Lovren, 05.07.1989
   (FC Southampton)
7. Ivan Rakitic, 10.03.1988 (FC Sevilla)
8. Ognjen Vukojevic, 20.12.1983
   (Dynamo Kiew)
9. Nikica Jelavic, 27.08.1985 (Hull City)
10. Luka Modric, 09.09.1985 (Real Madrid)
11. Dario Srna, 01.05.1982
    (Schachtar Donezk)
12. Oliver Zelenika, 14.05.1993
    (Lokomotiva Zagreb)
13. Gordon Schildenfeld, 18.03.1985
    (Panathinaikos Athen)
14. Marcelo Brozovic, 16.11.1992
    (Dinamo Zagreb)
15. Milan Badelj 25.02.1989
    (Hamburger SV)
16. Ante Rebic, 21.09.1993 (AC Florenz)
17. Mario Mandzukic, 21.05.1986
    (Bayern München)
18. Ivica Olic, 14.09.1979 (VfL Wolfsburg)
19. Sammir, 23.04.1987 (FC Getafe)
20. Mateo Kovacic, 06.05.1994
    (Inter Mailand)
21. Domagoj Vida, 29.04.1989
    (Dynamo Kiew)
22. Eduardo, 25.02.1983
    (Schachtar Donezk)
23. Danijel Subasic, 27.10.1984 (AS Monaco)

Trainer: Niko Kovac

20

Mexiko

1. José Corona, 26.01.1981 (CD Cruz Azul)
2. Maza, 20.10.1981 (CF America)
3. Carlos Salcido, 02.04.1980 (Tigres de Monterrey)
4. Rafael Marquez, 13.02.1979 (Club Leon)
5. Diego Reyes, 19.09.1992 (FC Porto)
6. Hector Herrera, 19.04.1990 (FC Porto)
7. Miguel Layun, 25.06.1988 (CF America)
8. Marco Fabian, 21.07.1989 (CD Cruz Azul)
9. Raul Jimenez, 05.05.1991 (CF America)
10. Giovani dos Santos, 11.05.1989 (FC Villarreal)
11. Alan Pulido, 08.03.1991 (Tigres de Monterrey)
12. Alfredo Talavera, 18.09.1982 (Deportivo Toluca)
13. Guillermo Ochoa, 13.07.1985 (AC Ajaccio)
14. Javier Hernandez, 01.06.1988 (Manchester United)
15. Hector Moreno, 17.01.1988 (Espanyol Barcelona)
16. Miguel Ponce, 12.04.1989 (Deportivo Toluca)
17. Isaac Brizuela, 28.08.1990 (Deportivo Toluca)
18. Andres Guardado, 28.09.1986 (Bayer 04 Leverkusen)
19. Oribe Peralta, 12.01.1984 (Santos Laguna)
20. Javier Aquino, 11.02.1990 (FC Villarreal)
21. Carlos Pena, 29.03.1990 (Club Leon)
22. Paul Aguilar, 06.03.1986 (CF America)
23. José Juan Vazquez, 14.03.1988 (Club Leon)

Trainer: Miguel Herrera

Kamerun

1. Loic Feudjou, 14.04.1992 (Coton Sport de Garoua)
2. Benoit Assou-Ekotto, 24.03.1984 (Queens Park Rangers)
3. Nicolas Nkoulou, 27.03.1990 (Olympique Marseille)
4. Cedric Djeugoue, 28.08.1992 (Coton Sport de Garoua)
5. Dany Nounkeu, 11.04.1986 (Besiktas Istanbul)
6. Alexandre Song, 09.09.1987 (FC Barcelona)
7. Landry N'Guemo, 28.11.1985 (Girondins Bordeaux)
8. Benjamin Moukandjo, 12.11.1988 (AS Nancy)
9. Samuel Eto'o, 10.03.1981 (FC Chelsea)
10. Vincent Aboubakar, 22.01.1992 (FC Lorient)
11. Jean II Makoun, 29.05.1983 (Stade Rennes)
12. Henri Bedimo, 04.06.1984 (Olympique Lyon)
13. Eric Maxim Choupo-Moting, 23.03.1989 (1. FSV Mainz 05)
14. Aurelien Chedjou, 20.06.1985 (Galatasaray Istanbul)
15. Pierre Webo, 20.01.1982 (Fenerbahce Istanbul)
16. Charles-Hubert Itandje, 02.11.1982 (Konyaspor)
17. Stephane Mbia, 20.05.1986 (FC Sevilla)
18. Eyong Enoh, 23.03.1986 (Antalyaspor)
19. Fabrice Olinga, 12.05.1996 (SV Zulte Waregem)
20. Edgar Salli, 17.08.1992 (RC Lens)
21. Joel Matip, 08.08.1991 (FC Schalke 04)
22. Allan-Romeo Nyom, 10.05.1988 (FC Granada)
23. Sammy Ndjock, 25.02.1990 (Fethiyespor)

Trainer: Volker Finke

Brasilien – Kroatien 3:1

Brasilien im Land des Lächelns

Machte im ersten Spiel seine Landsleute glücklich: Neymar (großes Bild)

O Globo wusste tags darauf sofort, beim wem sich der Gastgeber zu bedanken hatte. »Arigato!« (Japanisch für »danke«) titelte die bekannte brasilianische Tageszeitung nach dem 3:1-Erfolg des Topfavoriten im Eröffnungsspiel gegen Kroatien. Adressat der Danksagung war der japanische Schiedsrichter Yuichi Nishimura, der die Partie maßgeblich beeinflusst hatte. In der 69. Minute sank Fred im Strafraum der Kroaten zu Boden. Innenverteidiger Dejan Lovren hatte bestenfalls ganz sanft seine rechte Hand auf die rechte Schulter des Mittelstürmers der »Selecao« gelegt. Ein mehr als fragwürdiger Elfmeter, den Superstar Neymar zum 2:1 verwandelte. Die Kroaten kochten vor Wut. »Lächerlich« nannte Nationaltrainer Niko Kovac den Strafstoß. »Wenn das einer war«, sagte der ehemalige Bundesliga-Profi, »wird es bei dieser WM 100 Elfmeter geben. Dann können wir aufhören, Fußball zu spielen, dann sind wir bald im Zirkus.« Der Zorn der Kroaten war verständlich, schließlich hatten sie den fünfmaligen Weltmeister mit großem Einsatz und einer schlauen Taktik ein ums andere Mal in Verlegenheit gebracht und hätten ein Unentschieden verdient gehabt.

Beim Gastgeber herrschte dagegen große Erleichterung. Der immense Druck war den Spielern von Trainer Luiz Felipe Scolari im Spiel deutlich anzumerken. Doch sie hatten Neymar da Silva Santos Junior. Der Barca-Star hatte nach dem Rückstand durch das erste Eigentor eines Brasilianers in der WM-Geschichte – Marcelo hatte nach Flanke von Ivica Olic eiskalt vollstreckt – sein Team mit dem Ausgleich und ebenjenem Elfmeter-Tor wieder auf Kurs gebracht. »Wir hatten Pelé, wir hatten Ronaldo, wir hatten Romario, Rivaldo und Ronaldinho«, sagte Scolari, »aber einen wie Neymar hatten wir noch nie.« Der schmächtige Stürmer erfüllte schon zum WM-Auftakt seine Rolle als Volksheld und Heilsbringer. Aber es bedurfte der Hilfe eines gewissen Yuichi Nishimura, dem Unparteiischen aus dem Land des Lächelns.

Die Szene, an der sich die Gemüter erhitzten: Fred lässt sich nach einer leichten Berührung des Kroaten Dejan Lovren fallen – es gibt Elfmeter.

Neymars erster Streich: Der Barca-Star trifft zum Ausgleich für Brasilien (Bild links unten).

12. Juni in Sao Paulo
Brasilien – Kroatien 3:1 (1:1)

Eingewechselt: 63. Hernanes für Paulinho, 68. Bernard für Hulk, 88. Ramires für Neymar – 61. Brozovic für Kovacic, 78. Rebic für Jelavic

Tore: 0:1 Marcelo (11., ET), 1:1 Neymar (29.), 2:1 Neymar (71., FE), 3:1 Oscar (90./+1)

Gelbe Karten: Neymar, Luiz Gustavo – Corluka, Lovren

Schiedsrichter: Nishimura (Japan)

Zuschauer: 62 103 (ausverkauft)

> **VORRUNDE**
> **Gruppe A**

Mexiko – Kamerun 1:0

Eine zufriedene Laus und ein begossener Pudel

Arena das Dunas? Alles andere als Dünen. Schon am zweiten Tag der WM öffnete der Himmel die Schleusen über Natal im Norden Brasiliens. Wie ein begossener Pudel stand am Ende des Spiels Kameruns Trainer Volker Finke im Regen – 1:0 hatte Mexiko die »unzähmbaren Löwen« gebändigt.

Dass es nur ein 1:0 wurde, hatten die Afrikaner auch dem kolumbianischen Schiedsrichter Wilmar Roldan und seinem Gespann zu verdanken. Gleich zwei regulären Toren der Mexikaner versagte der sonst so großzügige Referee fälschlicherweise die Anerkennung. Beide Male war Giovani dos Santos das Opfer der Fehlentscheidungen.

Seine zwei Tore zählten nicht: Giovani dos Santos (links) im Duell mit dem Kameruner Benoit Assou-Ekotto.

Dabei hat der Stürmer vom FC Villarreal schon seit zwei Jahren im Dress der »Tri« nicht mehr getroffen. Treffer, die wie eine Befreiung auf den 25-jährigen Ex-Barca-Stürmer hätten wirken können. »Die Mannschaft hat einen großen Job gemacht«, war der sonst so impulsive Trainer Miguel Herrera relativ gebremst, »schließlich hat man uns zwei Tore genommen. Die Mannschaft hat hervorragend reagiert, hat sich nicht aus dem Rhythmus bringen lassen. Was zählt, sind die drei Punkte«, gab sich »El Piojo«, die nur 1,68 Meter hohe »Laus«, ungewöhnlich kleinlaut.

Am Ende reichte den Mexikanern ein Tor von Oribe Peralta (61. Minute), nachdem Kameruns Keeper Itandje einen Schuss von, wem auch sonst, Giovani dos Santos parieren konnte. Dennoch war dos Santos der auffälligste Mann des Spiels, in dem der Ex-Barca-Profi die drei anderen aktuellen oder ehemaligen Spieler des Topklubs in den Schatten stellte. Bei der »Tri« spielte der 35-jährige Kapitän Rafael Marquez einen soliden Defensivpart mit viel Übersicht. Bei Kamerun konnten weder der ehemalige katalanische Triple-Gewinner Samuel Eto'o noch der aktuelle Ersatzmann Alex Song für die erhofften Impulse sorgen. Der 33-jährige Eto'o hatte wohl fünf Tage zuvor in zähen Prämien-Verhandlungen zu viel Kraft gelassen …

13. Juni in Natal
Mexiko – Kamerun 1:0 (0:0)

Eingewechselt: 69. Marco Fabian für Guardado, 73. Hernandez für Peralta, 90./+2 Salcido für Herrera – 46. Nounkeu für Djeugoue, 79. Webo für Song

Tor: 1:0 Peralta (61.)

Gelbe Karten: Moreno – Nounkeu

Schiedsrichter: Roldan (Kolumbien)

Zuschauer: 39 216

Brasilien – Mexiko 0:0

Nicht nur bei Sammelbildern: Ochoas Marktwert steigt

Huckepack: Guillermo Ochoa wurde nach seiner Glanzleistung von allen Seiten beglückwünscht. Hier von seinem Teamkollegen Javier Aquino.

Wer erfahren möchte, wie man als »No Name« binnen 90 Minuten weltweit bekannt wird, kann sich seit dem 17. Juni 2014 bei Guillermo Ochoa erkundigen. Bis zur Partie Brasilien gegen Mexiko lag der Wechselkurs bei Sammelbild-Tauschbörsen in etwa bei: Gib mir 50 Aufkleber von Mexikos Torhüter für einen von Neymar.

Nach dem Schlusspfiff redet niemand über den brasilianischen Superstar. Das Gesprächsthema Nummer eins ist ein 28-Jähriger vom französischen Schlusslicht und Erstliga-Absteiger AC Ajaccio. Bemitleidenswerte 71-mal musste Ochoa bei 37 Einsätzen 2013/14 hinter sich greifen. Doch gegen Brasilien machte Ochoa, die Schießbude der Ligue 1, das Spiel seines Lebens, wie er selbst erklärte. Sogar der brasilianische Angreifer Fred musste anerkennen: »Ochoa hat Wunder vollbracht.« Der Torhüter vereitelte Großchancen von Neymar (26., 69.), Paulinho (44.) und Thiago Silva (86.). Lob gibt es auch von Deutschlands oberster Torwart-Instanz Oliver Kahn: »Er hat sensationell gehalten, fantastisch. Immer wieder hat er die Dinger rausgekratzt.«

Dabei war bis zum Auftaktspiel gegen Kamerun offen, ob Nationaltrainer Miguel Herrera überhaupt auf Ochoa setzen würde – oder ob José Corona vom mexikanischen Klub CD Cruz Azul das Vertrauen genießen würde. Die Frage, ob Nationaltrainer Miguel Herrera die richtige Wahl getroffen hatte, war spätestens seit dem Brasilien-Spiel überflüssig. »Ich kann mich nicht erinnern, dass jemand bei einer Weltmeisterschaft schon mal eine vergleichbare Leistung gebracht hat. Das hat dem Team Sicherheit gegeben«, lobte der Coach hernach seinen Schlussmann.

Beinahe wäre sogar der ganz große Coup gelungen. Nach verhaltener Anfangsphase trat Mexiko mit immer mehr Selbstvertrauen auf, agierte schnörkellos, mit schnellen Kombinationen nach vorne und gab nur einen Schuss weniger ab als Brasilien (13:14). Bei mehreren Abschlüssen aus der zweiten Reihe fehlte weniger als ein Meter zum Schuss ins Glück.

Dennoch darf es Mexiko als Kompliment auffassen, wenn Luiz Felipe Scolari, Trainer des Top-Favoriten Brasilien, nach dem Spiel gegen den Underdog sagte: »Das Ergebnis von 0:0 spiegelt das Spiel wider, es war eine ausgeglichene Partie.«

Immer wieder Ochoa: Mexikos Keeper stemmt sich Paulinho (Mitte) und David Luiz (rechts) entgegen.

---

17. Juni in Fortaleza
Brasilien – Mexiko 0:0

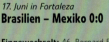

Eingewechselt: 46. Bernard für Ramires, 68. Jo für Fred, 84. Willian für Oscar – 74. Hernandez für Peralta, 76. Marco Fabian für Herrera, 84. Raul Jimenez für dos Santos

Gelbe Karten: Ramires, Thiago Silva – Aguilar, Vazquez

Schiedsrichter: Cakir (Türkei)

Zuschauer: 60 342 (ausverkauft)

24

VORRUNDE
Gruppe A

Kamerun – Kroatien 0:4

Kamerun setzt sich mit »Suizid-Fußball« schachmatt

Die Strategie ging auf. Entsprechend ihrer schachbrettartig gestylten Trikots setzten die Kroaten die »unzähmbaren Löwen« matt. Mit 4:0 Toren vertrieben die Mannen um Trainer Niko Kovac ein desolates Kamerun aus der Arena Amazonia von Manaus und wahrten so die Chancen auf den Einzug ins Achtelfinale.

»Das Ergebnis tut richtig weh«, gab Kameruns deutscher Trainer Volker Finke hinterher zu, »es ist immer schwer, mit zehn gegen elf Mann zu spielen, aber das alleine entschuldigt die Vorstellung nicht.« Mit einer Art von Selbstzerstörung hatten die »Löwen« agiert, dem frühen Rückstand folgte zwar zunächst eine ordentliche Gegenwehr, die aber mit der Roten Karte von Alex Song (40. Minute) nach einer kopflosen Tätlichkeit gegen Kroatiens Torjäger Mario Mandzukic beendet war. Ohne den angeschlagenen Kapitän Samuel Eto'o und Song verlor Kamerun jegliche Ordnung und Orientierung – der Kopfstoß von Benoit Assou-Ekotto gegen den eigenen Mitspieler Benjamin Moukandjo war nur der Höhepunkt des »Suizid-Fußballs«.

Die Kroaten ihrerseits hatten den Sieg der »deutschen Kolonie« im Team zu verdanken. Erst bediente Ivan Perisic seinen Wolfsburger Kollegen Ivica Olic (11. Minute) zur Führung, unmittelbar nach der Halbzeit düpierte Perisic den peinlich patzenden Keeper Charles-Hubert Itandje, der ihm sogar doppelt assistierte. Den Rest vom Schützenfest besorgte dann der Bayern-Profi Mandzukic, der mit zwei weiteren Treffern die längst gezähmten »Löwen« erlegte.

»Wir haben heute äußerst effizient gespielt«, meinte ein zufriedener Niko Kovac, der kroatische Trainer mit großer Deutschland-Erfahrung, »aber das ist Vergangenheit. Jetzt haben wir gegen Mexiko die größte Herausforderung!« Eine realistische Sichtweise, der sich auch Doppeltorschütze Mandzukic anschloss: »Tore sind immer das Verdienst einer Mannschaft, aber es ist noch Luft nach oben für Verbesserungen.« Dabei hatten die Kroaten Kameruns »Löwen« fast »klinisch«, wie es Finke ausdrückte, seziert. Strategisch eben!

»Deutsche« Wertarbeit: Die Bundesliga-Legionäre Mario Mandzukic, Ivica Olic und Ivan Perisic (von links) erzielten alle vier Tore für Kroatien.

19. Juni in Manaus
Kamerun – Kroatien 0:4 (0:1)

Eingewechselt: 46. Nonkeu für Chejdou, 70. Webo für Aboubakar, 75. Salli für Choupo-Moting – 60. Eduardo für Olic, 72. Kovacic für Sammir, 78. Rebic für Perisic

Tore: 0:1 Olic (11.), 0:2 Perisic (48.), 0:3 Mandzukic (61.), 0:4 Mandzukic (73.)

Gelbe Karte: Eduardo

Rote Karte: Song (40., Tätlichkeit)

Schiedsrichter: Proenca (Portugal)

Zuschauer: 39 982

23. Juni in Brasilia
Kamerun – Brasilien 1:4 (1:2)

Eingewechselt: 59. Salli für Moukandjo, 72. Webo für Aboubakar, 81. Makoun für Choupo-Moting – 46. Fernandinho für Paulinho, 63. Ramires für Hulk, 71. Willian für Neymar

Tore: 0:1 Neymar (17.), 1:1 Matip (26.), 1:2 Neymar (34.), 1:3 Fred (49.), 1:4 Fernandinho (84.)

Gelbe Karten: Enoh, Salli, Mbia

Schiedsrichter: Eriksson (Schweden)

Zuschauer: 69 112 (ausverkauft)

Und wieder mal Neymar: Brasiliens Stürmerstar (Mitte) trifft zum 2:1 gegen Kamerun.

Kamerun – Brasilien 1:4

Majestätsbeleidigung – Alleinunterhalter Neymar gekränkt

Neymar hier, Neymar da – Neymar überall. Und über allem: zwei Tore beim 4:1-Sieg in Brasilia über Kamerun in der ersten Halbzeit. Fotos mit Kamerunern in der Pause, Trikottausch mit dem maladen Altstar Samuel Eto'o nach dem Spiel. Brasiliens One-Man-Show. »Wenn Neymar es auf dem Platz regnen lassen würde, würde sich keiner wundern«, sagt Kollege David Luiz. WM-Favorit Brasilien ist Neymar. Und sonst wenig. Der 22-jährige Neymar da Silva Santos Junior steuerte nicht nur vier Treffer zum Einzug ins Achtelfinale bei. Er erzielte das 100. Tor im Turnierverlauf, er allein hielt die »Selecao« in der Spur. Denn so richtig überzeugen konnte der Gastgeber bisher spielerisch noch nicht. Ein glücklicher Sieg über Kroatien (3:1), ein torloses Remis gegen Mexiko und ein Erfolg über zahnlose »Löwen«, die sich gerade noch mit Schadensbegrenzung aus dem Turnier verabschieden konnten.

Immerhin ein Tor gelang den Afrikanern gegen die Heimelf. Der Schalker Joel Matip vollstreckte zum zwischenzeitlichen 1:1, nachdem er zuvor an die Latte geköpft hatte. Die Vorarbeit zu Matips »Ehrentreffer« hatte Allan Nyom besorgt. Der hatte es zuvor gewagt, Alleinunterhalter Neymar ins Toraus zu schubsen (15. Minute). Die Entschuldigung nahm der Superstar »natürlich« nicht an. Majestätsbeleidigung! Vor dem Hintergrund, dass der klobige Nyom (FC Granada) den Barca-Star schon in der spanischen Primera Division in direkten Duellen hartnäckig beackert hatte ...

Doch auf so leichte Gegner wie Kamerun werden Brasilien und Neymar in der K.-o.-Phase nicht mehr treffen. Schon im Achtelfinale von Belo Horizonte lauern energiegeladenen Chilenen auf den Gastgeber. Da dürfte ein Neymar in Superform allein nicht mehr genügen. Da sind dann auch Torschützen wie Fred oder Fernandinho gefragt. Nur mit Neymar und einem starken Luiz Gustavo dürfte es für den Titel nicht reichen.

Frust pur: Bei der Nationalmannschaft von Kamerun herrscht schon seit Jahren Stillstand.

Das einzige Tor für Kamerun: Der Schalker Joel Matip erzielt das zwischenzeitliche 1:1.

VORRUNDE
Gruppe A

Schmerzhafte Begegnung: Ivan Perisic (links) im Duell mit Mexikos Torschützen zum 1:0, Rafael Marquez

Kroatien – Mexiko 1:3

»Marquez hat uns gekillt«

Das Spiel ist gewonnen, aber dieses persönliche Duell reizt ihn jetzt trotzdem. Rafael Marquez schaut Nikica Jelavic an, der ihn gerade gefoult hat und sich nun wütend vor ihm aufbaut. Jelavic schreit seinen Frust raus, Marquez schaut ihn nur an. Eindringlich. Sekundenlang. Ein bisschen süffisant, vor allem aber: cool. Nicht mit mir, heißt dieser Blick. Und schon gar nicht heute.

Marquez hat an diesem Abend in Recife beim 3:1 gegen Kroatien im entscheidenden Gruppenspiel nicht nur Blicke sprechen lassen, sondern Taten. Er ist inzwischen 35. Er spielt seine vierte WM. Er hat in sieben Jahren beim FC Barcelona alles erlebt. Aber diese 90 Minuten in der Arena Pernambuco wird er trotzdem nie vergessen. Er hat die Abwehr der Mexikaner gekonnt organisiert. Er hat in der 72. Minute das Führungstor geköpfelt; und zehn Minuten später das 3:0 durch Javier Hernandez mit einer Kopfballverlängerung vorbereitet. »Marquez«, sagt der Kroate Danijel Pranjic nach dem Spiel mit leerem Blick, »hat uns gekillt.« Das ist nicht mal übertrieben.

»Schaut euch Rafa an«, frohlockt Andres Guardado, der das zweite Tor der Mexikaner erzielt hat. »Er spielt, als sei er 23.« Kroatien kommt mit Marquez nicht zurecht. Kroatien kommt mit der ganzen mexikanischen Mannschaft nicht zurecht. Als Ivan Perisic zum 1:3 trifft, ist schon alles vorbei. Die Kroaten kommen kaum zu Torchancen. Sie holen sich in der Schlussphase durch Ante Rebic, der Carlos Pena übel foult, auch noch eine Rote Karte ab – sie geben ein weitaus schwächeres Bild ab als erwartet. »Es sah schlimmer aus, als es war«, bilanziert Trainer Niko Kovac nach dem Ausscheiden. Das ist ein bisschen geschönt. »Wir waren nach vorn nicht konstruktiv genug«, sagt Kovac, der wenige Stunden nach dem Abpfiff vom kroatischen Verbandsboss Davor Suker eine Job-Garantie erhält, »aber wir haben bei diesem Turnier guten Fußball gespielt und Wind reingebracht.« Zwei Spiele lang zumindest.

23. Juni in Recife
Kroatien – Mexiko 1:3 (0:0)

Eingewechselt: 58. Kovacic für Vrsaljko, 70. Rebic für Olic, 74. Jelavic für Pranjic – 63. Hernandez für dos Santos, 80. Pena für Peralta, 84. Marco Fabian für Guardado

Tore: 0:1 Marquez (72.), 0:2 Guardado (75.), 0:3 Hernandez (82.), 1:3 Perisic (87.)

Gelbe Karten: Rakitic – Marquez, Vazquez

Rote Karte: Rebic (89., grobes Foulspiel)

Schiedsrichter: Irmatov (Usbekistan)

Zuschauer: 41 212

Spanien – Niederlande		1:5 (1:1)
Chile – Australien		3:1 (2:1)
Australien – Niederlande		2:3 (1:1)
Spanien – Chile		0:2 (0:2)
Australien – Spanien		0:3 (0:1)
Niederlande – Chile		2:0 (0:0)

1. Niederlande	3	10:3	9
2. Chile	3	5:3	6
3. Spanien	3	4:7	3
4. Australien	3	3:9	0

Die Zeit ist abgelaufen: Andres Iniesta (rechts, im Duell mit dem Chilenen Alexis Sanchez) schied mit Spanien sang- und klanglos aus. Arjen Robben überragte dagegen und zog mit den Niederlanden in die nächste Runde ein (kleines Bild).

VORRUNDE
Gruppe B

Spanien
Niederlande
Chile
Australien

Die Niederlande beendeten die Vorrunde als unangefochtener Erster mit drei Siegen aus drei Spielen. Die Sensation war jedoch das klägliche Scheitern der Spanier. Der amtierende Weltmeister, erneut als einer der Titelfavoriten gehandelt, konnte nicht annähernd an seine oftmals famosen Leistungen der vergangenen Jahre anknüpfen. Die alles andere als furchteinflößende »Furia Roja« war nach Italien (1950, 2010), Brasilien (1966) und Frankreich (2002) der fünfte Titelverteidiger, der sich in der Vorrunde verabschiedete. Als Zweiter zog Chile ins Achtelfinale ein, die Australier waren gewohnt tapfer, aber letztlich chancenlos.

Spanien

1. Iker Casillas, 20.05.1981 (Real Madrid)
2. Raul Albiol, 04.09.1985 (SSC Neapel)
3. Gerard Piqué, 02.02.1987 (FC Barcelona)
4. Javi Martinez, 02.09.1988 (Bayern München)
5. Juanfran, 09.01.1985 (Atletico Madrid)
6. Andres Iniesta, 11.05.1984 (FC Barcelona)
7. David Villa, 03.12.1981 (Atletico Madrid)
8. Xavi, 25.01.1980 (FC Barcelona)
9. Fernando Torres, 20.03.1984 (FC Chelsea)
10. Cesc Fabregas, 04.05.1987 (FC Barcelona)
11. Pedro, 28.07.1987 (FC Barcelona)
12. David de Gea, 07.11.1990 (Manchester United)
13. Juan Manuel Mata, 28.04.1988 (Manchester United)
14. Xabi Alonso, 25.11.1981 (Real Madrid)
15. Sergio Ramos, 30.03.1986 (Real Madrid)
16. Sergio Busquets, 16.07.1988 (FC Barcelona)
17. Koke, 08.01.1992 (Atletico Madrid)
18. Jordi Alba, 21.03.1989 (FC Barcelona)
19. Diego Costa, 07.10.1988 (Atletico Madrid)
20. Santi Cazorla, 13.12.1984 (FC Arsenal)
21. David Silva, 08.01.1986 (Manchester City)
22. Cesar Azpilicueta, 28.08.1989 (FC Chelsea)
23. José Manuel Reina, 31.08.1982 (SSC Neapel)

Trainer: Vicente del Bosque

Niederlande

1. Jasper Cillessen, 22.04.1989 (Ajax Amsterdam)
2. Ron Vlaar, 16.02.1985 (Aston Villa)
3. Stefan de Vrij, 05.02.1992 (Feyenoord Rotterdam)
4. Bruno Martins Indi, 08.02.1992 (Feyenoord Rotterdam)
5. Daley Blind, 09.03.1990 (Ajax Amsterdam)
6. Nigel de Jong, 30.11.1984 (AC Mailand)
7. Daryl Janmaat, 22.07.1989 (Feyenoord Rotterdam)
8. Jonathan de Guzman, 13.09.1987 (Swansea City)
9. Robin van Persie, 06.08.1983 (Manchester United)
10. Wesley Sneijder, 09.06.1984 (Galatasaray Istanbul)
11. Arjen Robben, 23.01.1984 (Bayern München)
12. Paul Verhaegh, 01.09.1983 (FC Augsburg)
13. Joel Veltman, 15.01.1992 (Ajax Amsterdam)
14. Terence Kongolo, 14.02.1994 (Feyenoord Rotterdam)
15. Dirk Kuijt, 22.07.1980 (Fenerbahce Istanbul)
16. Jordy Clasie, 27.06.1991 (Feyenoord Rotterdam)
17. Jeremain Lens, 24.11.1987 (Dynamo Kiew)
18. Leroy Fer, 05.01.1990 (Norwich City)
19. Klaas Jan Huntelaar, 12.08.1983 (FC Schalke 04)
20. Georginio Wijnaldum, 11.11.1990 (PSV Eindhoven)
21. Memphis Depay, 13.02.1994 (PSV Eindhoven)
22. Michel Vorm, 20.10.1983 (Swansea City)
23. Tim Krul, 03.04.1988 (Newcastle United)

Trainer: Louis van Gaal

Chile

1 Claudio Bravo, 13.04.1983
  (Real Sociedad San Sebastian)
2 Eugenio Mena, 18.07.1988 (FC Santos)
3 Miiko Albornoz, 30.11.1990 (Malmö FF)
4 Mauricio Isla, 12.06.1988 (Juventus Turin)
5 Francisco Silva, 11.02.1986 (CA Osasuna)
6 Carlos Carmona, 21.02.1987
  (Atalanta Bergamo)
7 Alexis Sanchez, 19.12.1988 (FC Barcelona)
8 Arturo Vidal, 22.05.1987 (Juventus Turin)
9 Mauricio Pinilla, 04.02.1984
  (Cagliari Calcio)
10 Jorge Valdivia, 19.10.1983
  (Palmeiras Sao Paulo)
11 Eduardo Vargas, 20.11.1989 (FC Valencia)
12 Cristopher Toselli, 15.06.1988
  (Universidad Catolica)
13 José Rojas, 23.06.1983
  (Universidad de Chile)
14 Fabian Orellana, 27.01.1986 (Celta Vigo)
15 Jean Beausejour, 01.06.1984
  (Wigan Athletic)
16 Felipe Gutierrez, 08.10.1990
  (FC Twente Enschede)
17 Gary Medel, 03.08.1987 (Cardiff City)
18 Gonzalo Jara, 29.08.1985
  (Nottingham Forest)
19 José Pedro Fuenzalida, 22.02.1985
  (Colo Colo Santiago)
20 Charles Aranguiz, 17.04.1989
  (Internacional Porto Alegre)
21 Marcelo Diaz, 30.12.1986 (FC Basel)
22 Esteban Paredes, 01.08.1980
  (Colo Colo Santiago)
23 Johnny Herrera, 09.05.1981
  (Universidad de Chile)
Trainer: Jorge Sampaoli

Australien

1 Mathew Ryan, 08.04.1992 (FC Brügge)
2 Ivan Franjic, 10.09.1987 (Brisbane Roar)
3 Jason Davidson, 29.06.1991
  (Heracles Almelo)
4 Tim Cahill, 06.12.1979 (New York Red Bulls)
5 Mark Milligan, 04.08.1985
  (Melbourne Victory)
6 Matthew Spiranovic, 27.06.1988
  (Western Sydney Wanderers)
7 Mathew Leckie, 04.02.1991
  (FSV Frankfurt)
8 Bailey Wright, 28.07.1992
  (Preston North End)
9 Adam Taggart, 02.06.1993
  (Newcastle United Jets)
10 Ben Halloran, 14.06.1992
  (Fortuna Düsseldorf)
11 Tommy Oar, 10.12.1991 (FC Utrecht)
12 Mitchell Langerak, 22.08.1988
  (Borussia Dortmund)
13 Oliver Bozanic, 08.01.1989 (FC Luzern)
14 James Troisi, 03.07.1988
  (Melbourne Victory)
15 Mile Jedinak, 03.08.1984 (Crystal Palace)
16 James Holland, 15.05.1989 (Austria Wien)
17 Matthew McKay, 11.01.1983
  (Brisbane Roar)
18 Eugene Galekovic, 12.06.1981
  (Adelaide United)
19 Ryan McGowan, 15.08.1989
  (Luneng Taishan)
20 Dario Vidosic, 08.04.1987 (FC Sion)
21 Massimo Luongo, 25.09.1992
  (Swindon Town)
22 Alex Wilkinson, 13.08.1984
  (Jeonbuk Hyundai)
23 Mark Bresciano, 11.02.1980
  (Al-Gharafa Doha)
Trainer: Ange Postecoglou

31

13. Juni, Salvador
Spanien – Niederlande 1:5 (1:1)

Eingewechselt: 63. Fernando Torres für Diego Costa, 63. Pedro für Xabi Alonso, 78. Fabregas für Silva – 62. Wijnaldum für de Guzman, 77. Veltman für de Vrij, 79. Lens für van Persie

Tore: 1:0 Xabi Alonso (27., FE),
1:1 van Persie (44.),
1:2 Robben (53.), 1:3 de Vrij (64.),
1:4 van Persie (72.),
1:5 Robben (80.)

Gelbe Karten: Casillas – de Guzman, de Vrij, van Persie

Schiedsrichter: Rizzoli (Italien)

Zuschauer: 48 173

Der Schlusspunkt eines denkwürdigen Spiels: Arjen Robben umkurvt Iker Casillas und erzielt das 5:1.

Spanien – Niederlande 1:5

Schlaflos nach dem Albtraum von Salvador

Zwei Tage vor dem Spiel hatten spanische Medien die Nachricht in Umlauf gebracht, dass die niederländischen Fußballer am Abend zuvor in Rio einen ausgiebigen Bummel durch das Nachtleben unternommen hätten und erst am nächsten Vormittag um elf Uhr ins Hotel zurückgekommen seien. Der niederländische Verband KNVB versicherte eilends, dass Kapitän Robin van Persie und Kollegen tatsächlich einen gemeinsamen Abend verbracht hätten, aber pünktlich um 23 Uhr wieder im Mannschafts-

Der Chef und sein Kapitän: Louis van Gaal beglückwünscht Robin van Persie zu dessen beiden Toren. Van Persie wurde zum »Man of the Match« gewählt.

quartier gewesen seien. Jedenfalls wirkte das Team von Bondscoach Louis van Gaal wesentlich ausgeschlafener als der Gegner. Die »Furia Roja«, in den vergangenen sechs Jahren das Maß der Dinge, erlebte in Salvador de Bahia einen Albtraum. 1:5 – nur einmal kassierte Spanien in seiner Geschichte in einem WM-Spiel mehr Gegentore: 1950 in Brasilien. Damals hieß es gegen den Gastgeber 1:6.
Die Elftal nahm erfolgreich Revanche für die 0:1-Endspiel-Niederlage von Südafrika. Besonders Arjen Robben entledigte sich seines persönlichen Spanien-Traumas. Im WM-Finale 2010 hatte der Flügelflitzer des FC Bayern München bei seiner Riesenchance in Iker Casillas seinen Meister gefunden. 1433 Tage später traf er gleich zweimal spektakulär. »Für solche Momente spielt man Fußball«, sagte Robben, »da kriegt man Gänsehaut.«
War Robben der Held, so war Casillas die traurige Gestalt. »San Iker« erlebte eine seiner schwärzesten Stunden. Fünf Gegentore – so viele hatte er bei keinem seiner bis dahin 154 Länderspiele kassiert. Zu allem Überfluss legte er das 4:1 der Niederländer noch selbst vor, als ihm nach einem Rückpass der Ball versprang und van Persie abstaubte. Noch in der Nacht nach dem Debakel bat Casillas die spanischen Fans um Vergebung: »Ich muss mich entschuldigen für das, was wir gespielt haben – ich im Besonderen.« Einen Gewinner hatten die Spanier aber doch: Jacobo Rios-Capapé, ein Architekt aus Valencia. Der hatte beim Tippspiel eines Mineralölkonzerns auf das richtige Ergebnis gesetzt und damit einen Benzingutschein im Wert von 100 000 Euro gewonnen.

VORRUNDE
Gruppe B

Chile – Australien 3:1

Die »Roten« müssen Steine klopfen

Nach der Partie begab sich Michelle Bachelet in die Kabine der chilenischen Nationalmannschaft. Die Staatspräsidentin ließ sich mit Trainer Jorge Sampaoli und einigen Spielern fotografieren. Frau Bachelet machte »La Roja« ihre Aufwartung, um im Namen des chilenischen Volkes dem WM-Team nach dem 3:1-Erfolg gegen Australien ihren Dank zu übermitteln. Der Sieg war wichtig, »vor allem für die Menschen, die von der Naturkatastrophe in unserem Land betroffen sind«, sagte sie. Im April hatte ein Erdbeben mehrere Menschenleben gefordert und Teile des Landes zerstört.

Der erfolgreiche Auftakt war aber auch für die Mannschaft selbst von Bedeutung. Die war vor dem Turnier als einer der Geheimfavoriten gehandelt worden, zeigte sich von den Prognosen offenbar beeindruckt. Doch nach dem schnellen 2:0 tat sich Chile schwer. Die tapferen, aber limitierten Australier ließen die »Roten« bis in die Nachspielzeit zittern, ehe Jean Beausejour mit seinem 3:1 den Sieg sicherstellte. Der Angreifer war damit bis zu diesem Zeitpunkt der einzige Chilene, der bei zwei WM-Endrunden ein Tor erzielte. 2010 hatte der Linksfuß im Auftaktspiel – damals gegen Honduras – zum 1:0-Sieg getroffen.

Es blieben aber die Fragezeichen hinter Arturo Vidal. Der Superstar hatte sich Anfang Mai einer Meniskusoperation unterzogen, gewann aber den Wettlauf gegen die Zeit und konnte spielen. Doch der Taktgeber des Italienischen Meisters Juventus Turin blieb wie seine Teamkollegen unter seinen Möglichkeiten und musste nach 60 Minuten vom Platz. Von den Fragen nach dem Knie war Vidal später sichtlich genervt. »Ich möchte über das Spiel reden. Das Wichtigste ist, dass ich wieder gespielt habe und alles gut gelaufen ist«, sagte Vidal. »Ich bin in Ordnung, aber man kann nicht sagen, dass ich bei 100 Prozent bin«, sagte der ehemalige Leverkusener. Das galt gegen die »Socceroos« für das gesamte Team.

Pure Freude: Alexis Sanchez bejubelt seinen Treffer zum 1:0 gegen Australien.

14. Juni in Cuiaba
Chile – Australien 3:1 (2:1)

Eingewechselt: 60. Gutierrez für Vidal, 68. Beausejour für Valdivia, 87. Pinilla für Vargas – 49. McGowan für Franjic, 69. Halloran für Oar, 78. Troisi für Bresciano

Tore: 1:0 Sanchez (12.), 2:0 Valdivia (14.), 2:1 Cahill (35.), 3:1 Beausejour (90./+2)

Gelbe Karten: Aranguiz – Cahill, Jedinak, Milligan

Schiedsrichter: Doue (Elfenbeinküste)

Zuschauer: 40 275

Australien – Niederlande 2:3

Der König bedankt sich – Holland hüpft ein bisschen höher als die »Socceroos«

Am Ende ist da dieses Foto: König Willem-Alexander und Gattin Maxima auf Stippvisite in der Kabine der niederländischen Nationalmannschaft. Sie sind umringt von glücklichen Fußballern, die Augen strahlen, die Daumen zeigen nach oben. »Der König hat gesagt, dass er stolz auf uns ist«, berichtet Bayern-Profi Arjen Robben hinterher. Australien ist mit 3:2 besiegt, das Achtelfinale erreicht worden – alles ist gut bei der »Elftal«. Aber ganz so leicht und beschwingt, wie es nach dem Schlusspfiff aussieht, waren die 90 Minuten zuvor nicht.

Die Niederländer, die Spanien zum Auftakt mit einem berauschenden 5:1 vom Platz gefegt hatten, tun sich im zweiten Spiel gegen den Außenseiter aus Down Under unerwartet schwer. Zwar bringt Robben sein Team nach einem Turbo-Solo über den halben Platz bereits in der 20. Minute in Führung, diese gleicht Tim Cahill mit einem spektakulären Volley-Hammer aber postwendend aus. Die Australier attackieren danach frech, sie greifen munter an, sie treffen nur das Tor nicht.

Zur Halbzeit stellt Louis van Gaal um: Aus dem in der Heimat ohnehin kritisch beäugten 3-5-2-System wird ein typisch niederländisches 4-3-3. In Führung gehen zunächst trotzdem die Australier, per Strafstoß durch Kapitän Mile Jedinak. Diesmal gleicht Robin van Persie schnell aus, das Spiel nimmt richtig Fahrt auf – und entscheidet sich dann in zwei Szenen binnen einer Minute: Deutschland-Legionär Mathew Leckie vergibt die große Chance zum 3:2 für Australien, im Gegenzug bringt der eingewechselte Memphis Depay die Niederlande in Führung, weil Keeper Mathew Ryan patzt.

So nah liegen Frust und Freude beieinander: Die »Socceroos« scheiden trotz engagierter Leistung aus. »Ich denke, wir haben uns den Respekt vieler Menschen verdient«, sagt Torschütze Cahill, »ich hoffe, dieses Spiel inspiriert die Kids daheim.« Die Niederländer und ihr Königspaar freuen sich dagegen aufs Achtelfinale.

Torschützen unter sich: Arjen Robben (links) und Australiens Kapitän Mile Jedinak

18. Juni in Porto Alegre
Australien – Niederlande 2:3 (1:1)

Eingewechselt: 51. Bozanic für Bresciano, 69. Halloran für Cahill, 77. Taggart für Oar – 45./+3 Depay für Martins Indi, 78. Wijnaldum für de Guzman, 87. Lens für van Persie

Tore: 0:1 Robben (20.), 1:1 Cahill (21.), 2:1 Jedinak (54., HE), 2:2 van Persie (58.), 2:3 Depay (68.)

Gelbe Karten: Cahill – van Persie

Schiedsrichter: Haimoudi (Algerien)

Zuschauer: 42 877

**VORRUNDE
Gruppe B**

Spanien – Chile 0:2

Der König dankt ab – für Chile der »schönste Moment«

Als alles vorüber war, herrschte betretene Stille im Maracana. Die Kathedrale des Weltfußballs war zum Schauplatz einer historischen Aufführung geworden. Einer der Beteiligten sprach sogar von einer Beerdigung erster Klasse. Es fehlte eigentlich nur, dass der Regisseur der TV-Übertragung die mutlose und ängstliche Darbietung des amtierenden Welt- und Europameisters Spanien mit einem schwarzen Trauerrand eingerahmt hätte. Schon in den Tagen nach der 1:5-Demütigung durch famose Niederländer hatte Barcelonas Mittelfeldspieler Cesc Fabregas im Hinblick auf das Duell mit den Chilenen martialisch formuliert, für »La Furia Roja«, Rote Furie, gehe es »um Leben und Tod«. Nun, nach dem 0:2 gegen die Südamerikaner und dem fünften Vorrunden-Aus eines Titelverteidigers in der WM-Historie, schlussfolgerte Fernando Torres: »Wir sind mit unserem Stil gestorben.« Ausgerechnet an jenem Tag, als der spanische König Juan Carlos I. abtrat, wurde die sechs Jahre währende Hegemonie dieser stolzen Fußballnation zu Grabe getragen. Und mit ihr womöglich auch das stilprägende Tiki-Taka.

Das erste Indiz für das Ende einer Epoche hatte die Aufstellung geliefert. Auf der Liste der Reservisten fanden sich Stamm-Innenverteidiger Gerard Piqué, ersetzt durch den Wahl-Münchner Javi Martinez, und auch Xavi. Er, der über Jahre Herz und Hirn barcaesker Ballbesitz-orgien war, wurde zum Opfer seiner seit Monaten anhaltenden Formschwäche. Mit traurigem Blick musste dieser großartige, aber sichtlich in die Jahre gekommene Passvirtuose mit anschauen, dass »wir den Ball nicht wollten«, wie es Nationaltrainer Vicente del Bosque formulierte. Beim 0:1 offenbarte sich das ganze Dilemma spanischer Unter-

Der Anfang vom Ende: Chiles Nummer 11 Eduardo Vargas trifft zum 1:0 (rechts).

Wieder kein Durchkommen: Xabi Alonso scheitert am chilenischen Torwart Claudio Bravo (unten).

legenheit. Die heißblütigen Chilenen um ihren Häuptling Arturo Vidal schienen just in jener Disziplin meist einen Schritt voraus, die jahrelang den Spaniern vorbehalten war: schneller zu sein im Denken und Handeln. Gepaart mit ungeheurer Wucht und Physis, aggressiver Zweikampfführung sowie beachtlicher taktischer und spielerischer Reife stießen Jorge Sampaolis Mannen die Spanier vom Thron. »Das ist der schönste Augenblick der chilenischen Fußballgeschichte«, entfuhr es Vidal, »aber wer Weltmeister werden will, muss gegen alle siegen.«

Bedröppelte Weltmeister: Spätestens gegen Chile endete die Ära der spanischen Dominanz.

18. Juni in Rio de Janeiro
Spanien – Chile 0:2 (0:2)

Eingewechselt: 46. Koke für Xabi Alonso, 64. Fernando Torres für Diego Costa, 76. Santi Cazorla für Pedro – 61. Gutierrez für Aranguiz, 85. Valdivia für Vargas, 88. Carmona für Vidal

Tore: 0:1 Vargas (20), 0:2 Aranguiz (43).

Gelbe Karten: Xabi Alonso – Vidal, Mena

Schiedsrichter: Geiger (USA)

Zuschauer: 74 101

Australien – Spanien 0:3

Abschied in eine positive Zukunft?

Die Häme klang den entthronten Weltmeistern in den Ohren: »Eliminado«, skandierten brasilianische und australische Fans gemeinsam. Ausgeschieden war Spanien schließlich schon vor diesem letzten Gruppenspiel. Immerhin: Gegen Australien gelang den Männern der »Furia Roja« ein »Abschied mit Würde«, wie Trainer Vicente del Bosque festhielt. »Wir haben heute gut gespielt«, resümierte der Fußballlehrer, »aber ein sechs Jahre langer Zyklus geht hiermit zu Ende. Diese Gruppe hat historische Momente markiert.« In der Tat!

Zumindest eine leise Ahnung davon gab dieses ganz spezielle »Finale«. In seinem 100. Länderspiel führte Andres Iniesta wie eh und je gekonnt Regie, per Hacke erzielte David Villa technisch anspruchsvoll die 1:0-Führung. Fernando Torres und Juan Mata sorgten für den 3:0-Endstand. »Wir wollten unbedingt gewinnen, um uns mit einem besseren Gefühl verabschieden zu können«, erklärte Xabi Alonso anschließend. Für etliche Akteure dürfte es nicht nur der Abschied aus Brasilien, sondern auch aus der Nationalmannschaft gewesen sein. Die Zukunft des Trainers blieb vorerst ebenfalls offen. »Sollte ich ein Hindernis sein, werde ich gehen«, deutete del Bosque einen möglichen Rücktritt an und demonstrierte dabei dieselbe Seelenruhe, mit der er in den Vorjahren seine herausragenden Triumphe quittiert hatte: »Die Zukunft des spanischen Fußballs wird positiv sein, egal wer Trainer ist.« Dass das Spanien der Gegenwart aber seinen Schrecken verloren hat, verdeutlichte die enttäuschte Reaktion von Australiens Trainer Ange Postecoglou, der sich nach den hart umkämpften Spielen gegen die Niederlande (2:3) und Chile (1:3) auch ohne seinen gelbgesperrten Torjäger Tim Cahill nun etwas Zählbares ausgerechnet hatte: »Schade, dass wir das Turnier so beendet haben.« Auch den Respekt von Außenseitern wird sich Spanien neu erkämpfen müssen.

Technisch anspruchsvoll: Bei seinem mit der Hacke erzielten Treffer zum 1:0 ließ David Villa noch mal spanische Fußballkunst aufblitzen.

23. Juni in Curitiba
Australien – Spanien 0:3 (0:1)

Eingewechselt: 46. Halloran für Taggart, 61. Troisi für Oar, 72. Bresciano für Bozanic – 56. Mata für Villa, 68. Fabregas für Santi Cazorla, 84. Silva für Xabi Alonso

Tore: 0:1 Villa (36.), 0:2 Fernando Torres (69.), 0:3 Mata (82.)

Gelbe Karten: Spiranovic, Jedinak – Sergio Ramos

Schiedsrichter: Shukralla (Bahrain)

Zuschauer: 39 375

VORRUNDE
Gruppe B

Niederlande – Chile 2:0

Die Systemfrage: Van Gaal platzt der Kragen

Den Einzug ins Achtelfinale haben die Niederlande und Chile schon vor dem Anpfiff in der Tasche. Dennoch ist es kein Spiel um die »Goldene Ananas«. Alle gehen davon aus, dass sich Brasilien wenige Stunden später gegen Kamerun den Sieg in Gruppe A sichert. Es geht also darum, einem Duell mit dem Gastgeber aus dem Weg zu gehen.

Bis in die Schlussphase ist die Partie offen, doch dann stechen Louis van Gaals Joker. Erst wuchtet der nur zwei Minuten zuvor eingewechselte Leroy Fer nach einem Eckball die Kugel per Kopf in die Maschen (77.), in der Nachspielzeit markiert der erst 20-jährige Memphis Depay nach einem sehenswerten Solo von Arjen Robben den Endstand.

Überstrahlt wird der Erfolg der Niederlande von einer erneuten Taktikdiskussion. Van Gaal, der sein Team schon gegen Spanien und Australien in einem 5-3-2-System anordnete, lässt gegen die Südamerikaner die beiden defensiven Außenspieler noch tiefer agieren. Chiles Trainer Jorge Sampaoli wirft der »Elftal« vor, nur verteidigt zu haben: »Wir wollten spielen, sie nicht.« Als niederländische Journalisten bei van Gaal nachhaken, platzt dem Bondscoach der Kragen: »Geben Sie mir bitte eine Definition von offensivem Fußball. Wenn Sie so clevere Fragen stellen können, können Sie ja vielleicht auch clevere Antworten geben.«

Sein Ärger ist nachvollziehbar. Die Grundformation einer Mannschaft sagt kaum etwas darüber aus, wie offensiv sie agiert. Auch ein 5-3-2 kann sehr angriffslustig sein, wenn die Außenverteidiger bei Ballbesitz nach vorne rücken, um im Mittelfeld Überzahl zu schaffen.

Gegen die mit Feuereifer kämpfenden Chilenen agiert »Oranje« geschickt, stellt im Spiel gegen den Ball Pass- und Laufwege konsequent zu, bremst damit die in den Spielen zuvor so brandgefährlichen Südamerikaner – und verbucht sogar mehr Torschüsse (13:8). Für Sampaoli hätte also genug Grund bestanden, die eigenen Spieler ins Gebet anstatt die Spielweise des Gegners aufs Korn zu nehmen.

Idealer Joker:
Leroy Fer erzielte nur zwei Minuten nach seiner Einwechslung das 1:0 für die Niederlande.

23. Juni in Sao Paulo
Niederlande – Chile 2:0 (0:0)

Eingewechselt: 69. Depay für Lens, 75. Fer für Sneijder, 89. Kongolo für Kuijt – 46. Beausejour für Gutierrez, 70. Valdivia für Silva, 81. Pinilla für Vargas

Tore: 1:0 Fer (77.), 2:0 Depay (90./+2)

Gelbe Karten: Blind – Silva

Schiedsrichter: Gassama (Gambia)

Zuschauer: 62 996 (ausverkauft)

Den Sprung ins Achtelfinale souverän gemeistert: Die Kolumbianer um Juan Quintero machten nicht nur die weiblichen Fans (kleines Foto) glücklich. Dagegen enttäuschten die Japaner um ihren Kapitän Makoto Hasebe auf ganzer Linie.

Kolumbien – Griechenland	3:0 (1:0)
Elfenbeinküste – Japan	2:1 (0:1)
Kolumbien – Elfenbeinküste	2:1 (0:0)
Japan – Griechenland	0:0
Japan – Kolumbien	1:4 (1:1)
Griechenland – Elfenbeinküste	2:1 (1:0)

1. Kolumbien	3	9:2	9
2. Griechenland	3	2:4	4
3. Elfenbeinküste	3	4:5	3
4. Japan	3	2:6	1

VORRUNDE
Gruppe C

Kolumbien
Griechenland
Elfenbeinküste
Japan

Beim Rehakles! Wie schon 2004 beim EM-Triumph unter Trainer Otto Rehhagel gefielen sich die Griechen in der Rolle als Minimalisten. Mickrige zwei Tore, zudem in nur einem Spiel erzielt, reichten den Hellenen dieses Mal zum erstmaligen Einzug in die K.-o.-Runde einer Weltmeisterschaft. Die höher gewettete Elfenbeinküste und das als potenzieller Favoritenschreck bewertete Japan enttäuschten dagegen. Trotz Didier Drogba auf der einen und zahlreichen Bundesliga-Legionären auf der anderen Seite. Davon völlig unbeeindruckt: Kolumbien, für das der ehemalige Kölner Faryd Mondragon sogar einen neuen Weltrekord aufstellte.

Kolumbien

1 David Ospina, 31.08.1988 (OGC Nizza)
2 Cristian Zapata, 30.09.1986 (AC Mailand)
3 Mario Yepes, 13.01.1976 (Atalanta Bergamo)
4 Santiago Arias, 13.01.1992 (PSV Eindhoven)
5 Carlos Carbonero, 25.07.1990 (River Plate)
6 Carlos Sanchez, 06.02.1986 (FC Elche)
7 Pablo Armero, 02.11.1986 (West Ham United)
8 Abel Aguilar, 06.01.1985 (Toulouse FC)
9 Teofilo Gutierrez, 17.05.1985 (River Plate)
10 James, 12.07.1991 (AS Monaco)
11 Juan Cuadrado, 26.05.1988 (AC Florenz)
12 Camilo Vargas, 09.03.1989 (Santa Fe CD)
13 Fredy Guarin, 30.06.1986 (Inter Mailand)
14 Segundo Victor Ibarbo, 19.05.1990 (Cagliari Calcio)
15 Alexander Mejia, 11.07.1988 (Atletico Nacional Medellin)
16 Eder Alvarez Balanta, 28.02.1993 (River Plate)
17 Carlos Bacca, 08.09.1986 (FC Sevilla)
18 Juan Zuniga, 14.12.1985 (SSC Neapel)
19 Adrian Ramos, 22.01.1986 (Hertha BSC)
20 Juan Quintero, 18.01.1993 (FC Porto)
21 Jackson, 03.10.1986 (FC Porto)
22 Faryd Mondragon, 21.06.1971 (Deportivo Cali)
23 Carlos Valdes, 22.05.1985 (CA San Lorenzo)
Trainer: José Nestor Pekerman

Griechenland

1 Orestis Karnezis, 11.07.1985 (FC Granada)
2 Ioannis Maniatis, 12.10.1986 (Olympiakos Piräus)
3 Georgios Tzavellas, 26.11.1987 (PAOK Saloniki)
4 Kostas Manolas, 14.06.1991 (Olympiakos Piräus)
5 Evangelos Moras, 26.08.1981 (Hellas Verona)
6 Alexandros Tziolis, 13.02.1985 (Kayserispor)
7 Georgios Samaras, 21.02.1985 (Celtic Glasgow)
8 Panagiotis Kone, 26.07.1987 (FC Bologna)
9 Kostas Mitroglou, 12.03.1988 (FC Fulham)
10 Georgios Karagounis, 06.03.1977 (FC Fulham)
11 Loukas Vyntra, 05.02.1981 (UD Levante)
12 Panagiotis Glykos, 10.10.1986 (PAOK Saloniki)
13 Stefanos Kapino, 18.03.1994 (Panathinaikos Athen)
14 Dimitrios Salpingidis, 18.08.1981 (PAOK Saloniki)
15 Vassilis Torosidis, 10.06.1985 (AS Rom)
16 Lazaros Christodoulopoulos, 19.12.1986 (FC Bologna)
17 Theofanis Gekas, 23.05.1980 (Konyaspor)
18 Ioannis Fetfatzidis, 21.12.1990 (CFC Genua 1893)
19 Sokratis, 09.06.1988 (Borussia Dortmund)
20 José Holebas, 27.06.1984 (Olympiakos Piräus)
21 Konstantinos Katsouranis, 21.06.1979 (PAOK Saloniki)
22 Andreas Samaris, 13.06.1989 (Olympiakos Piräus)
23 Panagiotis Tachtsidis, 15.02.1991 (FC Turin)
Trainer: Fernando Santos

Elfenbeinküste

1 Boubacar Barry, 30.12.1979 (KSC Lokeren OV)
2 Ousmane Viera, 21.12.1986 (Caykur Rizespor)
3 Arthur Boka, 02.04.1983 (VfB Stuttgart)
4 Kolo Touré, 19.03.1981 (FC Liverpool)
5 Didier Zokora, 14.12.1980 (Trabzonspor)
6 Mathis Bolly, 14.11.1990 (Fortuna Düsseldorf)
7 Jean-Daniel Akpa-Akpro, 11.10.1992 (Toulouse FC)
8 Salomon Kalou, 05.08.1985 (Lille OSC)
9 Cheik Tioté, 21.06.1986 (Newcastle United)
10 Gervinho, 27.05.1987 (AS Rom)
11 Didier Drogba, 11.03.1978 (Galatasaray Istanbul)
12 Wilfried Bony, 10.12.1988 (Swansea City)
13 Didier Ya Konan, 22.05.1984 (Hannover 96)
14 Ismael Diomandé, 28.08.1992 (AS St. Etienne)
15 Max-Alain Gradel, 30.11.1987 (AS St. Etienne)
16 Sylvain Gbohouo, 29.10.1988 (Sewé Sport de San Pedro)
17 Serge Aurier, 24.12.1992 (Toulouse FC)
18 Constant Djakpa, 17.10.1986 (Eintracht Frankfurt)
19 Yaya Touré, 13.05.1983 (Manchester City)
20 Geoffroy Serey Dié, 07.11.1984 (FC Basel)
21 Giovanni Sio, 31.03.1989 (FC Basel)
22 Souleymane Bamba, 13.01.1985 (Trabzonspor)
23 Mandé Sayouba, 15.06.1993 (Stabaek IF)
Trainer: Sabri Lamouchi

Japan

1 Eiji Kawashima, 20.03.1983 (Standard Lüttich)
2 Atsuto Uchida, 27.03.1988 (FC Schalke 04)
3 Gotoku Sakai, 14.03.1991 (VfB Stuttgart)
4 Keisuke Honda, 13.06.1986 (AC Mailand)
5 Yuto Nagatomo, 12.09.1986 (Inter Mailand)
6 Masato Morishige, 21.05.1987 (FC Tokyo)
7 Yasuhito Endo, 28.01.1980 (Gamba Osaka)
8 Hiroshi Kiyotake, 12.11.1989 (1. FC Nürnberg)
9 Shinji Okazaki, 16.04.1986 (1. FSV Mainz 05)
10 Shinji Kagawa, 17.03.1989 (Manchester United)
11 Yoichiro Kakitani, 03.01.1990 (Cerezo Osaka)
12 Shusaku Nishikawa, 18.06.1986 (Urawa Red Diamonds)
13 Yoshito Okubo, 09.06.1982 (Kawasaki Frontale)
14 Toshihiro Aoyama, 22.02.1986 (Sanfrecce Hiroshima)
15 Yasuyuki Konno, 25.01.1983 (Gamba Osaka)
16 Hotaru Yamaguchi, 06.10.1990 (Cerezo Osaka)
17 Makoto Hasebe, 18.01.1984 (1. FC Nürnberg)
18 Yuya Osako, 18.05.1990 (1860 München)
19 Masahiko Inoha, 28.08.1985 (Jubilo Iwata)
20 Manabu Saito, 04.04.1990 (Yokohama F-Marinos)
21 Hiroki Sakai, 12.04.1990 (Hannover 96)
22 Maya Yoshida, 24.08.1988 (FC Southampton)
23 Shuichi Gonda, 03.03.1989 (FC Tokyo)
Trainer: Alberto Zaccheroni

41

Jungspund gegen Routinier: James (links) und Griechenlands Kapitän Konstantinos Katsouranis

Kolumbien – Griechenland 3:0

Ein Milchgesicht beendet die Durststrecke

Ein unendliches gelbes Meer aus Trikots und Fahnen im weiten Rund und eine Gänsehaut-Atmosphäre schon zu Beginn: Dabei stand an diesem Tag gar nicht das Team von Gastgeber Brasilien im Estadio Mineirao von Belo Horizonte auf dem Platz – sondern Kolumbien. Auch dessen Fans sangen kollektiv weiter, obwohl die Hymne schon längst verklungen war. Schließlich mussten die Anhänger 16 Jahre auf diesen WM-Einsatz warten. Beim letzten Mal, 1998 in Frankreich, scheiterten die »Cafeteros« in der Vorrunde. Damals trug noch Lockenkopf und Volksheld Carlos Valderrama die Nummer 10 auf seinem Sportdress, gegen Griechenland war es Trikot-Erbe James, der dem Spiel seinen Stempel aufdrückte. Der Druck auf den 22-Jährigen vom AS Monaco war nach dem WM-Aus des verletzten Superstars Radamel Falcao immens. Der Spielmacher mit dem Milchgesicht begann verhalten gegen die bemühten, aber wenig effektiven Griechen. In der zweiten Hälfte des ersten Gruppenspiels aber drehte der technisch beschlagene Jungspund auf, bereitete zunächst das 2:0 durch Teofilo Gutierrez mit einer Ecke vor und krönte seine Leistung mit einem eigenen Treffer zum Endstand von 3:0.

Hauptfigur des furiosen Anfangs war ein anderer. Abwehrspieler Pablo Armero nutzte die Unsicherheit des Gegners und brachte mit seinem 1:0 in der fünften Spielminute die Südamerikaner früh auf die Gewinnerstraße. Die Griechen, erst zum dritten Mal bei einer WM vertreten und nie über die Vorrunde hinausgekommen, liefen mit Borussia-Dortmund-Profi Sokratis in der Innenverteidigung auf. Der ehemalige Bundesligaspieler Theofanis Gekas hatte in der 63. Spielminute völlig freistehend den Anschlusstreffer zum 1:2 auf dem Kopf – und scheiterte an der Latte. »Dieser Erfolg ist großartig für ganz Kolumbien«, fasste José Pekerman nach dem eindrucksvollen Sieg zusammen. Dann sog der argentinische »Cafeteros«-Trainer ein letztes Mal an diesem Tag die gelbe Party auf den Rängen auf.

Nicht mehr so schnell wie früher, aber immer noch gut: Didier Drogba sorgte nach seiner Einwechslung für die entscheidenden Impulse.

14. Juni in Belo Horizonte
Kolumbien – Griechenland 3:0 (1:0)

Eingewechselt: 69. Mejia für Aguilar, 74. Arias für Armero, 76. Jackson für Gutierrez – 57. Fetfatzidis für Salpingidis, 64. Mitroglou für Gekas, 78. Karagounis für Kone

Tore: 1:0 Armero (5.), 2:0 Gutierrez (58.), 3:0 James (90./+3)

Gelbe Karten: Sanchez – Sokratis, Salpingidis

Schiedsrichter: Geiger (USA)

Zuschauer: 57 174

**VORRUNDE
Gruppe C**

Elfenbeinküste – Japan 2:1

Drogba lehrt die »Samurai« das Fürchten

Da sah es noch gut für Japan aus: Keisuke Honda (links) zieht ab und trifft zum 1:0.

Enrique Osses, der chilenische Referee, pfeift ab, und dass der Ball in diesem Moment auf Didier Drogba zurollt, kann kein Zufall sein. Drogba nimmt das Spielgerät in seine Hände, so wie er in der halben Stunde zuvor das Spiel an sich gerissen hat. Der ivorische Stürmer ist 36 und nicht mehr so dynamisch wie früher, aber seine Aura ist ungebrochen. Japan bekommt es zu spüren. Die »Blue Samurai« kennen die Arena Pernambuco in Recife und das feuchte Klima vom Confed-Cup ein Jahr zuvor, sie gehen in Führung durch Keisuke Honda. Der Milan-Star nimmt ein Zuspiel von Yuto Nagatomo mit rechts mit und schließt mit links ab: hart, präzise, perfekt. Hondas Form und seine Fitness sind ein Dauerthema in den Tagen vorm Turnier, von einer Schilddrüsen-Erkrankung ist die Rede, Fotos von einer Narbe am Hals machen die Runde, aber jetzt scheinen alle Zweifel vom Motor der japanischen Elf abzufallen. Alberto Zaccheroni hat eine mutige Aufstellung gewählt, er hat – mitten im Betrieb – einen Generationswechsel eingeläutet, Rekordspieler Yasuhito Endo (34) und Verteidiger Yasuyuki Konno (31) auf die Bank verfrachtet und für sie Hotaru Yamaguchi (23) und Masato Morishige (27) nominiert. Es geht gut los, aber nicht gut weiter. Die Japaner wollen ihre Führung verwalten, sie kommen immer seltener zum Abschluss. Gegen die Elfenbeinküste ohne Drogba genügt das, gegen die Elfenbeinküste mit Drogba nicht. Als dieser nach 62 Minuten den Platz betritt, verändert das Spiel seine Statik. Nach wenigen Sekunden sprintet er in den Strafraum und legt den Ball mit der Hacke auf Gervinho, noch erfolglos. Kurz danach, binnen 99 Sekunden, drehen zwei Kopfbälle von Wilfried Bony und Gervinho – jeweils vorbereitet von Serge Aurier – das Spiel. »Ich war frustriert, dass ich zunächst draußen saß«, sagt Drogba nach dem Abpfiff. »Aber am Ende ging der Plan noch auf.« Trainer Sabri Lamouchi lächelt, als er den Routinier adelt: »Seine Einwechslung war entscheidend. Man braucht einen Champion wie ihn.« Einen besseren Beweis als die letzte halbe Stunde von Recife gibt es nicht.

15. Juni in Recife
Elfenbeinküste – Japan 2:1 (0:1)

Eingewechselt: 62. Drogba für Serey Dié, 75. Djakpa für Boka, 78. Ya Konan für Bony – 54. Endo für Hasebe, 67. Okubo für Osako, 86. Kakitani für Kagawa

Tore: 0:1 Honda (16.), 1:1 Bony (64.), 2:1 Gervinho (66.)

Gelbe Karten: Bamba, Zokora – Yoshida, Morishige

Schiedsrichter: Osses (Chile)

Zuschauer: 40 267

Kolumbien – Elfenbeinküste 2:1

»Viva Colombia!« – endlich wieder Achtelfinale

Geoffroy Serey Dié weinte hemmungslos. Als die Nationalhymne erklang, wurde der Mittelfeldspieler der Elfenbeinküste von seinen Gefühlen übermannt und benötigte den Trost seiner Teamkollegen. Später hieß es, Serey Dié habe vor dem Anpfiff der Partie erfahren, dass sein Vater verstorben sei. Ein Missverständnis: Serey Diés Vater lebt tatsächlich nicht mehr, aber der Mann mit der blondierten Irokesenfrisur stellte klar, dass der Senior bereits 2004 verstorben sei und seine Tränen nichts damit zu tun hätten. »Es waren die Emotionen, weil ich für mein Land bei der WM spiele«, teilte Serey Dié über Facebook mit. Hätte er gewusst, was die Elfenbeinküste nach der Hymne gegen Kolumbien zum Besten geben würde, wären ihm eventuell auch die Tränen gekommen. Der Auftritt der »Elefanten« beim 1:2 war in der Tat zum Heulen. Die Spieler von Trainer Sabri Lamouchi agierten statisch im Aufbau und fehlerhaft in der Defensive. Selbst die Einwechslung von Superstar Didier Drogba brachte keine Besserung. Im Gegenteil. Drogba patzte dieses Mal selbst. Vor dem 1:0 der Südamerikaner verlor er das Kopfballduell gegen den Torschützen James. Nach dem Schlusspfiff verließ Drogba zügig den Platz – stocksauer.
Bei den Kolumbianern herrschte dagegen beste Stimmung. Der Erfolg gegen die Elfenbeinküste bedeutete den ersten Achtelfinal-Einzug seit 1990. »Es erfüllt uns mit großem Stolz.

Wir machen einen glänzenden Job. Ich bin über diese Entwicklung glücklich. Aber wir können noch mehr. Wir sind noch nicht am Ende«, sagte Trainer José Pekerman. Auch die beiden Edelfans waren begeistert. Popstar Shakira twitterte »Viva Colombia!« Und auch der nach seinem Kreuzbandriss nicht rechtzeitig fit gewordene Starstürmer Radamel Falcao zollte seinem Team großen Respekt: »Das war ein großartiges Beispiel für alle, die diesen Sport lieben. Ich danke Gott für diese Freude für mein Land.«

Präzisionsarbeit mit links: Der eingewechselte Juan Quintero (Nummer 20) trifft zum 2:0 für Kolumbien.

19. Juni in Brasilia
Kolumbien – Elfenbeinküste 2:1 (0:0)

Eingewechselt: 53. Quintero für Ibarbo, 72. Arias für Armero, 79. Mejia für Aguilar – 60. Drogba für Bony, 67. Kalou für Gradel, 73. Bolly für Serey Dié

Tore: 1:0 James (64.), 2:0 Quintero (70.), 2:1 Gervinho (73.)

Gelbe Karten: Zokora, Tioté

Schiedsrichter: Webb (England)

Zuschauer: 68 748

VORRUNDE
Gruppe C

Japan – Griechenland 0:0

Die zwei Seiten einer Medaille

Es gibt 0:0-Spiele der unterhaltsamen Sorte – Japan gegen Griechenland gehörte definitiv nicht dazu. Als Beleg dafür dient allein schon, dass zwei altgediente Helden des EM-Gewinns von 2004 aus hellenischer Sicht die Geschichte dieser Partie schrieben.

Da war Konstantinos Katsouranis, der einen Tag vor seinem 35. Geburtstag innerhalb von nur elf Minuten zweimal wegen Foulspiels die Gelbe Karte sah und von Schiedsrichter Joel Aguilar in die Kabine geschickt wurde. Ein unrühmlicher Abgang für einen Spieler, der auf eine so lange internationale Karriere zurückblicken kann wie er. Um in Unterzahl im Mittelfeld für Stabilität zu sorgen, schickte Trainer Fernando Santos kurz nach dem Platzverweis den 37-jährigen Georgios Karagounis ins Rennen. Griechenlands Rekordnationalspieler räumte in seinem 137. Einsatz mit enormer Physis alles ab und trug entscheidend dazu bei, dass sein Land im achten WM-Spiel überhaupt erstmals ohne Gegentor blieb. Die Kehrseite der Medaille: Zum siebten Mal gelang kein eigener Treffer.

Die Nullnummer hatte ihre Ursache auch in der Schwäche der japanischen Offensivspieler. Kapitän Makoto Hasebe hatte sich nach Knieproblemen zwar rechtzeitig fit gefühlt, musste aber zum zweiten Durchgang wieder ausgewechselt werden. Keisuke Honda, gegen die Elfenbeinküste noch Torschütze, blieb weit unter seinen Möglichkeiten. Shinji Kagawa saß zunächst nur auf der Bank und trat auch nicht in Erscheinung, nachdem er in der 57. Minute Yuya Osako als einzigen Stürmer abgelöst hatte.

So gab es am Ende für beide noch rechnerische Chancen auf das Achtelfinale – und Durchhalteparolen. Santos: »Die Elfenbeinküste ist in der besseren Position, aber der zweite Platz hinter Kolumbien ist noch nicht vergeben.« Und Japans italienischer Coach Alberto Zaccheroni meinte: »Wir müssen weiter so spielen und gewinnen.«

Scheint den Ball hypnotisieren zu wollen: Griechenlands Angreifer Georgios Samaras (großes Bild).

---

20. Juni in Natal
Japan – Griechenland 0:0

Eingewechselt: 46. Endo für Hasebe, 57. Kagawa für Osako – 35. Gekas für Mitroglou, 41. Karagounis für Fetfatzidis, 81. Salpingidis für Kone

Gelbe Karten: Hasebe – Samaras, Torosidis

Gelb-Rote Karte:
Katsouranis (38.)

Schiedsrichter:
Aguilar (El Salvador)

Zuschauer: 39 485

Vorzeitiges Ende: Schiedsrichter Joel Aguilar zeigt dem griechischen Kapitän Konstantinos Katsouranis Gelb-Rot.

Japan – Kolumbien 1:4

Mondragon genießt den »großen Moment«

Als der Routinier gegen Japan für Stammtorhüter David Ospina ins Spiel kommt, bricht er einen Rekord: Mondragon ist nun der älteste Spieler, der jemals bei einer Weltmeisterschaft eingesetzt wurde. Vor ihm hielt Roger Milla diese Bestmarke. Der Stürmer-Star war bei seinem letzten WM-Einsatz für Kamerun 1994 in den USA 42 Jahre und neun Tage alt. »Es ist ein großer Moment, am Ende eines langen Weges mit 43 Jahren noch mal eine WM zu spielen« sagt Mondragon, der 1998 bereits drei WM-Partien bestritten hatte und dann 16 lange Jahre auf die vierte wartete.

Diesen Auftritt möglich gemacht hatten in erster Linie zwei Mitspieler: Jackson und James. Der eine erzielte zwei Treffer, Letzterer bereitete beide vor nach seiner Einwechslung zur zweiten Halbzeit. Nach 82 Minuten stand es 3:1, die Partie war klar entschieden – und Trainer José Pekerman gönnte Mondragon den historischen Moment.

Ein Trio und zwei Fäuste: Adrian Ramos, Pablo Armero und Juan Cuadrado (oben, von links) bejubelten in den Gruppenspielen neun Tore und den Alters-Weltrekord ihres Torhüters Faryd Mondragon (großes Foto). Das zwischenzeitliche und spektakuläre 1:1 durch Shinji Okazaki für Japan blieb eine Randnotiz.

Es läuft die 85. Spielminute, als in der Arena Pantanal von Cuiaba, tief im Inneren Brasiliens, ein kleines Stück WM-Geschichte geschrieben wird. Am Spielfeldrand steht Faryd Mondragon, früher Torwart beim 1. FC Köln, jetzt Ersatzkeeper Kolumbiens – und an diesem 24. Juni exakt 43 Jahre und drei Tage alt.

Die Kolumbianer, mit einer B-Elf angetreten, sicherten sich mit dem dritten Sieg im dritten Spiel den Sieg in Gruppe C. Der Ex-Berliner und Neu-Dortmunder Adrian Ramos holte bei seinem WM-Debüt den Elfmeter zum 1:0 heraus und legte James das 4:1 auf. Die Japaner rannten lange Zeit emsig an, spielten sich oft flink und wendig durchs Mittelfeld – aber vor dem Tor versagten sie. Der Treffer des Mainzers Shinji Okazaki hilft nichts, Japan muss nach einem verkorksten Turnier nach Hause fahren. Shinji Kagawas Fazit gilt für das ganze Team: »Ich habe bei der WM nicht das gezeigt, was ich kann.«

24. Juni in Cuiaba
Japan – Kolumbien 1:4 (1:1)

Eingewechselt: 62. Yamaguchi für Aoyama, 69. Kakitani für Okazaki, 85. Kiyotake für Kagawa – 46. Carbonero für Cuadrado, 46. James für Quintero, 85. Mondragon für Ospina

Tore: 0:1 Cuadrado (17., FE), 1:1 Okazaki (45./+1), 1:2 Jackson (55.), 1:3 Jackson (82.), 1:4 James (90.)

Gelbe Karten: Konno – Guarin

Schiedsrichter: Proenca (Portugal)

Zuschauer: 40 340

| VORRUNDE
| Gruppe C

Griechenland – Elfenbeinküste 2:1

Der Abschied der goldenen Generation

Die Szene des Abends ereignete sich kurz nach dem dramatischen Ende der Partie. Georgios Samaras beugte sich über den am Boden liegenden Boubacar Barry und streichelte dem Keeper der Elfenbeinküste tröstend über den Kopf. Wenige Minuten zuvor hatte der Angreifer der Griechen weniger Mitgefühl mit Barry gehabt. Eiskalt hatte Samaras in der dritten Minute der Nachspielzeit den an ihm verursachten Foulelfmeter zum 2:1 für Griechenland verwandelt und so dafür gesorgt, dass der Europameister von 2004 erstmals in seiner Geschichte ein WM-Achtelfinale erreicht hat. Entsprechend groß war die Freude. Trainer Fernando Santos wollte sich »drei, vier Bier und ein paar Zigaretten« gönnen und nannte den Last-Minute-Erfolg »einen historischen Moment. Ich bin mir sicher: Jeder Mensch in Griechenland hat es genossen, ein wenig Ablenkung bekommen zu haben.«

Der ausgelassenen Freude der Griechen stand die abgrundtiefe Enttäuschung der Elfenbeinküste gegenüber. Trainer Sabri Lamouchi kündigte an, seinen nach der WM auslaufenden Vertrag nicht zu verlängern. Verteidiger Kolo Touré, der ebenso wie sein Bruder Yaya unter besonderen emotionalen Vorzeichen angetreten war – ihr jüngerer Bruder Ibrahim (28) war wenige Tage vor der Begegnung an einem Krebsleiden gestorben –, übte schonungslos Kritik: »Wir haben es uns selbst zuzuschreiben. Das war naiv von uns.« Vor allem Giovanni Sio war am Boden zerstört. »Ich hoffe, die Elfenbeinküste und das Team vergeben mir«, stammelte der ehemalige Profi des VfL Wolfsburg und des FC Augsburg, der in Basel unter Vertrag steht. Sio war es gewesen, der Samaras im Strafraum ungeschickt zu Fall gebracht hatte. Didier Drogba schlich derweil mit versteinerter Miene in die Kabine. Wohlwissend, dass seine Zeit als Anführer der »Elefanten« vorbei ist und die goldene Generation der Elfenbeinküste eine titellose bleiben wird.

Der Wahnsinn hat einen Namen – und wird fast erdrückt: Georgios Samaras (Nummer 7) versetzte mit dem späten 2:1 eine ganze Nation in Verzückung.

24. Juni in Fortaleza
Griechenland – Elfenbeinküste 2:1 (1:0)

Eingewechselt: 12. Samaris für Kone, 24. Glykos für Karnezis, 78. Gekas für Karagounis – 61. Bony für Tioté, 78. Diomandé für Drogba, 83. Sio für Gervinho

Tore: 1:0 Samaris (42.), 1:1 Bony (74.), 2:1 Samaras (90./13, FE)

Gelbe Karten: Drogba, Kalou, Serey Dié

Schiedsrichter: Vera (Ecuador)

Zuschauer: 59 095

Uruguay – Costa Rica			1:3 (1:0)
England – Italien			1:2 (1:1)
Uruguay – England			2:1 (1:0)
Italien – Costa Rica			0:1 (0:1)
Italien – Uruguay			0:1 (0:0)
Costa Rica – England			0:0

1. Costa Rica	3	4:1	7
2. Uruguay	3	4:4	6
3. Italien	3	2:3	3
4. England	3	2:4	1

Fassungslos: Cesare Prandelli trat nach dem Aus der Italiener als Nationalcoach zurück (kleines Bild).
Totalausfall: Mario Balotelli (rechts) machte nicht nur gegen den Uruguayer Martin Caceres eine unglückliche Figur.

VORRUNDE
Gruppe D

Uruguay
Costa Rica
England
Italien

Wer auf Costa Rica als Gruppensieger gesetzt hatte, wird einen satten Betrag gewonnen haben. Die »Ticos« sorgten für eine der großen Überraschungen des Turniers und zeigten der prominenten Konkurrenz die lange Nase. Italien musste wie schon 2010 erneut nach der Vorrunde die Heimreise antreten, England leistete sich das schlechteste Abschneiden seiner WM-Geschichte. Zuvor hatten die »Three Lions« beim Turnier 1950 in Brasilien und 1958 in Schweden ebenfalls die Vorrunde nicht überstanden. Uruguay patzte am ersten Spieltag, schaffte anschließend mit zwei Siegen den Sprung ins Achtelfinale.

Uruguay

1. Fernando Muslera, 16.06.1986 (Galatasaray Istanbul)
2. Diego Lugano, 02.11.1980 (West Bromwich Albion)
3. Diego Godin, 16.02.1986 (Atletico Madrid)
4. Jorge Fucile, 19.11.1984 (FC Porto)
5. Walter Gargano, 23.07.1984 (FC Parma)
6. Alvaro Pereira, 28.11.1985 (FC Sao Paulo)
7. Cristian Rodriguez, 30.09.1985 (Atletico Madrid)
8. Abel Hernandez, 08.08.1990 (US Palermo)
9. Luis Suarez, 24.01.1987 (FC Liverpool)
10. Diego Forlan, 19.05.1979 (Cerezo Osaka)
11. Christian Stuani, 12.10.1986 (Espanyol Barcelona)
12. Rodrigo Munoz, 22.01.1982 (Libertad Asuncion)
13. José Maria Gimenez, 20.01.1995 (Atletico Madrid)
14. Nicolas Lodeiro, 21.03.1989 (Botafogo Rio de Janeiro)
15. Diego Perez, 18.05.1980 (FC Bologna)
16. Maxi Pereira, 08.06.1984 (Benfica Lissabon)
17. Egidio Arevalo Rios, 01.01.1982 (Monarcas Morelia)
18. Gaston Ramirez, 02.12.1990 (FC Southampton)
19. Sebastian Coates, 07.10.1990 (Nacional Montevideo)
20. Alvaro Gonzalez, 29.10.1984 (Lazio Rom)
21. Edinson Cavani, 14.02.1987 (Paris Saint-Germain)
22. Martin Caceres, 07.04.1987 (Juventus Turin)
23. Martin Silva, 25.03.1983 (Vasco da Gama Rio de Janeiro)

Trainer: Oscar Tabarez

Costa Rica

1. Keylor Navas, 15.12.1986 (UD Levante)
2. Jhonny Acosta, 21.07.1983 (LD Alajuelense)
3. Giancarlo Gonzalez, 08.02.1988 (Columbus Crew)
4. Michael Umana, 16.07.1982 (Deportivo Saprissa)
5. Celso Borges, 27.05.1988 (AIK Solna)
6. Oscar Duarte, 03.06.1989 (FC Brügge)
8. Dave Myrie 01.06.1988 (CS Herediano)
7. Christian Bolanos, 17.05.1984 (FC Kopenhagen)
9. Joel Campbell, 26.06.1992 (Olympiakos Piräus)
10. Bryan Ruiz, 18.08.1985 (PSV Eindhoven)
11. Michael Barrantes, 04.10.1983 (Aalesunds FK)
12. Waylon Francis, 20.09.1990 (Columbus Crew)
13. Oscar Esteban Granados, 25.10.1985 (CS Herediano)
14. Randall Brenes, 13.08.1983 (CS Cartagines)
15. Junior Diaz, 12.09.1983 (1. FSV Mainz 05)
16. Cristian Gamboa, 24.10.1989 (Rosenborg Trondheim)
17. Yeltsin Tejeda, 17.03.1992 (Deportivo Saprissa)
18. Patrick Pemberton, 24.04.1982 (LD Alajuelense)
19. Roy Miller, 24.11.1984 (New York Red Bulls)
20. Diego Calvo, 25.03.1991 (Valerenga Oslo)
21. Marcos Urena, 05.03.1990 (Kuban Krasnodar)
22. José Miguel Cubero, 14.02.1987 (CS Herediano)
23. Daniel Cambronero, 08.01.1986 (CS Herediano)

Trainer: Jorge Luis Pinto

England

1. Joe Hart, 19.04.1987 (Manchester City)
2. Glen Johnson, 23.08.1984 (FC Liverpool)
3. Leighton Baines, 11.12.1984 (FC Everton)
4. Steven Gerrard, 30.05.1980 (FC Liverpool)
5. Gary Cahill, 19.12.1985 (FC Chelsea)
6. Phil Jagielka, 17.08.1982 (FC Everton)
7. Jack Wilshere, 01.01.1992 (FC Arsenal)
8. Frank Lampard, 20.06.1978 (FC Chelsea)
9. Daniel Sturridge, 01.09.1989 (FC Liverpool)
10. Wayne Rooney, 24.10.1985 (Manchester United)
11. Danny Welbeck, 26.11.1990 (Manchester United)
12. Chris Smalling, 22.11.1989 (Manchester United)
13. Ben Foster, 03.04.1983 (West Bromwich Albion)
14. Jordan Henderson, 17.06.1990 (FC Liverpool)
15. Alex Oxlade-Chamberlain, 15.08.1993 (FC Liverpool)
16. Phil Jones, 21.02.1992 (Manchester United)
17. James Milner, 04.01.1986 (Manchester City)
18. Rickie Lambert, 16.02.1982 (FC Southampton)
19. Raheem Sterling, 08.12.1994 (FC Liverpool)
20. Adam Lallana, 10.05.1988 (FC Southampton)
21. Ross Barkley, 05.12.1993 (FC Everton)
22. Fraser Forster, 17.03.1988 (Celtic Glasgow)
23. Luke Shaw, 12.07.1995 (FC Southampton)

Trainer: Roy Hodgson

Italien

1. Gianluigi Buffon, 28.01.1978 (Juventus Turin)
2. Mattia de Sciglio, 20.10.1992 (AC Mailand)
3. Giorgio Chiellini, 14.08.1984 (Juventus Turin)
4. Matteo Darmian, 02.12.1989 (FC Turin)
5. Thiago Motta, 28.08.1982 (Paris Saint-Germain)
6. Antonio Candreva, 28.02.1987 (Lazio Rom)
7. Ignazio Abate, 12.11.1986 (AC Mailand)
8. Claudio Marchisio, 19.01.1986 (Juventus Turin)
9. Mario Balotelli, 12.08.1990 (AC Mailand)
10. Antonio Cassano, 12.07.1982 (FC Parma)
11. Alessio Cerci, 23.07.1987 (FC Turin)
12. Salvatore Sirigu, 12.01.1987 (Paris Saint-Germain)
13. Mattia Perin, 10.11.1992 (CFC Genua 1893)
14. Alberto Aquilani, 07.07.1984 (AC Florenz)
15. Andrea Barzagli, 08.05.1981 (Juventus Turin)
16. Daniele de Rossi, 24.07.1983 (AS Rom)
17. Ciro Immobile, 20.02.1990 (FC Turin)
18. Marco Parolo, 25.01.1985 (FC Parma)
19. Leonardo Bonucci, 01.05.1987 (Juventus Turin)
20. Gabriel Paletta, 15.02.1986 (FC Parma)
21. Andrea Pirlo, 19.05.1979 (Juventus Turin)
22. Lorenzo Insigne, 04.06.1991 (SSC Neapel)
23. Marco Verratti, 05.11.1992 (Paris Saint-Germain)

Trainer: Cesare Prandelli

51

Uruguay – Costa Rica 1:3

Brych brilliert beim Coup des Außenseiters

Rudelbildung: Nach dem rüden Tritt von Maxi Pereira gegen Joel Campbell kommt es zum Handgemenge. Felix Brych (Mitte) muss entschieden dazwischengehen.

Die Chronologie bei der zweiten Sensation während dieser WM verlief fast deckungsgleich wie bei der ersten, dem 5:1 der Niederlande über Spanien. Zunächst ging der Favorit durch einen verwandelten Foulelfmeter in Führung, dann schlug der Außenseiter ebenso beeindruckend wie unerwartet zurück. Alles schien seinen Gang zu gehen, als Edinson Cavani das 1:0 für Uruguay erzielte. Doch sei es, dass dem Stürmer von Paris St.-Germain sein kongenialer Partner Luis Suarez fehlte, der nach überstandener Knieoperation auf der Bank saß, oder dass Diego Forlan, der ausgewechselt wurde, unter Form blieb – die zweite Halbzeit ging eindeutig an Costa Rica, das zwar nicht wie die Niederländer fünf Treffer erzielte, aber immerhin deren drei.

Nur ein einziges Mal, 1990, hatten die Zentralamerikaner bei einer WM die Vorrunde überstanden. Doch die aktuelle Auswahl galt in der Heimat als die bisher talentierteste, und die Mannschaft von Trainer Jorge Luis Pinto bestätigte diese Einschätzung durch Tore von Joel Campbell, Oscar Duarte und Marcos Urena. »Das ist ein hartes Resultat, das wir so nicht erwartet haben«, bekannte Pintos Kontrahent Oscar Tabarez. Beim Gegner dagegen blühten die Träume von der Wiederholung des Erfolges von 1990. »Die Wahrscheinlichkeit, dass wir in die nächste Runde einziehen, ist gestiegen. Mit allem Respekt: Wir können das schaffen«, sagte der bei Mainz 05 in Diensten stehende Außenverteidiger Junior Diaz.

Mehr als nur eine Randnotiz in Anbetracht der bereits stark in der Kritik stehenden Schiedsrichter bei der WM: Der Deutsche Dr. Felix Brych kam zu seinem ersten Einsatz. Der Jurist aus München erledigte seine Aufgabe sehr sicher, keine Zweifel gab es auch am ersten Platzverweis des Turniers, der Roten Karte für den Uruguayer Maxi Pereira nach einem Frustfoul an Joel Campbell.

Wuchtbrumme: Mario Balotelli (rechts) köpft das 2:1 für Italien gegen England. Gary Cahill fliegt umsonst.

14. Juni in Fortaleza
Uruguay – Costa Rica 1:3 (1:0)

Eingewechselt: 60. Lodeiro für Forlan, 60. Gonzalez für Gargano, 76. Hernandez für Rodriguez – 74. Cubero für Tejeda, 83. Urena für Ruiz, 89. Barrantes für Bolanos

Tore: 1:0 Cavani (24., FE), 1:1 Campbell (54.), 1:2 Duarte (57.), 1:3 Urena (84.)

Gelbe Karten: Lugano, Gargano, Caceres

Rote Karte: Maxi Pereira (90./+4, grobes Foulspiel)

Schiedsrichter: Dr. Brych (München)

Zuschauer: 58 679

England – Italien 1:2

Grau ist alle Theorie – oder doch rot?

Wenn es nach 1966 mit »normalen« Mitteln nicht geklappt hatte, zum zweiten Mal die begehrteste Trophäe im Weltfußball zu holen, dann ja vielleicht mit wissenschaftlicher Unterstützung. Wie lange der britische Physiker Stephen Hawking über der Erfolgsformel im Auftrag eines Wettanbieters gebrütet hat, ist nicht bekannt. Nur so viel: »Sie haben festgestellt, dass ich als theoretischer Physiker marginal besser qualifiziert bin, Vorhersagen zu machen, als Paul, der Krake.« Das Ergebnis seiner statistischen Auswertung aller WM-Teilnahmen der »Three Lions«

VORRUNDE
Gruppe D

15. Juni in Manaus
England – Italien 1:2 (1:1)

Eingewechselt: 61. Barkley für Welbeck, 73. Wilshere für Henderson, 80. Lallana für Sturridge – 57. Motta für Verratti, 73. Immobile für Balotelli, 79. Parolo für Candreva

Tore: 0:1 Marchisio (35.), 1:1 Sturridge (37.), 1:2 Balotelli (50.)

Gelbe Karte: Sterling

Schiedsrichter: Kuipers (Niederlande)

Zuschauer: 39 800

Gleich schlägt es ein: Claudio Marchisio (Nummer acht) erzielt das 1:0 für Italien.

ab 1970: Das Team von Nationaltrainer Roy Hodgson solle rote Trikots tragen, ein 4-3-3-System spielen und blonde Schützen an den Elfmeterpunkt beordern.

So weit zur Theorie. Dumm nur, dass Englands Co-Trainer Gary Neville wenige Tage vor der Partie gegen Italien mit einem Zettel in der Hand fotografiert wurde – mit Hinweisen für Wayne Rooney & Co., wie sie die »Squadra Azzurra« knacken könnten. Im praktischen Teil der Vorbereitung auf das Duell im tropisch heißen Manaus mussten sich die Spieler mehrlagig ankleiden, um die Belastungen zu simulieren.

Vor dem Anstoß hatte es bereits die Torwartlegende der Italiener aus den Schuhen gehauen. Nicht wegen der Hitze, sondern weil er im Training umgeknickt war, saß Gianluigi Buffon nur auf der Bank. Stellvertreter Salvatore Sirigu konnte sich, zur Überraschung auch der eher skeptischen englischen Fans, über Arbeit nicht beklagen. Dass Italien, lediglich optisch überlegen, aus dem Nichts durch Claudio Marchisio in Führung ging, ließ die wie ihre Kontrahenten durchgeschwitzten Engländer kalt. Rund 120 Sekunden später gelang Daniel Sturridge der Ausgleich (37.). Der Lohn für einen couragierten Auftritt. Kurz nach der Pause jedoch zunichte gemacht durch den Kopfballtreffer von Mario Balotelli zum entscheidenden 2:1 für abgezockte Italiener, die selten den Ball, dafür den tapfer kämpfenden Gegner (ins Leere) laufen ließen.

Apropos: England trug weiße und nicht die von Physiker Hawking errechneten roten Trikots. Fußball ist eben doch eine Wissenschaft für sich, oder?

Belastungsprobe für das Material: Daniel Sturridge landete nicht nur selbst im Netz, sondern brachte auch den Ball einmal im Tor der Italiener unter.

Zwei Kopfbälle mit unterschiedlichem Ergebnis: Während Wayne Rooney aus kürzester Distanz nur die Latte trifft (Bild links), erzielt Luis Suarez per Kopf das 1:0 für Uruguay.

19. Juni in Sao Paulo
Uruguay – England 2:1 (1:0)

Eingewechselt: 67. Stuani für Lodeiro, 79. Fucile für Gonzalez, 88. Coates für Suarez – 64. Barkley für Sterling, 71. Lallana für Welbeck, 87. Lambert für Henderson

Tore: 1:0 Suarez (39.), 1:1 Rooney (75.), 2:1 Suarez (85.)

Gelbe Karten: Godin – Gerrard

Schiedsrichter: Velasco Carballo (Spanien)

Zuschauer: 62 575

Uruguay – England 2:1

Rosa Elefanten

Es war die Nacht nach dem Abend, an dem England 1:2 gegen Uruguay verlor, als plötzlich …
(ein Telefon klingelt)
Stimme meldet sich: Fußballgott.
Wayne Rooney: Ich bin's, der …
Fußballgott: Wayne, grüß dich.
Rooney: Woher weißt du, dass ich es bin?
Fußballgott: Hallo? Ich bin allwissend.
Rooney: Ja, schon gut. Ich hab ja Glück, dass ich dich erreiche. Der Rudi Assauer meinte mal, es gibt dich gar nicht. Und ich habe heute das Gleiche gedacht.
Fußballgott: Wieso das denn?
Rooney: Wieso? du fragst mich das ernsthaft? Erst fliegt mein Freistoß Zentimeter am Pfosten vorbei. Dann fehlen mir genau die Zentimeter, um bei einer Flanke den Ball vernünftig mit dem Kopf zu erwischen. Dann hält der Muslera meinen Schuss aus kurzer Entfernung. Mehr Pech kann man ja nicht haben.

Fußballgott: Was genau willst du von mir? Du hast doch getroffen.
Rooney: Ja, zum 1:1. Endlich, in meinem zehnten WM-Spiel mein erstes Tor nach 759 Minuten seit 2006. Und dann lässt du ausgerechnet den Steven Gerrard so alt aussehen.
Fußballgott: Ach, ich bin schuld, dass er per Kopfball in den Lauf von Suarez verlängert und der sein zweites Tor erzielt? Na, wenn du meinst.
Rooney: Woran denkst du, wenn ich dir sage, dass du nicht an rosa Elefanten denken sollst?
Fußballgott: An rosa Elefanten? Aber …
Rooney: Nix aber. Alle befürchteten, dass der Luis Suarez uns abschießt, also musste es ja so kommen. Seine Saison begann mit der langen Sperre

Dann hat es doch noch geklappt: Wayne Rooney macht sein erstes WM-Tor. Genützt hat es England jedoch nichts.

wegen seines Beißens, dann trifft er 31-mal in der Premier League und jetzt das.
Fußballgott: Ja, und als Nächstes machst du mich dafür verantwortlich, dass ihr keinen Plan hattet.
Rooney: Ja, wen denn sonst? Etwa unseren Trainer? Aber sag mal, gegen Costa Rica …
(das Besetztzeichen ertönt)
Rooney: Hallo?
Als er aufwacht, ist er schweißgebadet. Der Albtraum geht weiter – auch, weil die Engländer gegen Uruguay wieder keine roten Trikots getragen hatten (siehe Seite 52/53).

VORRUNDE
Gruppe D

Italien – Costa Rica 0:1

Costa Rica 3, Weltmeister 0

Kopfball ins Glück: Bryan Ruiz (weißes Trikot) beschert mit seinem Tor zum 1:0 Costa Rica den Sieg über Italien und den Einzug ins Achtelfinale.

Vor der WM galt Costa Rica neben Australien und Honduras als einer der größten Außenseiter im Kampf um den Einzug ins Achtelfinale. Wettanbieter hatten bis zu 13:1 ausgelobt, sollte den Zentralamerikanern in der Todesgruppe mit den drei Ex-Weltmeistern Uruguay, Italien und England der Sprung in die K.-o.-Runde gelingen. Schon nach dem unerwarteten 3:1-Erfolg über Uruguay waren die Quoten in den Keller gerauscht. Nun, nach dem 1:0-Coup gegen die »Squadra Azzurra«, konnte auf das Ereignis kein Geld mehr gesetzt werden. Costa Rica hatte das schier Unmögliche möglich gemacht und nach 24 Jahren wieder das Achtelfinale erreicht. »Heute haben wir Geschichte geschrieben«, ließ Kapitän und Siegtorschütze Bryan Ruiz seinen Gefühlen freien Lauf. Er, der kurz vor der Pause nach feiner Vorarbeit des beim FSV Mainz 05 unter Vertrag stehenden Junior Diaz mustergültig eingeköpft hatte. Der verdiente Lohn einer couragierten Leistung. Auch, weil kurz vor dem goldenen Tor Schiedsrichter Enrique Roberto Osses Zencovich aus Chile nach einem heftigen Schubser von Italiens Innenverteidiger Giorgio Chiellini gegen Joel Campbell den »Ticos« einen klaren Strafstoß verweigert hatte (43.). Schwamm drüber, Visier runter und die Italiener, die Meister der Ergebnisverwaltung, mit ihren eigenen Waffen geschlagen. Wobei: Mauern allein war nicht das Ding von Ruiz & Co. – über Konter setzten sie immer wieder Nadelstiche. Und die Südeuropäer? Mehr als Bemühen konnte ihnen aufgrund eines zweiten Durchgangs ohne echte Großchance nicht attestiert werden.

»Costa Rica 2, Weltmeister 0«, feixte der Sender »Teletica«. Und: »Heute sind wir die Besten des Planeten!« Die Besten hatten sich dann auch schnell ihre Trophäen gesichert. Die Trikots der Balotellis, Pirlos und Buffons trugen sie stolz und martialisch anmutend wie einen Skalp vom Feld. »Wir waren in der Todesgruppe, jetzt sind die anderen tot«, sagte Ruiz noch. Denn: Costa Rica führte schon vor dem letzten Gruppenspiel mit 3:0 gegen die Ex-Weltmeister. Schließlich war klar, dass England bereits die Heimreise planen konnte ...

20. Juni in Recife
Italien – Costa Rica 0:1 (0:1)

Eingewechselt: 46. Cassano für Motta, 57. Insigne für Candreva, 69. Cerci für Marchisio – 68. Cubero für Tejeda, 74. Urena für Campbell, 81. Brenes für Ruiz

Tor: 0:1 Ruiz (44.)

Gelbe Karten:
Balotelli – Cubero

Schiedsrichter:
Osses (Chile)

Zuschauer: 40 285

55

Die Zähne sind noch drin: Luis Suarez fiel gegen Italien wieder einmal aus der Rolle und biss seinem Kontrahenten Giorgio Chiellini in die Schulter. Es folgte eine Sperre, da half auch keine Entschuldigung mehr (oben rechts).

Italien – Uruguay 0:1

Ein Biss, ein Schrei … Uruguay

Television Nacional Uruguay, kurz TNU, ist das Staatsfernsehen des kleinen südamerikanischen Landes am Rio de la Plata. Häufig flimmern dort die Wiederholungen der wohl berühmtesten Agentenreihe über die Bildschirme. Der kleine Luis Alberto Suarez Diaz, geboren in den 80er Jahren, muss in seiner Jugend ganz gebannt vor der Glotze gesessen haben, als die Geschichten des Ian Fleming gezeigt wurden. In allen Folgen, klar, siegte am Ende immer das Gute, namentlich: Bond, James Bond. Auffällig hingegen, dass der Böse nicht in jeder Episode eliminiert wurde. So bekämpfte Roger Moore seinen 2,18 Meter großen Kontrahenten Richard Kiel in »Der Spion, der mich liebte« und in »Moonraker«: den Beißer.

Das wiederum schien den kleinen Luis, der später zum großen Luis Suarez wurde, uruguayischer Nationalheld, Torschützenkönig in England und Fußballer des Jahres, massiv beeindruckt zu haben. Denn auch er wurde zum Wiederholungstäter – aber von den ersten beiden Sanktionen nicht derart abgeschreckt, dass er auf das dritte Mal verzichtete. Opfer 1: Otman Bakkal, PSV Eindhoven, November 2010, Schulter, sieben Spiele Sperre für Suarez. Opfer 2: Branislav Ivanovic, FC Chelsea, April 2013, Oberarm, zehn Spiele Sperre. Opfer 3: Giorgio Chiellini, Italien, Juni 2014, Schulter.

Was sich wie ein pathologischer Befund liest, ist das Ausrasten, die Unbeherrschtheit, das Fehlverhalten von Suarez, der trotz des Weiterkommens seines Teams wieder mal zum Buhmann einer WM wurde. 2010 in Handspiel auf der Linie gegen Ghana, das die Afrikaner stoppte. Nun der Biss 3.0, übersehen vom Referee. Kurz nach der Attacke fiel Uruguays Siegtor gegen den Weltmeister von 2006, der nun schon zum zweiten Mal in Folge in der Vorrunde scheiterte. Es traf: immerhin nicht Suarez. Sondern Diego Godin, dessen Würdigung in dieser Geschichte eigentlich angebracht gewesen wäre. Es gab allerdings nur ein Thema. Den Beißer. Auch auf TNU.

Für »Beißer« Suarez hatte seine Attacke weitreichende Folgen: Der Angreifer muss mit der heftigs-

Frust und Freude: Während Andrea Pirlo (links) bei seiner wohl letzten WM erneut vorzeitig ausschied, avancierte Uruguays Kapitän Diego Godin wegen seines entscheidenden Tores zum gefeierten Helden.

VORRUNDE
Gruppe D

24. Juni in Natal
Italien – Uruguay 0:1 (0:0)

Eingewechselt: 46. Parolo für Balotelli, 71. Cassano für Immobile, 75. Motta für Verratti – 46. Maxi Pereira für Lodeiro, 63. Stuani für Alvaro Pereira, 78. Ramirez für Rodriguez

Tor: 0:1 Godin (81.)

Gelbe Karten: Balotelli, de Sciglio – Arevalo Rios, Muslera

Rote Karte: Marchisio (59., grobes Foulspiel)

Schiedsrichter: Rodriguez (Mexiko)

Zuschauer: 39 706

ten Strafe der WM-Geschichte büßen. Das Turnier war für Suarez nach der Vorrunde beendet. Von der Disziplinarkommission des Weltverbandes FIFA wurde er für neun Pflicht-Länderspiele gesperrt und darf vier Monate keiner Aktivität im Fußball nachgehen – also auch für seinen Klub bis Ende Oktober nicht spielen. Suarez war damit verpflichtet, unverzüglich das Team-Hotel Uruguays zu verlassen und muss eine Geldstrafe in Höhe von 100 000 Schweizer Franken (rund 82 000 Euro) an die FIFA überweisen.

Costa Rica – England 0:0

Schlaf, England, schlaf …

Direkt nach dem Ende der Partie zwischen Costa Rica und England liefen bei den Pharmariesen dieser Welt die Krisensitzungen. Wer, so fragte man sich da, soll noch teure Schlaftabletten oder Ähnliches kaufen, wenn man doch rund um die Uhr im Internet diese Nullnummer sehen kann?
Die Mittelamerikaner sollten das nicht als Vorwurf verstehen. Schließlich waren sie bereits für das Achtelfinale qualifiziert. Wieder nicht in roten Trikots spielend, erhöhte England hingegen den Fremdschämfaktor seiner Fans. Natürlich, man war schon ausgeschieden. Natürlich, die Motivation hielt sich in Grenzen. Und doch: Da standen im Laufe der Partie 13 Premier-League-Spieler auf dem Rasen, die nicht in der Lage waren, ein internationales Leichtgewicht zu besiegen.
Die Briten agierten schwerfällig. Schwer zu verstehen wiederum, wenn man bedenkt, dass Trainer Roy Hodgson vielen Akteuren ihren ersten WM-Einsatz schenkte. Sie hatten die Möglichkeit erahnen zu lassen, dass der Coach bei den Niederlagen gegen

Restlos bedient: Englands erneut enttäuschender Starstürmer Wayne Rooney und Nationalcoach Roy Hodgson

Italien und Uruguay die falschen Spieler aufgestellt hatte. Doch das hatte er offenbar nicht.
Die englischen Fans hielten Plakate hoch, die ihren Galgenhumor zur Schau stellten. In Anlehnung an die Werbung für eine Kreditkarte unkten sie: 1200 Pfund für den Flug, 2000 Pfund fürs Hotel und 2000 Pfund für Bier, Weib und Gesang – kostenlos hingegen sei das Ausscheiden ihrer Jungs. In Wirklichkeit bleibt es eine Schande. Das wissen sie, und doch schmettern sie immer weiter, dass Gott die Queen schützen möge. Weil es sonst nichts zu besingen gibt.
Was also macht ein Engländer, wenn er doch mal ein WM-Spiel gewinnt? Er entledigt sich seines roten Trikots und schaltet die Playstation aus. Und wenn die Pubs geschlossen sind, er aber schnell schlafen will, besorgt er sich die DVD vom 0:0 gegen Costa Rica.

24. Juni in Belo Horizonte
Costa Rica – England 0:0

Eingewechselt: 59. Bolanos für Brenes, 66. Urena für Campbell, 78. Barrantes für Borges – 62. Sterling für Lallana, 73. Gerrard für Wilshere, 76. Rooney für Milner

Gelbe Karten: Gonzalez – Barkley, Lallana

Schiedsrichter: Haimoudi (Algerien)

Zuschauer: 57 823

57

Schweiz – Ecuador		2:1 (0:1)
Frankreich – Honduras		3:0 (1:0)
Schweiz – Frankreich		2:5 (0:3)
Honduras – Ecuador		1:2 (1:1)
Honduras – Schweiz		0:3 (0:2)
Ecuador – Frankreich		0:0

1. Frankreich	3	8:2	7
2. Schweiz	3	7:6	6
3. Ecuador	3	3:3	4
4. Honduras	3	1:8	0

Wegweiser: Unter Didier Deschamps lieferte Frankreich in Brasilien eine überzeugende Vorrunde ab (kleines Bild).
»Shaq Attack«: Xherdan Shaqiri (Mitte) schoss die Schweiz mit drei Treffern gegen Honduras im Alleingang ins Achtelfinale.

VORRUNDE
Gruppe E

Schweiz
Ecuador
Frankreich
Honduras

Bei der WM 2010 war Frankreich nach dem Aus in der Vorrunde und der Spieler-Revolte gegen den damaligen Trainer Raymond Domenech noch mit Schimpf und Schande überzogen worden. Unter Didier Deschamps feierte die »Equipe Tricolore« in Brasilien ein beeindruckendes Comeback und zog souverän ins Achtelfinale ein. Die Schweiz schaffte das auf den letzten Drücker, nachdem Ottmar Hitzfelds Team von Frankreich auseinandergenommen wurde. Ecuador besaß zumindest bis zum letzten Gruppenspieltag eine realistische Chance aufs Weiterkommen, Honduras war nicht mehr als ein Sparringspartner.

Schweiz

1. Diego Benaglio, 08.09.1983 (VfL Wolfsburg)
2. Stephan Lichtsteiner, 16.01.1984 (Juventus Turin)
3. Reto Ziegler, 16.01.1986 (Sassuolo Calcio)
4. Philippe Senderos, 14.02.1985 (FC Valencia)
5. Steve von Bergen, 10.06.1983 (Young Boys Bern)
6. Michael Lang, 08.02.1991 (Grasshopper-Club Zürich)
7. Tranquillo Barnetta, 22.05.1985 (Eintracht Frankfurt)
8. Gökhan Inler, 27.06.1984 (SSC Neapel)
9. Haris Seferovic, 22.02.1992 (Real Sociedad San Sebastian)
10. Granit Xhaka, 27.09.1992 (Bor. Mönchengladbach)
11. Valon Behrami, 19.04.1985 (SSC Neapel)
12. Yann Sommer, 17.12.1988 (FC Basel)
13. Ricardo Rodriguez, 25.08.1992 (VfL Wolfsburg)
14. Valentin Stocker, 12.04.1989 (FC Basel)
15. Blerim Dzemaili, 12.04.1986 (SSC Neapel)
16. Gelson Fernandes, 02.09.1986 (SC Freiburg)
17. Mario Gavranovic, 24.11.1989 (FC Zürich)
18. Admir Mehmedi, 16.03.1991 (SC Freiburg)
19. Josip Drmic, 08.08.1992 (1. FC Nürnberg)
20. Johan Djourou, 18.01.1987 (Hamburger SV)
21. Roman Bürki, 14.11.1990 (Grasshopper-Club Zürich)
22. Fabian Schär, 20.12.1991 (FC Basel)
23. Xherdan Shaqiri, 10.10.1991 (Bayern München)

Trainer: Ottmar Hitzfeld

Ecuador

1. Maximo Banguera, 16.12.1985 (Barcelona SC Guayaquil)
2. Jorge Guagua, 28.09.1981 (EMELEC Guayaquil)
3. Frickson Erazo, 05.05.1988 (Flamengo Rio de Janeiro)
4. Juan Carlos Paredes, 08.07.1987 (Barcelona SC Guayaquil)
5. Renato Ibarra, 20.01.1991 (Vitesse Arnhem)
6. Cristian Noboa, 09.04.1985 (Dynamo Moskau)
7. Jefferson Montero, 01.09.1989 (Monarcas Morelia)
8. Edison Mendez, 16.03.1979 (Santa Fe CD)
9. Joao Rojas, 14.06.1989 (CD Cruz Azul)
10. Walter Ayovi, 11.08.1979 (CF Pachuca)
11. Felipe Caicedo, 05.09.1988 (Al-Jazira Abu Dhabi)
12. Adrian Bone, 08.09.1988 (El Nacional Quito)
13. Enner Valencia, 04.11.1989 (CF Pachuca)
14. Oswaldo Minda 26.07.1983 (CD Chivas/USA)
15. Michael Arroyo, 23.04.1987 (CF Atlante Cancun)
16. Antonio Valencia, 04.08.1985 (Manchester United)
17. Jaime Ayovi, 21.02.1988 (Club Tijuana)
18. Oscar Bagüi, 10.12.1982 (EMELEC Guayaquil)
19. Luis Saritama, 20.10.1983 (Barcelona SC Guayaquil)
20. Fidel Martinez, 15.02.1990 (Club Tijuana)
21. Gabriel Achilier, 24.03.1985 (EMELEC Guayaquil)
22. Alexander Dominguez, 05.06.1987 (LDU de Quito)
23. Carlos Gruezo, 19.04.1995 (VfB Stuttgart)

Trainer: Reinaldo Rueda

Frankreich

1. Hugo Lloris, 26.12.1986 (Tottenham Hotspur)
2. Mathieu Debuchy, 28.07.1985 (Newcastle United)
3. Patrice Evra, 15.05.1981 (Manchester United)
4. Raphael Varane, 25.04.1993 (Real Madrid)
5. Mamadou Sakho, 13.02.1990 (FC Liverpool)
6. Yohan Cabaye, 14.01.1986 (Paris Saint-Germain)
7. Remy Cabella, 08.03.1990 (Montpellier HSC)
8. Mathieu Valbuena, 28.09.1984 (Olympique Marseille)
9. Olivier Giroud, 30.09.1986 (FC Arsenal)
10. Karim Benzema, 19.12.1987 (Real Madrid)
11. Antoine Griezmann, 21.03.1991 (Real Sociedad San Sebastian)
12. Rio Mavuba, 08.03.1984 (Lille OSC)
13. Eliaquim Mangala, 13.02.1991 (FC Porto)
14. Blaise Matuidi, 09.04.1987 (Paris Saint-Germain)
15. Bacary Sagna, 14.02.1983 (FC Arsenal)
16. Stephane Ruffier, 27.09.1986 (AS Saint-Etienne)
17. Lucas Digne, 20.07.1993 (Paris Saint-Germain)
18. Moussa Sissoko, 16.08.1989 (Newcastle United)
19. Paul Pogba, 15.03.1993 (Juventus Turin)
20. Loic Remy, 02.01.1987 (Newcastle United)
21. Laurent Koscielny, 10.09.1985 (FC Arsenal)
22. Morgan Schneiderlin, 08.11.1989 (FC Southampton)
23. Mickael Landreau, 14.05.1979 (SC Bastia)

Trainer: Didier Deschamps

Honduras

1. Luis Lopez, 13.09.1993 (Real Espana San Pedro Sula)
2. Osman Chavez, 29.07.1984 (Qingdao Jonoon FC)
3. Maynor Figueroa, 02.05.1983 (Hull City)
4. Juan Pablo Montes, 26.12.1985 (CD Motagua)
5. Victor Bernardez, 24.05.1982 (San Jose Earthquakes)
6. Juan Carlos Garcia, 08.03.1988 (Wigan Athletic)
7. Emilio Izaguirre, 10.05.1986 (Celtic Glasgow)
8. Wilson Palacios, 29.07.1984 (Stoke City)
9. Jerry Palacios, 13.05.1982 (LD Alajuelense)
10. Mario Martinez, 30.07.1989 (Real Espana San Pedro Sula)
11. Jerry Bengtson, 08.04.1987 (New England Revolution)
12. Eder Delgado, 20.11.1986 (Real Espana San Pedro Sula)
13. Carlo Costly, 18.07.1982 (Real Espana San Pedro Sula)
14. Oscar Boniek Garcia, 04.09.1984 (Houston Dynamo)
15. Roger Espinoza, 25.10.1986 (Wigan Athletic)
16. Rony Martinez, 16.08.1988 (Real Sociedad Tocoa)
17. Andy Najar, 16.03.1993 (RSC Anderlecht)
18. Noel Valladares, 03.05.1977 (Olimpia Tegucigalpa)
19. Luis Fernando Garrido, 05.11.1990 (Olimpia Tegucigalpa)
20. Jorge Claros, 08.01.1986 (CD Motagua)
21. Brayan Beckeles, 28.11.1985 (Olimpia Tegucigalpa)
22. Donis Escober, 03.02.1981 (Olimpia Tegucigalpa)
23. Marvin Chavez, 03.11.1983 (CD Chivas/USA)

Trainer: Luis Fernando Suarez

Schweiz – Ecuador 2:1

Genie oder Glückskind? Beide Joker stechen

Michael Arroyo hatte wenig Zeit, aber traf genau die falsche Entscheidung. In der dritten Minute der Nachspielzeit hatte ihm Kapitän Antonio Valencia den Ball maßgerecht serviert. Doch der nach 70 Minuten eingewechselte Angreifer Ecuadors zögerte nach der Vorlage des Stars von Manchester United im Strafraum der Schweizer so lange, bis ihm Valon Behrami die Kugel vom Fuß nahm. Resultat: Im direkten Gegenzug fiel mit der letzten Aktion des Spiels der 2:1-Siegtreffer für die Schweiz durch Haris Seferovic. Ausgerechnet Seferovic. Der Angreifer hatte in der WM-Qualifikation sieben von zehn Partien bestritten, und zum Auftakt des Turniers hatte ihn Trainer Ottmar Hitzfeld auf die Bank gesetzt und an seiner statt Josip Drmic gebracht. Der hatte sich mit 17 Toren in der Bundesliga für den 1. FC Nürnberg nicht nur einen lukrativen Vertrag bei Bayer Leverkusen erspielt, sondern auch Seferovic den Rang abgelaufen.

Gegen Ecuador erzielte Drmic zwar auch ein Tor, das aber wurde wegen Abseits annulliert – zu Unrecht (70.). Ansonsten spielte Drmic schwach. Also ersetzte ihn Hitzfeld durch Seferovic, so wie er schon zur Halbzeit den künftigen Berliner Valentin Stocker durch Admir Mehmedi ersetzt hatte. Mit seinen Einwechslungen hatte Hitzfeld ein glückliches Händchen. Beide Joker stachen.

Goldenes Händchen: Ottmar Hitzfeld traf mit der Einwechslung von Haris Seferovic genau die richtige Maßnahme.

Schuss ins Glück: Haris Seferovic trifft mit der letzten Aktion der Partie zum 2:1 für die Schweiz.

15. Juni in Brasilia
Schweiz – Ecuador 2:1 (0:1)

Eingewechselt: 46. Mehmedi für Stocker, 75. Seferovic für Drmic – 70. Arroyo für Caicedo, 76. Rojas für Montero

Tore: 0:1 E. Valencia (22.), 1:1 Mehmedi (48.), 2:1 Seferovic (90./+3)

Gelbe Karten: Djourou – Paredes

Schiedsrichter: Irmatov (Usbekistan)

Zuschauer: 68 351

62

VORRUNDE
Gruppe E

»Der Trainer hat alles richtig gemacht«, sagte Seferovic hinterher mit einem breiten Grinsen und widmete das Tor seinem Vater Hamza, der am 15. Juni Geburtstag hat. Und auch Mehmedi, einer der Garanten für den Bundesligaverbleib des SC Freiburg in der Saison 2013/14, gab indirekt zu, dass Hitzfeld auch mit seiner Nichtberücksichtigung zumindest psychologisch nicht ganz verkehrt gelegen hatte. »Die Enttäuschung habe ich in positive Wut umgewandelt.«

Match-Daten

Schweiz		Ecuador
2	Tore	1
17	Torschüsse gesamt	10
12	Torschüsse aufs Tor	6
9	begangene Fouls	15
425	erfolgreiche Pässe	228
88 %	Passquote	79 %
62 %	Ballbesitz	38 %
57 %	Zweikampfquote	43 %
1	Gelbe Karten	1
0	Rote Karten	0
1	Abseits	4
8	Ecken	5
114 km	Laufstrecke	99 km

Die Schweizer Spieler in der Einzelanalyse

		Ballkontakte	Pässe	Passbilanz %	Laufstrecke in km	Zweikampfquote %	Torschüsse	Fouls
1	Diego BENAGLIO (TW)	42	19	84	5,3	100	0	0
2	Stephan LICHTSTEINER	78	48	98	11,4	62	1	3
5	Steve VON BERGEN	51	37	84	9,1	89	0	0
8	Gökhan INLER (K)	84	69	80	11,5	38	2	1
10	Granit XHAKA	70	57	89	12,1	75	3	0
11	Valon BEHRAMI	92	80	84	11,5	47	1	2
13	Ricardo RODRIGUEZ	62	32	91	10,0	80	1	0
14	Valentin STOCKER bis 46.	15	8	75	5,7	29	1	1
19	Josip DRMIC bis 75.	15	9	100	8,7	0	0	0
20	Johan DJOUROU	74	61	95	9,4	83	0	1
23	Xherdan SHAQIRI	66	37	89	10,8	62	5	1
18	Admir MEHMEDI ab 46.	31	22	82	5,7	33	2	0
9	Haris SEFEROVIC ab 75.	9	6	83	2,4	0	1	0

Stimmen zum Spiel

Ottmar Hitzfeld (Trainer Schweiz): »Es ist unglaublich, dass wir das geschafft haben. Die Mannschaft hat immer an sich geglaubt. Wir hatten am Ende schon Probleme mit der Höhe von 1100 Metern, da waren uns die Ecuadorianer schon läuferisch überlegen. Ich bin sehr glücklich über die drei Punkte, das ist ein sehr guter Start.«

Diego Benaglio: »Was Hitzfeld auszeichnet, sind seine Ansprachen an die Mannschaft. So ist dies auch in der Pause optimal gewesen. Das macht ihn zu einem großartigen Trainer.«

Admir Mehmedi: »Ich habe die ganze Vorbereitung hart dafür gearbeitet, dass ich meine Spielminuten bekomme. Der Trainer hat gesagt, dass ich mutig spielen soll. Ich dachte, dass es, wenn ich mich rasiere, bestimmt mit dem Tor klappt. Ich weiß, was meine Qualitäten sind. Es ist ein Zeichen von Moral, wenn zwei Spieler von der Bank kommen und den Unterschied ausmachen können.«

Reinaldo Rueda (Trainer Ecuador): »Wir hatten scheinbar die Spielkontrolle, aber was nutzt das, wenn man am Ende verliert. Wir waren am Ende nicht sortiert und zu sehr von Gefühlen geleitet.«

Antonio Valencia: »Das ist wirklich traurig. Das tut weh.«

Pressestimmen

»2:1 in letzter Sekunde. Seferovic schießt die Nati zum WM-Startsieg. Was für ein Drama. Die Nati geht im WM-Startspiel gegen Ecuador in Rückstand, erkämpft sich aber dank zwei Joker-Toren von Mehmedi und Seferovic in letzter Sekunde einen 2:1-Sieg!«
BLICK (SCHWEIZ)

»Die Bekämpfung der Langsamkeit. Dank Ottmar Hitzfelds taktischen Änderungen in der Pause dreht die Schweiz ein 0:1 zum 2:1-Sieg im WM-Auftakt gegen Ecuador. Aber das Team muss sich noch verbessern, um gegen Frankreich zu bestehen.«
NEUE ZÜRCHER ZEITUNG (SCHWEIZ)

»Wie ein wildes Tier. Valon Behrami leitete den späten Siegtreffer von Haris Seferovic gegen Ecuador mit unbändigem Willen im eigenen Strafraum ein. ›Ich habe alles riskiert‹, sagte er. Zusammen mit Seferovic und Admir Mehmedi avancierte er so zum Matchwinner.«
TAGESANZEIGER (SCHWEIZ)

»Die Schweizer Uhr bestraft Ecuador in 15 Sekunden. Die Herzen von mehr als 14 Millionen Ecuadorianern blieben beim Last-Minute-Tor von Seferovic stehen.«
LA HORA (ECUADOR)

»Die Schweiz gewinnt in letzter Minute gegen Ecuador. Die Fehler rächen sich. Ecuador schafft es nicht, ein Kontertor zu schießen. Es fehlt die Entschlossenheit der ecuadorianischen Angreifer. Am Ende gelingt es Seferovic.«
HOY (ECUADOR)

Der erste Joker sticht: Admir Mehmedi (links) köpft zum Schweizer Ausgleich ein.

Ob er nun ein Genie oder ein Glückskind sei, wurde Hitzfeld hinterher gefragt. Der Erfolgscoach von Borussia Dortmund und des FC Bayern München, der nach dem Turnier in Brasilien seine Trainer-Laufbahn beenden will, blieb wie stets Diplomat: »Als Trainer macht man sich Gedanken, welche Möglichkeiten man auf der Bank hat, wenn man in Rückstand liegt.« Hitzfeld entschied sich für die richtigen Lösungen, aber seine personellen Korrekturen waren seiner Ansicht nach nur zum Teil entscheidend. »Es war auch ein Sieg des Wollens«, lobte er, der unmittelbar nach dem Last-Minute-Siegtreffer – ganz untypisch – völlig losgelöst durch die Coaching-Zone gesprungen war. Hitzfeld wäre aber nicht Hitzfeld, würde er nach derlei Glücksmomenten nicht binnen kürzester Zeit wieder auf Realismus umschalten. »Wir haben noch Luft nach oben, wir müssen uns steigern.« Denn lange Zeit war den Schweizern gegen die robust zu Werke gehenden Südamerikaner wenig gelungen. Bis Hitzfeld die Joker aus dem Ärmel zog.

Hürdenlauf: Xherdan Shaqiri überspringt Ecuadors Verteidiger Jorge Guagua.

VORRUNDE
Gruppe E

Frankreich – Honduras 3:0

Das unbestechliche Auge

Auch ohne ihre »Marseillaise« gelang der Equipe Tricolore ein lautstarker Tusch in Porto Alegre. 3:0 gegen Honduras dank zweieinhalb Toren von Karim Benzema, dem überragenden und letztlich entscheidenden Akteur auf dem Feld. Erstmals seit dem 5. Juli 2006 gewann die »Grande Nation« mal wieder ein WM-Endrundenspiel – damals sicherte kein Geringerer als Zinedine Zidane durch sein Halbfinal-Tor gegen Portugal in München den Einzug ins Finale von Berlin.

Porto Alegre erlebte dabei eine Premiere in der Geschichte der WM. Erstmals kam die neue Torlinien-Technologie GoalControl zum Einsatz und bestätigte in der 48. Minute die Entscheidung des Schiedsrichter-Gespanns um den Brasilianer Ricci, als Honduras' Keeper Valladares einen Schuss von Benzema knapp über die eigene Torlinie bugsierte. Das unbestechliche Kamera-Auge als Hilfe für den Unparteiischen – ein wegweisender Moment in der Geschichte des modernen Fußballs.

»Ich bin sehr zufrieden und sehr stolz«, meinte Karim Benzema zu seinem Auftritt in Porto Alegre – immerhin gelangen dem Stürmer von Real Madrid seine ersten beiden WM-Tore. Plus dem halben, bei dem Valladares entscheidend seine Finger im Spiel hatte. »Das war ein sehr guter Start«, analysierte Frankreichs Trainer Didier Deschamps, » wir waren sehr geduldig, hatten zunächst Pech mit zwei Lattentreffern.«

Den entscheidenden Impuls hatte die Equipe freilich dem tölpelhaften Einsteigen des Honduraners Wilson Palacios zu verdanken, der im Strafraum Paul Pogba tumb mit einem Check abräumte – der Höhepunkt einer kleinen Privatfehde. Das gelb-rote Ende des Spiels für den bulligen Palacios, die Führung vom Punkt durch Benzema unmittelbar vor dem Halbzeitpfiff.

Benzema blühte danach auf. Ohne seinen Kumpel Franck Ribery stellte sich das ewige Talent ganz in den Dienst der Mannschaft, der der Münchner Spaß-Fußballer nicht zu fehlen schien. Das Einzige, was den »Bleus« fehlte, war die »Marseillaise« – aufgrund von Tonproblemen im Stadion Beira-Rio.

Gleich kommt GoalControl ins Spiel: Karim Benzemas Schuss landet am Pfosten, ehe ihn Noel Valladares über die Torlinie bugsiert (Bild links).

15. Juni in Porto Alegre
Frankreich – Honduras 3:0 (1:0)

Eingewechselt: 57. Sissoko für Pogba, 65. Mavuba für Cabaye, 78. Giroud für Valbuena – 46. O. Chavez für Bernardez, 46. O. Garcia für Bengtson, 58. Claros für Najar

Tore: 1:0 Benzema (45., FE), 2:0 Valladares (48., ET), 3:0 Benzema (72.)

Gelbe Karten: Evra, Pogba, Cabaye – O. Garcia, Garrido

Gelb-Rote Karte: W. Palacios (43.)

Schiedsrichter: Ricci (Brasilien)

Zuschauer: 43 012

Schweiz – Frankreich 2:5

Die »Grande Nation« spielt groß auf, die Schweiz dilettiert

Kaum zu stoppen: Selbst gegen die beiden Schweizer Gökhan Inler (links) und Philippe Senderos (rechts) kann sich Olivier Giroud behaupten.

Am Ende schien es fast so, als hätte Schiedsrichter Björn Kuipers ein wenig Mitleid mit den Eidgenossen gehabt. Sekunden, bevor Karim Benzema zum 6:2 für die Franzosen einschoss, pfiff der Niederländer die denkwürdige Partie mitten in den letzten Angriff hinein kurzerhand ab. Das Tor zählte nicht mehr, was jedoch auch nichts daran änderte, dass die Schweizer wie begossene Pudel das Feld in der Arena Fonte Nova verließen. Vorgeführt von der »Equipe Tricolore«, die wie ein Wirbelsturm über ihren Gegner hinweggefegt war. »Es geht mir schlecht«, fasste Nati-Trainer Ottmar Hitzfeld seine Gefühlslage nach der Demontage kurz und knapp zusammen. Immerhin, und das war das einzig Positive, was der deutsche Erfolgstrainer aus diesem tristen Nachmittag in Salvador mitnehmen konnte: Seine Mannschaft bäumte sich in der Schlussphase noch einmal auf, wandelte ein 0:5 doch noch in ein etwas erträglicheres 2:5 um und stimmte somit den Coach einigermaßen milde. »Es war wichtig«, konstatierte Hitzfeld, »dass wir noch eine gute Reaktion gezeigt haben.« Schon in der Pause, als seine Spieler mit einem 0:3 in die Kabine getrottet waren, hatte der Trainer sie aufgefordert: »Positiv reagie-

Match-Daten

Schweiz		Frankreich
2	Tore	5
17	Torschüsse gesamt	22
8	Torschüsse aufs Tor	16
12	begangene Fouls	15
426	erfolgreiche Pässe	280
85 %	Passquote	81 %
58 %	Ballbesitz	42 %
43 %	Zweikampfquote	57 %
0	Gelbe Karten	1
0	Rote Karten	0
1	Abseits	2
5	Ecken	3
106 km	Laufstrecke	106 km

Die Schweizer Spieler in der Einzelanalyse

#	Spieler	Ballkontakte	Pässe	Passbilanz %	Laufstrecke in km	Zweikampfquote %	Torschüsse	Fouls	
1	Diego BENAGLIO (TW)	29	10	60	4,8	0	0	0	
2	Stephan LICHTSTEINER	63	46	83	10,3	75	0	1	
5	Steve VON BERGEN bis 9.	4	1	100	0,7	100	0	0	
8	Gökhan INLER (K)	81	66	86	10,5	67	2	1	
9	Haris SEFEROVIC bis 69.	26	19	79	8,5	20	2	1	
10	Granit XHAKA	62	49	82	11,1	25	4	1	
11	Valon BEHRAMI bis 46.	19	17	82	5,5	20	0	0	
13	Ricardo RODRIGUEZ	82	56	80	9,4	80	1	1	
18	Admir MEHMEDI	71	41	76	10,1	53	2	0	
20	Johan DJOUROU	59	53	94	8,6	0	0	2	
23	Xherdan SHAQIRI	56	35	91	10,4	13	4	2	
4	Philippe SENDEROS ab 9.	68	64	89	8,3	0	0	0	
15	Blerim DZEMAILI ab 46.	53	45	84	5,0	12	2	3	
19	Josip DRMIC ab 69.	2	2	100	2,9	0	0	0	

VORRUNDE
Gruppe E

Der Beginn des Torfestivals: Olivier Giroud (Dritter von links) erzielt per Kopf das 1:0 für die Franzosen.

Stimmen zum Spiel

Ottmar Hitzfeld (Nationaltrainer Schweiz): »Ich bin sehr enttäuscht über unsere Niederlage. Wir haben einen rabenschwarzen Tag erwischt. Wir haben nicht zu unserem Leistungspotenzial gefunden. Der Gegner konnte auf unsere Fehler lauern. Frankreich hat fantastische Konter gespielt.«

Didier Deschamps (Nationaltrainer Frankreich): »Das war ein sehr gutes Spiel. Wir haben viel richtig gemacht. Fünf Tore gegen eine starke Schweizer Mannschaft, dazu sechs Punkte – das ist genial. Der Abend hätte noch perfekter sein können. Aber: 5:2 zu gewinnen, das ist ein großartiger Sieg.«

Gökhan Inler: »Das ist eine bittere Niederlage. Aber die WM ist nicht vorbei. Wir haben noch ein Spiel und brauchen da eine Top-Leistung. Das Spiel gegen Honduras müssen wir gewinnen. Lieber verliert man einmal so hoch als immer mit 0:1.«

Johan Djourou: »Wir müssen hinten vieles besser machen. Wir hatten zu viele Ballverluste im Spiel. Von Bergens Ausfall traf uns natürlich, aber wir sind Profis und müssen damit umgehen können.«

Blerim Dzemaili: »Wir haben noch zwei Tore geschossen und damit etwas Charakter gezeigt.«

Granit Xhaka: »Dass wir derart einbrechen, das geht gar nicht.«

Olivier Giroud: »Wir erleben ein außergewöhnliches Abenteuer. Wir spielen außergewöhnlich zusammen, der Teamspirit ist sehr gut.«

20. Juni in Salvador
Schweiz – Frankreich 2:5 (0:3)

Eingewechselt: 9. Senderos für von Bergen, 46. Dzemaili für Behrami, 69. Drmic für Seferovic   63. Pogba für Giroud, 66. Koscielny für Sakho, 82. Griezmann für Valbuena

Tore: 0:1 Giroud (17.), 0:2 Matuidi (18.), 0:3 Valbuena (40.), 0:4 Benzema (67.), 0:5 Sissoko (73.), 1:5 Dzemaili (81.), 2:5 Xhaka (87.)

Gelbe Karte: Cabaye

Bes. Vork.: Benaglio hält FE von Benzema (32.)

Schiedsrichter: Kuipers (Niederlande)

Zuschauer: 51 003

67

Pressestimmen

»Der erste echte Test wurde zur Demonstration. Les Bleus fast perfekt. In der Offensive hat die französische Mannschaft die Fans verwöhnt. Einziger Wermutstropfen: die beiden Gegentore.«
L'EQUIPE (FRANKREICH)

»Unordnung und Rückschritt. Zu wenig Tempo, Stellungsfehler, keine Ballsicherheit und Fehlpässe. Das Schweizer Nationalteam kämpft mit seinen üblichen Defiziten.«
NEUE ZÜRCHER ZEITUNG (SCHWEIZ)

»Ein Traum wächst und scheint keine Grenzen zu kennen. Er öffnet neue Horizonte und erlaubt die vor einigen Monaten noch unvorstellbare Frage: Wohin führt der Weg der Franzosen bei dieser WM?«
LE PARISIEN (FRANKREICH)

»Der Geheimfavorit ist mit der Schande von Salvador in 90 Minuten zum Prügelknaben des Turniers geworden. Elf Petits Suisses werden vom französischen Hochgeschwindigkeits-Zug TGV überfahren. Ist nun WM-Endstation?«
BLICK (SCHWEIZ)

»Die Schweiz wurde zerrupft und ein großer Schritt in Richtung Achtelfinale getan.«
LE MONDE (FRANKREICH)

»Vorgeführt und blamiert. 2:5 – die Schweizer erhielten von Frankreich eine Lehrstunde, die alles in Frage stellt, was sie zuletzt erreicht hatten. Nun kommt es gegen Honduras zum großen Charaktertest.«
TAGES-ANZEIGER (SCHWEIZ)

Hängende Köpfe: Admir Mehmedi (vorne) und seine Teamkollegen erlebten ein höchst unerfreuliches Spiel.

Maß genommen: Karim Benzema (vorne) trifft zum 4:0 für Frankreich.

ren, Blick nach vorne, als Team auftreten.« Das gelang – zumindest in den letzten zehn Minuten. Zuvor war es eine Demonstration der Franzosen, die nach dem 3:0-Auftaktsieg gegen Honduras ein weiteres Ausrufezeichen setzten. »Ein richtig schöner Abend«, strahlte Trainer Didier Dechamps, dessen Mannschaft ganz anders als die Franzosen bei der missglückten WM 2010 in Südafrika wie ein eingeschworenes Team statt als zerstrittener Haufen daherkommt. Dechamps: »Wir haben sehr viel richtig gemacht.« Und so hob Olivier Giroud, der mit einem Kopfballtreffer den Torreigen eröffnet hatte, demonstrativ hervor: »Wir haben einen super Teamgeist in der Truppe.« Nun gut, sie profitierten auch vom frühen Ausfall des Schweizer Innenverteidigers Steve von Bergen, der schon nach neun Minuten mit einem Bruch des Augenhöhlen-Bodens vom Platz musste. Ersetzt durch Philippe Senderos, präsentierte sich die eidgenössische Deckung fortan sprichwörtlich löchrig wie ein Schweizer Käse. Die »Grande Nation« spielte groß auf und nutzte dankbar die zahlreichen individuellen Fehler ihres Gegners. Fassungslos musste Ottmar Hitzfeld mitansehen, wie Valon Behrami vor dem 0:2 den Ball im Mittelfeld amateurhaft verlor. »So etwas wirft jede Mannschaft aus der Bahn«, sagte der Trainer. Immerhin: Aus einer Szene des Abends gingen Hitzfelds Mannen als Sieger hervor. Torwart Diego Benaglio parierte in der 32. Minute einen Strafstoß von Karim Benzema, den Nachschuss aus kürzester Distanz setzte Yohan Cabaye an die Latte des völlig leeren Tores. Doch selbst über diesen doppelten Fehlschuss konnten die Franzosen letztlich lässig schmunzeln.

VORRUNDE
Gruppe E

Honduras – Ecuador 1:2

Der »falsche« Valencia macht den Unterschied

Der entscheidende Mann heißt Valencia. Das Wohl oder Wehe der Nationalmannschaft Ecuadors bei der WM in Brasilien ist untrennbar mit diesem Namen verbunden. Allerdings nicht mit dem Valencia, von dem alle vor dem Turnier angenommen haben, dass er der Mann werden würde, der den Unterschied zugunsten der »Tri« macht. Antonio Valencia verlängerte zwar am Tag nach dem Sieg gegen Honduras seinen Vertrag bei Manchester United bis 2017, aber der Kapitän und Superstar spielte auch gegen die Mittelamerikaner bestenfalls eine Nebenrolle. Ecuadors gefeierter Held hieß im zweiten Gruppenspiel Enner Valencia. Der 1,79 Meter große Angreifer sorgte mit seinen Turniertoren zwei und drei dafür, dass die Mannschaft von Trainer Reinaldo Rueda die Partie nach dem Rückstand durch Carlo Costly drehte. »Es sind die wichtigsten Tore meines Lebens. Ich bin sehr stolz«, sagte der 24 Jahre alte Stürmer. Dank Valencia hielt die »Tri« die Chancen auf den Achtelfinaleinzug aufrecht. Schon auf dem Platz erdrückten ihn seine Teamkollegen beinahe. »Und in der Kabine herrschte eine tolle Stimmung«, berichtete der wendige und kopfballstarke Angreifer, der mit seinen Treffern mit dem bisherigen WM-Rekord-Torschützen Ecuadors, Agustin Delgado (drei Tore bei den Turnieren 2002 und 2006), gleichzog. Von Rueda gab es ein Sonderlob: »Enners Tore haben den Unterschied ausgemacht«. Valencia selbst dachte mitten im Jubel daran, weshalb er eine entscheidende Rolle im Team hat. »Wir denken ständig an Christian«, betonte er, »er ist in unseren Herzen, er ist in unseren Gedanken.« Christian ist Christian Benitez, die große Sturmhoffnung Ecuadors, der Ende Juli 2013 im Alter von 27 Jahren verstorben war. »Er ist eigentlich nicht zu ersetzen«, sagt Coach Rueda. Enner Valencia schickt sich an, die Lücke zu füllen.

Der gefeierte Held: Enner Valencia trifft zum 1:1 für Ecuador (oben). Den Ball wollte der Angreifer nach dem Spiel am liebsten mitnehmen (rechts).

21. Juni in Curitiba
Honduras – Ecuador 1:2 (1:1)

Eingewechselt: 46. J. Garcia für Izaguirre, 71. M. Martinez für Garrido, 83. M. Chavez für O. Garcia – 82. Mendez für Caicedo, 83. Gruezo für Minda, 90./+2 Achilier für Montero

Tore: 1:0 Costly (31.), 1:1 E. Valencia (34.), 1:2 E. Valencia (65.)

Gelbe Karten: Bernardez, Bengtson – A. Valencia, E. Valencia, Montero

Schiedsrichter: Williams (Australien)

Zuschauer: 39 224

Honduras – Schweiz 0:3

Shaqiri krönt sich zum »Dschungelkönig«

Nach dem Schlusspfiff in der Arena Amazonia in Manaus war Xherdan Shaqiri erst mal darauf aus, sich eine Trophäe zu sichern. Der offensive Mittelfeldspieler schnappte sich das Spielgerät. »Ich wollte den Ball unbedingt mitnehmen. Es ist schön, dass ich ihn jetzt behalten kann«, sagte der Profi des FC Bayern München, der im Alleingang mit drei Treffern dafür sorgte, dass die Schweiz nach der deftigen 2:5-Schlappe im zweiten Gruppenspiel gegen Frankreich noch die Kurve gekriegt hatte und zum fünften Mal bei einer WM in die K.-o.-Runde einzog.

Der Dreierpack war auch für Shaqiri persönlich ein Befreiungsschlag. Der kleine Techniker, den viele ob seiner Statur (72 Kilogramm verteilt auf 1,69 Meter) »Kraftwürfel« nennen, war nach einer unbefriedigenden Bundesliga-Saison mit einigem Frust zur WM gereist. Einerseits, weil er dreimal wegen einer Muskelverletzung mehr oder minder lange hatte pausieren müssen. Andererseits, weil er – zumindest seiner Ansicht nach – nicht ausreichend gewürdigt wird. Leise hatte er sich darüber beschwert, in wichtigen Spielen nicht so oft zum

25. Juni in Manaus
Honduras – Schweiz 0:3 (0:2)

Eingewechselt: 40. J. Palacios für Costly, 46. M. Chavez für Espinoza, 77. Najar für O. Garcia – 73. Seferovic für Drmic, 77. Lang für Xhaka, 87. Dzemaili für Shaqiri

Tore: 0:1 Shaqiri (6.), 0:2 Shaqiri (31.), 0:3 Shaqiri (71.)

Gelbe Karte: J. Palacios

Schiedsrichter: Pitana (Argentinien)

Zuschauer: 40 322

Die Schweizer Spieler in der Einzelanalyse

#	Spieler	Ballkontakte	Pässe	Passbilanz %	Laufstrecke in km	Zweikampfquote %	Torschüsse	Fouls	
1	Diego BENAGLIO (TW)	29	13	38	4,8	50	0	0	
2	Stephan LICHTSTEINER	63	33	76	9,9	86	0	0	
8	Gökhan INLER (K)	58	47	87	10,5	75	2	1	
10	Granit XHAKA bis 77.	38	24	79	9,0	50	3	1	
11	Valon BEHRAMI	30	26	92	10,7	40	0	3	
13	Ricardo RODRIGUEZ	38	24	83	9,7	75	0	1	
18	Admir MEHMEDI	47	32	75	10,9	43	1	1	
19	Josip DRMIC bis 73.	31	14	79	8,5	50	3	1	
20	Johan DJOUROU	27	17	82	8,2	57	0	1	
22	Fabian SCHÄR	34	17	76	8,5	80	0	1	
23	Xherdan SHAQIRI bis 87.	62	40	82	10,1	29	7	6	
9	Haris SEFEROVIC ab 73.	8	5	80	2,3	0	0	1	
6	Michael LANG ab 77.	6	3	67	2,1	50	0	1	
15	Blerim DZEMAILI ab 87.	0	0	0	0,9	0	0	1	

Match-Daten

Honduras		Schweiz
0	Tore	3
12	Torschüsse gesamt	16
6	Torschüsse aufs Tor	13
17	begangene Fouls	19
408	erfolgreiche Pässe	235
85 %	Passquote	80 %
62 %	Ballbesitz	38 %
48 %	Zweikampfquote	52 %
1	Gelbe Karten	0
0	Rote Karten	0
0	Abseits	2
8	Ecken	1
98 km	Laufstrecke	106 km

VORRUNDE
Gruppe E

Der Held dreht jubelnd ab: Xherdan Shaqiri hat zum 2:0 getroffen, sein Gegenspieler Victor Bernardez ist konsterniert.

Zug gekommen zu sein. Und dann hatte es nach den ersten beiden WM-Partien noch harsche Kritik gehagelt. Ruedi Elsener etwa, ehemaliger Spieler der »Nati« und Profi bei Eintracht Frankfurt, war mit dem Offensivspieler hart ins Gericht gegangen. Shaqiri spiele »die beleidigte Diva« und solle sich mal fragen, »weshalb er bei den Bayern nicht zum Stamm gehört«.

Auf all das gab »Dschungelkönig« Shaqiri im tropischen Klima von Manaus gegen Honduras die passende Antwort: mit einem Kracher in den linken Winkel zum 1:0 sowie den im Stile eines abgebrühten Torjägers erzielten Treffern zum 2:0 und 3:0. Trainer Ottmar Hitzfeld hatte den 22-Jährigen dieses Mal als Zehner statt auf dem rechten Flügel spielen lassen. Shaqiri habe gezeigt, »dass er ein großer Spieler ist«, schwärmte sein Teamkollege Valon Behrami. Auch Hitzfeld lobte den Dreifach-Torschützen. »Xherdan ist ein Spieler, der den Unterschied ausmachen kann. Für mich war es wichtig zu sehen, dass die Mannschaft auf Shaqiri bauen kann«, urteilte der 65-jährige Fußballlehrer. Und: »Er muss im Zentrum mehr laufen, aber wenn man dort drei Tore macht, muss man ihm ein Superkompliment machen.« Der gefeierte Held selbst wollte seinen Triumph nicht so hoch hängen, räumte aber ein: »Es hat schon eine Bedeutung, wenn man bei einer WM drei Tore schießt.« Im Vordergrund stand für ihn jedoch der Teamerfolg: »Wir als kleine Schweiz haben etwas Großes erreicht. Alle können stolz auf die Mannschaft sein.«

Bei Honduras war dagegen niemand stolz. Die Truppe von Trainer Luis Suarez war erneut chancenlos. Der Kolumbianer, der Honduras 2011 übernommen und zur dritten WM-Teilnahme der Verbandsgeschichte geführt hatte, erklärte nach der dritten Pleite seinen Rücktritt.

Volltreffer: Shaqiri (rechts) erzielt das 1:0 mit einem sehenswerten Kracher in den Winkel.

Der dritte Streich: Shaqiri schiebt cool zum 3:0 ein.

Doch nicht alles Käse: Die Schweizer Fans und ihre »Nati« versöhnten sich am letzten Spieltag und konnten das Erreichen des Achtelfinales bejubeln.

Stimmen zum Spiel

Ottmar Hitzfeld (Nationaltrainer Schweiz): »Man weiß als Trainer nach einem 2:5 gegen Frankreich, dass man ruhig bleiben muss. Ich habe an unsere Stärken appelliert. Wir haben uns nicht beirren lassen. Nun haben wir eine positive Reaktion gezeigt. Ich bin glücklich, dass der Stress weitergeht.«

Diego Benaglio: »Wir wollten näher zusammenrücken, und das ist uns eindrücklich gelungen.«

Stephan Lichtsteiner: »Wichtig ist für uns, dass wir zu hundert Prozent Gas gegeben haben. Wir sind auf den Platz gegangen und wussten: Nach der Partie müssen wir tot umfallen. Wir haben ein hervorragendes Match gemacht. Es macht mich extrem stolz, wie wir das Schiff steuern konnten, wie die Mannschaft reagiert hat.«

Admir Mehmedi: »Wir haben gezeigt, dass wir eine richtige Mannschaft sind. Wir sind so solidarisch aufgetreten, wie wir uns das vorgenommen hatten.«

Victor Bernardez: »Ich entschuldige mich bei den Fans. Sie haben immer an uns geglaubt. Wir bedauern dies alles.«

Luis Suarez (Nationaltrainer Honduras): »Es ist Zeit für einen Wechsel. Ein neuer Trainer findet gutes Material vor, wir haben gute junge Spieler. Wir sind auf einem gutem Weg. Ich bin traurig, dass wir das Achtelfinale verpasst haben.«

Pressestimmen

»Hitzfelds Team mit mehr Phantasie. Im entscheidenden Spiel der Gruppenphase richtet der Trainer das Schweizer Nationalteam offensiver aus – ein Entscheid, der sich mit gutem Spiel auszahlt. Hitzfeld tat das, wozu er vor vier Jahren an der WM in Südafrika noch nicht fähig gewesen war. Damals, als die zwei nötigen Tore gegen den gleichen Gegner Honduras nie fielen.«
NEUE ZÜRCHER ZEITUNG (SCHWEIZ)

»Gegen ihn ist im Dschungel kein Kraut gewachsen: Xherdan Shaqiri sticht gegen Honduras gleich dreimal wie ein Moskito zu. Schwüle 88 Prozent Luftfeuchtigkeit, 26 Grad beim Ankick. Und dann mitten im Regenwald des Amazonas ein Schweizer Donnerschlag.«
BLICK (SCHWEIZ)

»Die Geister verscheucht. Xherdan Shaqiri führte das wiederbelebte Schweizer Team mit einem Hattrick ins Achtelfinale. Das zweite Tor steht dafür, was die Schweizer alles besser machten als in den ersten Spielen. Auch so kann Fußball sein, nur fünf Tage nach dem Debakel gegen Frankreich.«
TAGES-ANZEIGER (SCHWEIZ)

»Der Albtraum WM ist beendet. Honduras beendete seine Teilnahme in Brasilien auf die schlechteste Art und Weise. Von den drei WM-Teilnahmen für Honduras war dies der schlechteste Auftritt – ein Team ohne Ideen, ohne Hunger und ohne Anführer auf dem Platz reist punktlos nach Hause.«
LA TRIBUNA (HONDURAS)

VORRUNDE
Gruppe E

Ecuador – Frankreich 0:0

Schlagabtausch erst in Unterzahl

Immerhin, es war Blut-, Schweiß- und Tränen-Fußball, mit dem sich Ecuador gegen Frankreich von dieser WM verabschiedete – übrigens als einzige südamerikanische Mannschaft bereits nach der Vorrunde. Einen offenen Schlagabtausch lieferte Ecuador dem Gruppenfavoriten dabei freilich erst, nachdem ausgerechnet der vermeintlich größte Hoffnungsträger das Feld verlassen hatte: In der 50. Minute sah Kapitän Antonio Valencia wegen groben Foulspiels an Lucas Digne die Rote Karte, und ohne den insgesamt sehr enttäuschenden ManUnited-Profi kämpfte der zunächst lange Zeit seltsam passive Außenseiter plötzlich mit dem Mut der Verzweiflung. Die größte Chance zur Überraschung besaß Cristian Noboa, der kurz nach dem Platzverweis allein dem französischen Keeper Hugo Lloris gegenüberstand.

Doch der Mittelfeldspieler, der nach einem schmerzhaften Zusammenprall in der ersten Halbzeit mit einem blutdurchtränkten Turban weiterspielte, verpasste die Gelegenheit, Geschichte zu schreiben: Noboa scheiterte kläglich an den eigenen Nerven.

Auf der Gegenseite vergaben derweil insbesondere Paul Pogba und Olivier Giroud beste Möglichkeiten für Frankreich, sodass die Partie praktisch bis zum Ende spannend blieb. Auch in Bezug auf den Achtelfinaleinzug: Erst das späte 3:0 der Schweizer im Parallelspiel gegen Honduras raubte Ecuador aufgrund der Tordifferenz die realistische Hoffnung auf einen »Lucky Punch«. Frankreichs Weiterkommen stand zu diesem Zeitpunkt ohnehin nicht mehr infrage. Bereits vor Anpfiff war die Möglichkeit eines Ausscheidens der »Equipe Tricolore« rein theoretischer Natur. Infolgedessen hatte Trainer Didier Deschamps seine Startformation gegenüber dem klaren 5:2-Erfolg gegen die Schweiz auf sechs Positionen verändert. Über die Partie an sich wollte sich der Weltmeister von 1998 hinterher dann auch gar nicht groß auslassen: »Wir sind im Achtelfinale, das zählt.«

25. Juni in Rio de Janeiro
Ecuador – Frankreich 0:0

Eingewechselt: 63. Ibarra für Montero, 81. Achilier für Arroyo, 89. Caicedo für Noboa – 61. Varane für Sakho, 67. Giroud für Matuidi, 79. Remy für Griezmann

Gelbe Karte: Erazo

Rote Karte: A. Valencia (50., grobes Foulspiel)

Schiedsrichter: Doue (Elfenbeinküste)

Zuschauer: 73 749

Argentinien – Bosnien-Herzegowina		2:1 (1:0)
Iran – Nigeria		0:0
Argentinien – Iran		1:0 (0:0)
Nigeria – Bosnien-Herzegowina		1:0 (1:0)
Nigeria – Argentinien		2:3 (1:2)
Bosnien-Herzegowina – Iran		3:1 (1:0)

1. Argentinien	3	6:3	9
2. Nigeria	3	3:3	4
3. Bosnien-Herzegowina	3	4:4	3
4. Iran	3	1:4	1

Argentiniens Retter: Lionel Messi (rechts, hier gegen den Iraner Mehrdad Pooladi) sorgte nahezu im Alleingang für das Weiterkommen der »Albiceleste«. Für Edin Dzeko und Bosnien-Herzegowina endete das WM-Debüt bereits nach der Vorrunde (kleines Bild).

VORRUNDE
Gruppe F

**Argentien
Bosnien-
Herzegowina
Iran
Nigeria**

Argentinien wurde seiner Favoritenrolle gerecht. Allerdings nur von den Ergebnissen her. Die Leistungen der »Albiceleste« waren durchwachsen, ihr Superstar Lionel Messi machte den Unterschied und brachte das Team von Trainer Alejandro Sabella ins Achtelfinale. Mit Argentinien zog Nigeria in die nächste Runde ein, während das Abenteuer WM für den Debütanten Bosnien-Herzegowina bereits nach drei Partien beendet war. Immerhin gelang dem Neuling ein Sieg. Der zweite Erfolg bei einem WM-Turnier blieb dagegen dem Iran verwehrt, der als Gruppenletzter die Heimreise antreten musste.

Argentien

1. Sergio Romero, 22.02.1987 (AS Monaco)
2. Ezequiel Garay, 10.10.1986 (Benfica Lissabon)
3. Hugo Campagnaro, 27.06.1980 (Inter Mailand)
4. Pablo Zabaleta, 16.01.1985 (Manchester City)
5. Fernando Gago, 10.04.1986 (Boca Juniors)
6. Lucas Biglia, 30.01.1986 (Lazio Rom)
7. Angel di Maria, 14.02.1988 (Real Madrid)
8. Enzo Perez, 22.02.1986 (Benfica Lissabon)
9. Gonzalo Higuain, 10.12.1987 (SSC Neapel)
10. Lionel Messi, 24.06.1987 (FC Barcelona)
11. Maxi Rodriguez, 02.01.1981 (Newell's Old Boys)
12. Agustin Orion, 26.06.1981 (Boca Juniors)
13. Augusto, 10.04.1986 (Celta Vigo)
14. Javier Mascherano, 08.06.1984 (FC Barcelona)
15. Martin Demichelis, 20.12.1980 (Manchester City)
16. Marcos Rojo, 20.03.1990 (Sporting Lissabon)
17. Federico Fernandez, 21.02.1989 (SSC Neapel)
18. Rodrigo Palacio, 05.02.1982 (Inter Mailand)
19. Ricardo Alvarez, 12.04.1988 (Inter Mailand)
20. Sergio Aguero, 02.06.1988 (Manchester City)
21. Mariano Andujar, 30.07.1983 (Catania Calcio)
22. Ezequiel Lavezzi, 03.05.1985 (Paris Saint-Germain)
23. José Maria Basanta, 03.04.1984 (CF Monterrey)

Trainer: Alejandro Sabella

Bosnien-Herzegowina

1. Asmir Begovic, 20.06.1987 (Stoke City)
2. Avdija Vrsajevic, 06.03.1986 (Hajduk Split)
3. Ermin Bicakcic, 24.01.1990 (Eintracht Braunschweig)
4. Emir Spahic, 18.08.1980 (Bayer 04 Leverkusen)
5. Sead Kolasinac, 20.06.1993 (FC Schalke 04)
6. Ognjen Vranjes, 24.10.1989 (Elazigspor)
7. Muhamed Besic, 10.09.1992 (Ferencvaros Budapest)
8. Miralem Pjanic, 02.04.1990 (AS Rom)
9. Vedad Ibisevic, 06.08.1984 (VfB Stuttgart)
10. Zvjezdan Misimovic, 05.06.1982 (Guizhou Renhe FC)
11. Edin Dzeko, 17.03.1986 (Manchester City)
12. Jasmin Fejzic, 15.05.1986 (VFR Aalen)
13. Mensur Mujdza, 28.03.1984 (SC Freiburg)
14. Tino-Sven Susic, 13.02.1992 (Hajduk Split)
15. Toni Sunjic, 15.12.1988 (Sorja Luhansk)
16. Senad Lulic, 18.01.1986 (Lazio Rom)
17. Senijad Ibricic, 26.09.1985 (Kayseri Erciyesspor)
18. Haris Medunjanin, 08.03.1985 (Gaziantepspor)
19. Edin Visca, 17.02.1990 (Istanbul BB)
20. Izet Hajrovic, 04.08.1991 (Galatasaray Istanbul)
21. Anel Hadzic, 16.08.1989 (Sturm Graz)
22. Asmir Avdukic, 13.05.1981 (Borac Banja Luka)
23. Sejad Salihovic, 08.10.1984 (1899 Hoffenheim)

Trainer: Safet Susic

Iran

1 Rahman Ahmadi, 30.07.1980 (Sepahan Isfahan)
2 Khosro Heydari, 14.09.1983 (Esteghlal Teheran)
3 Ehsan Hajsafi, 25.02.1990 (Sepahan Isfahan)
4 Seyed Jalal Hosseini, 03.02.1982
   (Persepolis Teheran)
5 Amir Hossein Sadeghi, 06.09.1981
   (Esteghlal Teheran)
6 Javad Nekounam, 07.09.1980
   (Kuwait Sporting Club)
7 Masoud Shojaei, 09.06.1984 (UD Las Palmas)
8 Reza Haghighi, 01.02.1989 (Persepolis Teheran)
9 Alireza Jahanbakhsh, 08.10.1993
   (NEC Nijmegen)
10 Karim Ansarifard, 03.04.1990
    (Traktor Sazi FC Tabriz)
11 Ghasem Hadadifar, 12.07.1983
    (Zob-Ahan Isfahan)
12 Alireza Haghighi, 02.05.1988 (Sporting Covilha)
13 Hossein Mahini, 16.09.1986
    (Persepolis Teheran)
14 Andranik Teymourian, 06.03.1983
    (Esteghlal Teheran)
15 Pejman Montazeri, 06.09.1983
    (Umm-Salal SC Doha)
16 Reza Ghoochannejad, 20.09.1987
    (Charlton Athletic)
17 Ahmad Alenemeh, 20.10.1982 (Naft Teheran)
18 Bakhtiar Rahmani, 23.09.1991 (Foolad Ahvaz)
19 Hashem Beikzadeh, 22.01.1984
    (Esteghlal Teheran)
20 Mehrdad Steve Beitashour, 01.02.1987
    (Vancouver Whitecaps)
21 Ashkan Dejagah, 05.07.1986 (FC Fulham)
22 Daniel Davari, 06.01.1988
    (Eintracht Braunschweig)
23 Mehrdad Pooladi, 26.02.1987
    (Persepolis Teheran)
Trainer: Carlos Queiroz

Nigeria

1 Vincent Enyeama, 29.08.1982 (Lille OSC)
2 Joseph Yobo, 06.09.1980 (Norwich City)
3 Ejike Uzoenyi, 23.03.1992 (Enugu Rangers)
4 Reuben Gabriel, 25.09.1990
   (Waasland-Beveren)
5 Efe Ambrose, 18.10.1988 (Celtic Glasgow)
6 Azubuike Egwuekwe, 16.07.1989
   (Warri Wolves)
7 Ahmed Musa, 14.10.1992 (ZSKA Moskau)
8 Peter Odemwingie, 15.07.1981 (Stoke City)
9 Emmanuel Emenike, 10.05.1987
   (Fenerbahce Istanbul)
10 John Obi Mikel, 22.04.1987 (FC Chelsea)
11 Victor Moses, 12.12.1990 (FC Liverpool)
12 Kunle Odunlami, 30.04.1991
    (Sunshine Stars)
13 Juwon Oshaniwa, 14.09.1990 (MS Ashdod)
14 Godfrey Oboabona, 16.09.1990
    (Caykur Rizespor)
15 Ramon Azeez, 12.12.1992 (UD Almeria)
16 Austin Ejide, 08.04.1984
    (Hapoel Beer Sheva)
17 Ogenyi Onazi, 25.12.1992 (Lazio Rom)
18 Michel Babatunde, 24.12.1992 (Wolyn Luzk)
19 Uche Nwofor, 17.09.1991 (SC Heerenveen)
20 Michael Uchebo, 03.02.1990
    (KSV Cercle Brügge)
21 Chigozie Agbim, 28.11.1984
    (Gombe United)
22 Kenneth Omeruo, 17.10.1993
    (FC Middlesbrough)
23 Shola Ameobi, 12.10.1981
    (Newcastle United)
Trainer: Stephen Keshi

Argentinien – Bosnien-Herzegowina 2:1

Historisches Malheur und ein magischer Moment

Abwehrschrank gegen Floh: Sead Kolasinac (links) versucht, Lionel Messi zu stoppen.

16. Juni in Rio de Janeiro
Argentinien – Bosnien-Herzegowina 2:1 (1:0)

Eingewechselt: 46. Higuain für Maxi Rodriguez, 46. Gago für Campagnaro, 87. Biglia für Aguero – 69. Ibisevic für Mujdza, 71. Visca für Hajrovic, 74. Medunjanin für Misimovic

Tore: 1:0 Kolasinac (3., ET), 2:0 Messi (65.), 2:1 Ibisevic (85.)

Gelbe Karten: Rojo – Spahic

Schiedsrichter: Aguilar (El Salvador)

Zuschauer: 74 738 (ausverkauft)

Sead Kolasinac war restlos bedient. Weder die aufmunternden Worte der Kollegen noch das aufmunternde Schulterklopfen konnten ihn trösten. Was der junge Mann jedoch am wenigsten gebrauchen konnte, waren dämliche Fragen von Journalisten. Den wartenden Reportern ließ der bosnische Linksverteidiger lediglich Folgendes ausrichten: Er schäme sich sehr.

Man kann sich in etwa vorstellen, wie so ein 20-Jähriger dem bislang größten Spiel seiner Karriere entgegenfieberte: dem ersten Auftritt von Bosnien-Herzegowina bei einer Weltmeisterschaft. Ausgetragen im Maracana zu Rio, diesem magischen Fußballtempel. Und mit Lionel Messi als Gegenspieler, dem Superstar des Planeten. Im Wissen, wie oft sich die Wege kreuzen würden zwischen ihm, Exemplar wuchtiger Abwehrschrank, und »La Pulga«, dem Floh, war Schalkes Abwehrspieler auf vieles vorbereitet. Doch dann geschah das: Messi stellte einen Freistoß in den Strafraum, der Ball touchierte den Kopf des Argentiniers Marcos Rojo, verließ seine Flugbahn und sprang Kolasinac nach dem urplötzlichen Wegducken von Ermin Bicakcic so unglücklich an das linke Schienbein, dass er ins eigene Tor hoppelte. 130 Sekunden nach dem Anpfiff hatte Kolasinac WM-Geschichte geschrieben. Schneller ist bei einem Endturnier noch nie ein Eigentor erzielt worden.

Als historische Leistung ließ sich das, was Argentiniens Kapitän eine Stunde lang bot, indes nicht bezeichnen. Mit einem überschaubaren Bewegungsradius und einem unpräzisen Passspiel knüpfte Messi an die eher blasse Saison in Barcelona an. Möglicherweise hemmte ihn der Druck, weil er zwar vierfacher Weltfußballer ist, aber anders als Diego Armando Maradona eben noch kein Weltmeister. Seine Aussagen deuteten hingegen darauf hin, dass er das bei gegnerischem Ballbesitz verordnete 5-3-2-System seines Trainers Alejandro Sabella nicht guthieß. Nach der Umstellung auf ein 4-3-3 erlebten die Zuschauer doch noch einen dieser magischen Messi-Momente, als er im Zusammenspiel mit dem eingewechselten Gonzalo Higuain ein feines Solo zum 2:0 abschloss. Es war Messis zweiter WM-Treffer überhaupt. Der erste war ihm auf den Tag genau vor acht Jahren geglückt beim 6:0 gegen Serbien und Montenegro – und zwar in Gelsenkirchen, dem Wohnzimmer Kolasinacs.

VORRUNDE
Gruppe F

Iran – Nigeria 0:0

Dem Präsidenten hat's gefallen – dem Rest nicht

16. Juni in Curitiba
Iran – Nigeria 0:0

Eingewechselt: 78. Jahanbakhsh für Dejagah, 89. Shojaei für Heydari – 29. Yobo für Oboabona, 52. Ameobi für Moses, 69. Odemwingie für Azeez

Gelbe Karte: Teymourian

Schiedsrichter: Vera (Ecuador)

Zuschauer: 39 081

Stephen Keshi hält wenig von Geheimniskrämerei. Bereits eineinhalb Stunden vor Beginn der ersten WM-Partie der »Super Eagles« twitterte der Nationaltrainer Nigerias die Aufstellung seiner Mannschaft in die Welt. Als wolle er zeigen: So, jetzt sind wir auch da.

Nach der tristen Nullnummer gegen den Iran wusste die Fußball-Welt zwar, dass Nigeria auch an dem Turnier in Brasilien teilnimmt. Aber auch, dass sich die Konkurrenz in der Gruppe vor Keshis Team ebenso wie vor dem seines Kollegen Carlos Queiroz nicht fürchten muss. Beide Mannschaften waren zwar bemüht und standen auch in der Defensive einigermaßen, doch offensiv leisteten sie einen Offenbarungseid. Vielleicht hätte es dem Niveau der Partie gutgetan, wenn Schiedsrichter Carlos Alfredo Vera Rodriguez aus Ecuador dem Treffer von Ahmed Musa nicht wegen eines vorausgegangenen vermeintlichen Foulspiels an Irans Torhüter Alireza Haghighi die Anerkennung verwehrt hätte (8.). So setzte es ein Pfeifkonzert der Zuschauer. Was wiederum bei Queiroz auf Unverständnis stieß. »Wer da pfeift, muss sehen, dass bei uns niemand von Real Madrid oder Chelsea spielt«, hielt Irans Coach den Kritikern entgegen. Und auch Keshi wollte nicht den Stab über sein Team brechen, sondern lobte vielmehr den Gegner: »Respekt an den Iran, sie hatten einen klaren Matchplan, wollten hintendrin stehen, und das haben sie durchgezogen.« Kritik gab es dagegen von Jay-Jay Okocha. Der in der Bundesliga bekannt gewordene Ex-Kapitän Nigerias rüffelte Keshi: »Ein Sieg war in diesem Spiel ein Muss, aber wir haben ihn verpasst. Das taktische Spiel der Mannschaft war sehr schlecht. Und dafür ist meiner Meinung nach Keshi verantwortlich.« Hassan Rohani hatte das Spiel dagegen gefallen. »Stolz auf unsere Jungs, die unseren ersten Punkt geholt haben – hoffentlich der erste von vielen«, twitterte der Präsident des Iran. Sportlich untermauert wurde seine Hoffnung nicht.

Argentinien – Iran 1:0

Ein Schuss, ein Tor, ein Messi

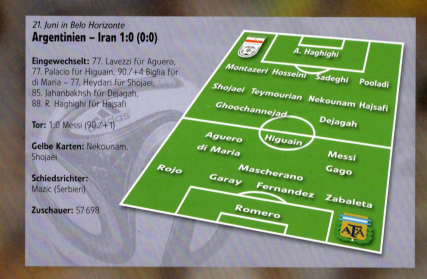

Der Moment der Entscheidung: Lionel Messi (Mitte im Bild rechts) schlenzt die Kugel zum Siegtreffer ins Netz.

Eine von vielen Weisheiten im Fußball ist die, dass man einen Weltklasse-Stürmer nie ganz ausschalten kann. Wenn derlei Aussagen einen Wahrheitsgehalt haben, dann wurde er an diesem 21. Juni im Estadio Mineirao von Belo Horizonte untermauert. 90 Minuten war Argentiniens Superstar Lionel Messi von den tapfer kämpfenden und äußerst geschickt verteidigenden Iranern aus dem Spiel genommen worden. Messi selbst hatte mit einem an Arbeitsverweigerung grenzenden Laufaufwand auch das Seinige dazu beitragen, dass es vergleichsweise leicht war, ihn zu neutralisieren. Doch dann kam die erste Minute der Nachspielzeit: Auf halbrechts erhielt der Kapitän der »Albiceleste« den Ball. Ein kurzer Haken, ein kurzer Antritt, ein verdeckter Schlenzer ins linke Eck – 1:0 und der späte Sieg für Argentinien. »Betet zu Messi. Es war ein erbärmliches 0:0, bis Leo auf den letzten Drücker mit einem Traumtor in Erscheinung trat und Argentinien den Achtelfinaleinzug gab«, schrieb die Zeitung »Olé«.

Erbärmlich war in der Tat eine treffende Formulierung. Der selbsternannte Titelanwärter schrammte haarscharf an einer Blamage vorbei. Und wenn Fußball immer gerecht wäre, hätte der Sieger der Begegnung nur Iran heißen können. Die Perser hatten nicht nur durch Reza Ghoochannejad (55., 86.) und den ehemaligen Wolfsburger Ashkan Dejagah (67.) drei sehr gute Torchancen, sie hätten auch einen Elfmeter bekommen müssen. Nach 58 Minuten hatte Pablo Zabaleta Dejagah im Strafraum eindeutig gefoult, doch die Pfeife von Schiedsrichter Milorad Mazic blieb stumm. »Er steht fünf Meter dahinter und hat es nicht gesehen. Das kann doch nicht sein«, zürnte Irans Coach Carlos Queiroz, »wir haben in diesen 90 Minuten mit Argentinien mitgehalten, nur der Schiedsrichter war nicht auf dem gleichen Niveau.« Und dann war da noch Lionel Messi – den man eben nie so ganz ausschalten kann.

Triumphator: Lionel Messi bewahrte Argentinien vor einer Blamage gegen den Iran.

---

21. Juni in Belo Horizonte
Argentinien – Iran 1:0 (0:0)

Eingewechselt: 77. Lavezzi für Aguero, 77. Palacio für Higuain, 90./+4 Biglia für di Maria – 77. Heydari für Shojaei, 85. Jahanbakhsh für Dejagah, 88. R. Haghighi für Hajsafi

Tor: 1:0 Messi (90./+1)

Gelbe Karten: Nekounam, Shojaei

Schiedsrichter: Mazic (Serbien)

Zuschauer: 57 698

Iran: A. Haghighi – Montazeri, Hosseini, Sadeghi, Pooladi – Shojaei, Teymourian, Nekounam, Hajsafi – Ghoochannejad, Dejagah

Argentinien: Romero – Garay, Fernandez, Zabaleta, Rojo – Mascherano, Gago – Aguero, di Maria, Messi – Higuain

80

**VORRUNDE
Gruppe F**

Nigeria – Bosnien-Herzegowina 1:0

Der Zorn des Edin D.

Edin Dzeko wirkte wie ein Häufchen Elend. Das Trikot eines Gegenspielers in der Hose steckend, schlich der Stürmer von Bosnien-Herzegowina nach dem Schlusspfiff in Cuiaba vom Platz. 0:1 gegen Nigeria, die zweite Niederlage nacheinander, der WM-Traum für seine Mannschaft bereits nach zwei Spielen geplatzt: Dzekos Frustpotenzial war immens hoch. Mehr noch als die Schlappe an sich nervte den Bundesliga-Torschützenkönig der Saison 2009/10 sein persönliches Pech. In der Drehung an Nigerias Keeper Vincent Enyeama und dem Pfosten gescheitert, nach 21 Minuten hatte ihm der Schiedsrichter einen Treffer aberkannt. Zu Unrecht. Dzeko hatte beim Pass von Zvjezdan Misimovic eindeutig nicht im Abseits gestanden. Entsprechend wütend war Dzeko auf Referee Peter O'Leary aus Neuseeland. »Der Schiedsrichter war eine Schande für diesen Wettkampf«, wetterte er, »wir fahren nach Hause. Wir sind traurig darüber. Aber ich denke, der Schiedsrichter sollte nach Hause fahren, denn er hat das Resultat verändert, er hat das Spiel verändert. Deswegen haben wir verloren.«

Den Unparteiischen aber als Grund für die erneute Niederlage des WM-Debütanten heranzuziehen, war nur die halbe Wahrheit. Erstens hatten die Bosnier lange Zeit zu behäbig und zu durchsichtig agiert, um Nigeria, das den ersten WM-Erfolg nach 16 Jahren feierte, in ernsthafte Verlegenheit zu bringen. Zweitens hatte sich der routinierte Kapitän Emir Spahic vor dem entscheidenden Treffer von Peter Odemwingie vom Vorlagengeber Emmanuel Emenike am rechten Flügel wie ein Grünschnabel übertölpeln lassen. Dass Dzeko und Kollegen in dem Einsatz des nigerianischen Angreifers gegen Spahic ein Foul gesehen haben wollten, war angesichts ihrer Grundstimmung verständlich – ging aber auch an der Realität vorbei. Der WM-Neuling zahlte in Brasilien Lehrgeld.

22. Juni in Cuiaba
Nigeria – Bosnien-Herzegowina 1:0 (1:0)

Eingewechselt: 65. Ameobi für Musa, 75. Uzoenyi für Babatunde – 57. Ibisevic für Hajrovic, 58. Salihovic für Lulic, 64. Susic für Medunjanin

Tor: 1:0 Odemwingie (29.)

Gelbe Karten: Mikel – Medunjanin

Schiedsrichter:
O'Leary (Neuseeland)

Zuschauer: 40.499

Ein Tor, das eines war: Edin Dzeko (weißes Trikot) hat den Ball im nigerianischen Gehäuse untergebracht, doch Schiedsrichter Peter O'Leary verwehrt dem Treffer fälschlicherweise die Anerkennung.

25. Juni in Porto Alegre
Nigeria – Argentinien 2:3 (1:2)

Eingewechselt: 66. Uchebo für Babatunde, 80. Nwofor für Odemwingie – 38. Lavezzi für Aguero, 63. Alvarez für Messi, 90./+1 Biglia für Higuain

Tore: 0:1 Messi (3.), 1:1 Musa (4.), 1:2 Messi (45./+1), 2:2 Musa (47.), 2:3 Rojo (50.)

Gelbe Karten: Omeruo, Oshaniwa

Schiedsrichter: Rizzoli (Italien)

Zuschauer: 43 285

Nigeria – Argentinien 2:3

Noch reicht die »One-Man-Show«

Argentinien ist Messi. So wie Barcelona in den Erfolgsjahren nur Messi war. Die Einmaligkeit des viermaligen Weltfußballers Lionel Messi riss auch Nigerias »Super Eagles« aus den schönsten Träumen. Im letzten Gruppenspiel siegte die »Albiceleste« mit 3:2. Natürlich mit zwei Messi-Toren. Auf der Gegenseite traf Ahmed Musa ebenfalls zweimal. Am Ende konnten aber die Kontrahenten mit dem Resultat leben – beide qualifizierten sich fürs Achtelfinale.

Die Geschichte des Spiels in Porto Alegre, wo etwa 100 000 Fans aus dem nahen Argentinien die Stadt im Süden Brasiliens »geentert« hatten, war das Duell zwischen Lionel Messi und Vincent Enyeama, dem überragenden Keeper der Westafrikaner. Schon vier Jahre zuvor im Ellis Park zu Johannesburg hatte es diesen Zweikampf zwischen Argentiniens »Floh« und Nigerias Tausendsassa im Tor gegeben. Damals konnte Enyeama unzählige Messi-Attacken parieren.

In Porto Alegre allerdings legte Messi einen Blitzstart hin, überwand Enyeama schon nach 148 Sekunden. Fulminant jagte er im Nachschuss den Ball ins Netz. Doch gegen ansonsten träge, fehlerhafte Argentinier konnte Musa postwendend ausgleichen. Ein Duell auf Augenhöhe mit Dominanz der »Albiceleste«. Gefährlich wurde es aber nur dann, wenn Messi sich dem Gehäuse näherte. Weil Argentinien eben nur Messi ist, mit Unterstützung von Angel di Maria und ein bisschen Javier Mascherano …

Ein Freistoß sorgte dann für Messis Pausenführung. Erst hatte Enyeama eine identische Situation noch heldenhaft entschärft, beim zweiten Versuch schlenzte Messi den Ball unnachahmlich aus 25 Metern in den Winkel. Enyeama war machtlos. Musas Ausgleich unmittelbar nach Wiederbeginn konterte Marcos Rojo mit dem 3:2.

Nach einer Stunde durfte Messi zur Schonung vom Feld. Schließlich sollte er seinen bis dato vier WM-Treffern noch weitere folgen lassen. Ob allerdings die »One-Man-Show« der Argentinier zum ganz großen Wurf, dem Titelgewinn, reichen würde, war zu bezweifeln. Argentinien war bis hierhin eben nur Messi …

Auf Augenhöhe mit Lionel Messi: Ahmed Musa erzielte beide Treffer für Nigeria.

VORRUNDE
Gruppe F

Bauchlandung: Bosniens Kapitän Emir Spahic (blauer Dress) und der Iraner Reza Ghoochannejad beharkten sich im letzten Gruppenspiel. Ohne Erfolg – beide Teams schieden aus.

So mussten sich die beiden Kontrahenten damit begnügen, dass sie am Ende wenigstens ihr Minimalziel erreicht hatten. Für den Iran erzielte Ghoochannejad, der der Einfachheit halber nur seinen Vornamen Reza auf dem Trikot trug, das erste und einzige Tor bei der WM 2014. Immerhin. »Die Spieler sind an ihre Grenzen gegangen, physisch und psychisch. Sie waren ausgebrannt, aber sie

Bosnien-Herzegowina – Iran 3:1

Ein kleines Trostpflaster für Dzeko und Co.

Die Ausgangssituation war klar: Mit einem Sieg über Bosnien-Herzegowina hätte der Iran gute Chancen auf das Achtelfinale gehabt. Aber dafür war ein Torerfolg unabdingbare Voraussetzung, und dieser war der Mannschaft im laufenden Turnier noch nicht gelungen. Doch auch die Aussicht auf das Weiterkommen veranlasste Trainer Carlos Queiroz nicht, irgendetwas zu ändern – weder personell noch taktisch. Die Iraner setzten auf ihre bekannte Defensivstrategie. Bei gegnerischem Ballbesitz befand sich der vorderste Feldspieler häufig 15, 20 Meter von der Mittellinie entfernt in der eigenen Hälfte, dahinter türmte sich ein Heer von »Betonmischern«. Dies verhinderte nicht, dass Edin Dzeko sein Team in Führung brachte. Wenig später schoss Masoud Shojaei an die Unterkante der Latte und deutete damit an, dass der Iran nun doch gewillt war, etwas offensiver zu spielen. Allein, es blieb weitgehend bei der Absichtserklärung, zu gering waren die Mittel.

25. Juni in Salvador
Bosnien-Herzegowina – Iran 3:1 (1:0)

Eingewechselt: 61. Vranjes für Hadzic, 79. Salihovic für Susic, 84. Visca für Dzeko – 46. Heydari für Shojaei, 63. Jahanbakhsh für Hajsafi, 68. Ansarifard für Dejagah

Tore: 1:0 Dzeko (23.), 2:0 Pjanic (59.), 2:1 Ghoochannejad (82.), 3:1 Vrsajevic (83.)

Gelbe Karten: Besic – Ansarifard

Schiedsrichter: Velasco Carballo (Spanien)

Zuschauer: 48 011

haben bis zur letzten Sekunde gekämpft«, bilanzierte Queiroz nach dem vierten Vorrunden-Aus bei der vierten WM-Teilnahme des Landes. Damit war gleichzeitig auch das Ende des portugiesischen Coaches bei den Persern besiegelt.
WM-Debütant Bosnien-Herzegowina, nach überzeugender Qualifikation höher eingeschätzt, konnte sich im letzten Gruppenspiel mit einem 3:1-Sieg trösten. »Mit ein bisschen mehr Glück, etwas besserem Fußball und weniger Schiedsrichterfehlern wären wir in der nächsten Runde«, war Trainer Safet Susic überzeugt.

Deutschland – Portugal		4:0 (3:0)	
Ghana – USA		1:2 (0:1)	
Deutschland – Ghana		2:2 (0:0)	
USA – Portugal		2:2 (0:1)	
USA – Deutschland		0:1 (0:0)	
Portugal – Ghana		2:1 (1:0)	

1. Deutschland	3	7:2	7
2. USA	3	4:4	4
3. Portugal	3	4:7	4
4. Ghana	3	4:6	1

Das Leiden das Cristiano R.: Portugals Superstar und seine Teamkollegen verpassten das Achtelfinale (kleines Bild). Deutsch-Amerikaner trifft DFB-Kapitän: Jermaine Jones schirmt den Ball gegen Philipp Lahm ab.

VORRUNDE
Gruppe G

**Deutschland
Portugal
Ghana
USA**

Der Auftakt weckte kühnste Träume. Nach dem klaren Erfolg gegen Portugal konnte die deutsche Mannschaft das Niveau zwar nicht ganz halten, sicherte sich aber letzten Endes ohne große Probleme den Gruppensieg. Auch die USA schafften den Sprung ins Achtelfinale. Im Duell zwischen dem »Sommermärchen-Macher« von 2006 Jürgen Klinsmann und seinem damaligen Assistenten Joachim Löw unterlagen die Amerikaner zwar, aber weder Portugal noch Ghana konnten die Gelegenheit nutzen und schieden aus. Die Iberer blieben somit wieder mal bei einem großen Turnier hinter den Erwartungen zurück.

Deutschland

1. Manuel Neuer, 27.03.1986 (Bayern München)
2. Kevin Großkreutz, 19.07.1988 (Borussia Dortmund)
3. Matthias Ginter, 19.01.1994 (SC Freiburg)
4. Benedikt Höwedes, 29.02.1988 (FC Schalke 04)
5. Mats Hummels, 16.12.1988 (Borussia Dortmund)
6. Sami Khedira, 04.04.1987 (Real Madrid)
7. Bastian Schweinsteiger, 01.08.1984 (Bayern München)
8. Mesut Özil, 15.10.1988 (FC Arsenal)
9. André Schürrle, 06.11.1990 (FC Chelsea)
10. Lukas Podolski, 04.06.1985 (FC Arsenal)
11. Miroslav Klose, 09.06.1978 (Lazio Rom)
12. Ron-Robert Zieler, 12.02.1989 (Hannover 96)
13. Thomas Müller, 13.09.1989 (Bayern München)
14. Julian Draxler, 20.09.1993 (FC Schalke 04)
15. Erik Durm, 12.05.1992 (Borussia Dortmund)
16. Philipp Lahm, 11.11.1983 (Bayern München)
17. Per Mertesacker, 29.09.1984 (FC Arsenal)
18. Toni Kroos, 04.01.1990 (Bayern München)
19. Mario Götze, 03.06.1992 (Bayern München)
20. Jerome Boateng, 03.09.1988 (Bayern München)
21. Shkodran Mustafi, 17.04.1992 (Sampdoria Genua)
22. Roman Weidenfeller, 06.08.1980 (Borussia Dortmund)
23. Christoph Kramer, 19.02.1991 (Borussia Mönchengladbach)

Trainer: Joachim Löw

Portugal

1. Eduardo, 19.09.1982 (Sporting Braga)
2. Bruno Alves, 27.11.1981 (Fenerbahce Istanbul)
3. Pepe, 26.02.1983 (Real Madrid)
4. Miguel Veloso, 11.05.1986 (Dynamo Kiew)
5. Fabio Coentrao, 11.03.1988 (Real Madrid)
6. William Carvalho, 07.04.1992 (Sporting Lissabon)
7. Cristiano Ronaldo, 05.02.1985 (Real Madrid)
8. Joao Moutinho, 08.09.1986 (AS Monaco)
9. Hugo Almeida, 23.05.1984 (Besiktas Istanbul)
10. Vieirinha, 24.01.1986 (VfL Wolfsburg)
11. Eder, 22.12.1987 (Sporting Braga)
12. Rui Patricio, 15.02.1988 (Sporting Lissabon)
13. Ricardo Costa, 16.05.1981 (FC Valencia)
14. Neto, 26.05.1988 (Zenit St. Petersburg)
15. Rafa, 17.05.1993 (Sporting Braga)
16. Raul Meireles, 17.03.1983 (Fenerbahce Istanbul)
17. Nani, 17.11.1986 (Manchester United)
18. Varela, 02.02.1985 (FC Porto)
19. André Almeida, 10.09.1990 (Benfica Lissabon)
20. Ruben Amorim, 27.01.1985 (Benfica Lissabon)
21. Joao Pereira, 25.02.1984 (FC Valencia)
22. Beto, 01.05.1982 (FC Sevilla)
23. Helder Postiga, 02.08.1982 (Lazio Rom)

Trainer: Paulo Bento

Ghana

1. Stephen Adams, 28.09.1989 (Aduana Stars)
2. Samuel Inkoom, 01.06.1989 (AO Platanias Chanion)
3. Asamoah Gyan, 22.11.1985 (Al-Ain Sport-Club)
4. Daniel Opare, 18.10.1990 (Standard Lüttich)
5. Michael Essien, 03.12.1982 (AC Mailand)
6. Afriyie Acquah, 05.01.1992 (FC Parma)
7. Christian Atsu, 10.01.1992 (Vitesse Arnhem)
8. Emmanuel Agyemang Badu, 02.12.1990 (Udinese Calcio)
9. Kevin-Prince Boateng, 06.03.1987 (FC Schalke 04)
10. André Ayew, 17.12.1989 (Olympique Marseille)
11. Sulley Ali Muntari, 27.08.1984 (AC Mailand)
12. Adam Kwarasey, 12.12.1987 (Strömsgodset IF Drammen)
13. Jordan Ayew, 11.09.1991 (FC Sochaux)
14. Albert Adomah, 13.12.1987 (FC Middlesbrough)
15. Rashid Sumaila, 18.12.1992 (Mamelodi Sundowns)
16. Abdul Fatawu Dauda, 06.04.1985 (Orlando Pirates)
17. Mohammed Rabiu, 31.12.1989 (Kuban Krasnodar)
18. Abdul Majeed Waris, 19.09.1991 (Valenciennes FC)
19. Jonathan Mensah, 13.07.1990 (Evian Thonon Gaillard)
20. Kwadwo Asamoah, 09.12.1988 (Juventus Turin)
21. John Boye, 23.04.1987 (Stade Rennes)
22. Wakaso, 25.07.1990 (Rubin Kasan)
23. Harrison Afful, 24.07.1986 (L'Esperance Tunis)

Trainer: James Kwesi Appiah

USA

1. Tim Howard, 06.03.1979 (FC Everton)
2. DeAndre Yedlin, 09.07.1993 (Seattle Sounders)
3. Omar Gonzalez, 11.10.1988 (Los Angeles Galaxy)
4. Michael Bradley, 31.07.1987 (FC Toronto)
5. Matt Besler, 11.02.1987 (Sporting Kansas City)
6. John Anthony Brooks, 28.01.1993 (Hertha BSC)
7. DaMarcus Beasley, 24.05.1982 (Puebla FC)
8. Clint Dempsey, 09.03.1983 (Seattle Sounders)
9. Aron Johannsson, 10.11.1990 (AZ Alkmaar)
10. Mikkel Diskerud, 02.10.1990 (Rosenborg Trondheim)
11. Alejandro Bedoya, 29.04.1987 (FC Nantes)
12. Brad Guzan, 09.09.1984 (Aston Villa)
13. Jermaine Jones, 03.11.1981 (Besiktas Istanbul)
14. Brad Davis, 08.11.1981 (Houston Dynamo)
15. Kyle Beckerman, 23.04.1982 (Real Salt Lake)
16. Julian Green, 06.06.1995 (Bayern München)
17. Jozy Altidore, 06.11.1989 (AFC Sunderland)
18. Chris Wondolowski, 28.01.1983 (San Jose Earthquakes)
19. Graham Zusi, 18.08.1986 (Sporting Kansas City)
20. Geoff Cameron, 11.07.1985 (Stoke City)
21. Timothy Chandler, 29.03.1990 (1. FC Nürnberg)
22. Nick Rimando, 17.06.1979 (Real Salt Lake)
23. Fabian Johnson, 11.12.1987 (1899 Hoffenheim)

Trainer: Jürgen Klinsmann

Nicht nur, sondern auch wegen seiner drei Tore prangte sein Konterfei auf der Anzeigetafel: Thomas Müller, »Man of the Match«

Die beiden Schlüsselszenen: Pepe (oben) setzt an zum Kopfstoß gegen Thomas Müller, der neun Minuten nach dem Platzverweis gegen den Portugiesen das 3:0 erzielt.

Deutschland – Portugal 4:0

Alles Müller oder was?
Ein perfekter Start.

Als Thomas Müller nach 82 Minuten auf eigenes Bitten vorzeitig vom Platz durfte, da erhoben sich in der Arena Fonte Nova neben den deutschen Fans auch viele brasilianische Zuschauer und sogar manch portugiesischer Anhänger: Standing Ovations für den Matchwinner, der mit seinen drei Toren maßgeblich beteiligt war am perfekten WM-Start der deutschen Elf. Und der Weltfußballer Cristiano Ronaldo auf der anderen Seite klar die Show stahl. 4:0 gegen Portugal, 4:0 schlug der Weltranglisten-Zweite die Nummer vier im FIFA-Ranking. Das auf dem Papier hochkarätigste aller 48 WM-Vorrundenspiele war schon zur Halbzeit entschieden und am Ende eine glasklare Angelegenheit. Doch Müller bewies auch nach dem Schlusspfiff Realitätssinn, als er den Zeigefinger hob und mahnte: »Wir müssen die Kirche im Dorf lassen. Das Spiel ist gut für uns verlaufen, aber wir haben nicht als Übermannschaft agiert.«

In der Tat traf der als sogenannter »falscher Neuner« aufgebotene Münchner den Nagel auf den Kopf. Denn die Partie hätte auch einen ganz anderen Verlauf nehmen können, wenn Cristiano Ronaldo nach acht Minuten den bösen Ballverlust von Philipp Lahm zum Führungstreffer genutzt hätte und nicht freistehend an Manuel Neuer gescheitert wäre. Ein früher Rückstand wäre der Albtraum gewesen für Joachim Löw und sein Personal angesichts der schweißtreibenden 27 Grad und 79 Prozent Luftfeuchtigkeit, die beim Anpfiff um 13 Uhr Ortszeit in Salvador herrschten. So aber begann nur vier Minuten später alles nach Plan zu laufen. Den umstrittenen, aber vertretbaren Foulelfmeter nach Joao Pereiras ungeschickter Zweikampfführung gegen Mario Götze verwandelte Müller souverän zur Führung, die Mats Hummels nach einer Ecke von Toni Kroos mit einem wuchtigen Kopfball ausbaute. Und als dann noch Pepe

VORRUNDE
Gruppe G

Match-Daten

Deutschland		Portugal
4	Tore	0
13	Torschüsse gesamt	13
9	Torschüsse aufs Tor	9
8	begangene Fouls	12
479	erfolgreiche Pässe	352
89 %	Passquote	88 %
56 %	Ballbesitz	44 %
58 %	Zweikampfquote	42 %
0	Gelbe Karten	1
0	Rote Karten	1
2	Abseits	1
4	Ecken	6
112 km	Laufstrecke	102 km

Die deutschen Spieler in der Einzelanalyse

		Ballkontakte	Pässe	Passbilanz %	Laufstrecke in km	Zweikampfquote %	Torschüsse	Fouls
1	Manuel NEUER (TW)	34	17	94	5,0	0	0	0
4	Benedikt HÖWEDES	69	43	91	10,3	60	0	0
5	Mats HUMMELS bis 73.	62	51	80	7,7	78	1	1
6	Sami KHEDIRA	61	51	92	11,3	43	1	0
8	Mesut ÖZIL bis 63.	46	37	92	7,2	80	1	0
13	Thomas MÜLLER bis 82.	43	34	71	10,6	50	4	1
16	Philipp LAHM (K)	95	79	94	11,1	80	1	0
17	Per MERTESACKER	35	26	92	9,0	33	0	2
18	Toni KROOS	91	79	96	11,7	38	1	0
19	Mario GÖTZE	70	47	91	11,6	50	4	0
20	Jerome BOATENG	60	40	80	9,5	80	1	0
9	André SCHÜRRLE ab 63.	18	11	79	3,3	25	0	1
21	Shkodran MUSTAFI ab 73.	13	10	90	2,2	100	0	0
10	Lukas PODOLSKI ab 82.	14	11	82	1,2	50	0	0

vom Platz flog, weil er sich Müller allzu unbeherrscht genähert hatte, war die Partie praktisch schon gelaufen. »Bei dem Wetter mit zehn Mann einem 0:2 hinterherzulaufen, ist ein sehr schwieriges Unterfangen«, urteilte Müller später. Die rund 7000 deutschen Fans im Stadion stimmten daher schon vor der Halbzeit freudetrunken ihr »Oh, wie ist das schön« an.

»Thomas hat eine ganz unorthodoxe Spielweise. Manchmal weiß man auch als Trainer nicht, welche Wege er wählt«, urteilte Löw über seinen dreifachen Schützen, der damit einen ersten Schritt unternahm, seinen vor vier Jahren in Südafrika erworbenen Titel als WM-Torschützenkönig zu verteidigen: »Er hat ein Näschen, dahin zu gehen, wo es gefährlich wird.« Löw freute sich aber auch über seinen aufgegangenen Matchplan. Der Bundestrainer hatte einen Großteil der vierwöchigen Vorbereitung darauf verwendet, sein Team auf dieses wegweisende erste Spiel taktisch vorzubereiten und mental einzustellen. Jerome Boateng, der fast zwei Jahre lang kein Pflichtspiel als Rechtsverteidiger bestritten hatte, wurde auf die rechte Seite als Sonderbewacher für Cristiano Ronaldo abkommandiert: Schachzug geglückt, wie schon bei der EM 2012 hatte Boateng den Real-Superstar weitgehend im Griff. Philipp Lahm durfte stattdessen im Mittelfeld agieren, gemeinsam mit Sami Khedira und Toni Kroos, zwei weiteren zentralen Mittelfeldspielern: Auch dieser Schachzug, im ungewohnten 4-3-3 und nicht im gewohnten 4-2-3-1 zu operieren, ging auf. Und schließlich hatte Löw auch bei der Besetzung seiner vorderen Dreierreihe den richtigen Riecher, als er Mario Götze den für die linke Seite ursprünglich favorisierten Lukas Podolski und André Schürrle vorzog. Löw sah sich zudem bestätigt in seiner umstrittenen Quartierwahl. Während die Portugiesen aus dem kühleren Sao Paulo nach Salvador angereist waren, hatte sich die deutsche WM-Delegation in ihrem Campo Bahia bereits an die Temperaturen gewöhnt. »Es war die richtige Entscheidung, in eine solche Klimazone zu gehen«, so Löw, wohlwissend, dass die wahren Hitzeschlachten in Fortaleza gegen Ghana und in Recife gegen die USA erst noch vor ihm lagen.

Auch die Kanzlerin stach auf der Tribüne heraus – nicht nur farblich: Angela Merkel mit FIFA-Boss Joseph Blatter und UEFA-Präsident Michel Platini (von rechts)

Pressestimmen

»Gemüllert! Thomas' Hattrick macht Ronaldo platt. Die Deutschen waren großartig, Portugal erbärmlich. Das ergab eine explosive Mischung – und ein klares Ergebnis für den WM-Favoriten.«
SUN (ENGLAND)

»Der unverbesserliche Altruist Müller zeigt mit seinem Triple bereits im ersten Spiel, was für ein Torjäger er ist. Echte oder falsche Nummer neun – dieser Mann ist gefährlich.«
L'EQUIPE (FRANKREICH)

»Deutschland macht Angst, Portugal ist demoliert. Bei der WM sind damit alle gewarnt: Auch Deutschland ist jetzt in Brasilien angekommen.«
CORRIERE DELLO SPORT (ITALIEN)

»Saudummer Pepe verdirbt es. Deutschland macht Portugal platt nach Roter Karte für Wiederholungstäter.«
DE TELEGRAAF (NIEDERLANDE)

»Deutschland müllert die armen Portugiesen. Das deutsche Team hat sich sehr, sehr eindrucksvoll ins brasilianische Turnier gemeldet.«
STANDARD (ÖSTERREICH)

»Ein Desaster! Und für das nächste Spiel hat Portugal den Ausfall von drei Spielern zu verkraften.«
RECORD (PORTUGAL)

»Eine schöne Bescherung! Portugal kassiert seine höchste WM-Niederlage, und das Team beklagt sich über den Schiedsrichter.«
O JOGO (PORTUGAL)

»Deutschland zerstört Portugal mit einer prachtvollen fußballerischen Darbietung. Die Art und Weise, mit der die Deutschen die portugiesische Elf zerlegt haben, macht sie nun zum klarsten WM-Favoriten.«
EL PAIS (SPANIEN)

Den amtierenden Weltfußballer locker in den Schatten gestellt: Nach dem ungleichen Duell mit Jerome Boateng war Cristiano Ronaldo angeblich den Tränen nahe.

16. Juni in Salvador
Deutschland – Portugal 4:0 (3:0)

Eingewechselt: 63. Schürrle für Özil, 73. Mustafi für Hummels, 82. Podolski für Müller – 28. Eder für Hugo Almeida, 46. Ricardo Costa für Miguel Veloso, 65. André Almeida für Fabio Coentrao

Tore: 1:0 Müller (12., FE), 2:0 Hummels (32.), 3:0 Müller (45./+1), 4:0 Müller (78.)

Gelbe Karte: Joao Pereira

Rote Karte: Pepe (37., Tätlichkeit)

Schiedsrichter: Mazic (Serbien)

Zuschauer: 51 081 (ausverkauft)

VORRUNDE
Gruppe G

Wieder nur zweiter Sieger: Raul Meireles fand gegen Mario Götze (rechts) kaum ein Mittel.

Stimmen zum Spiel

Joachim Löw: »Thomas hat es sehr gut vorne gemacht. Er hat immer wieder Lücken gerissen. Die Mannschaft war unheimlich kompakt, und wir haben kaum Konterchancen zugelassen. Wir haben schnell nach vorne gespielt. In der zweiten Halbzeit war es dann ein anderes Spiel, da ging es um das Ballhalten und darum, schnell zu kontern. Boateng hat es klasse gegen Ronaldo gemacht.«

Thomas Müller: »Drei Tore in einem solchen Spiel sind schon etwas Herrliches. Eines war schöner als das andere. Wenn du 1:0 führst, dann bekommst du natürlich Rückenwind. Das 2:0 war dann ein großer Vorteil, vor allem bei dem Wetter. Danach mit einem Mann mehr war das Spiel so gut wie gelaufen. Bei dem Platzverweis habe ich eine Faust im Gesicht gespürt, was danach passiert ist, damit habe ich nichts mehr zu tun.«

Philipp Lahm: »Wir wissen, dass wir funktionieren können, aber es gehört so viel dazu. Heute hat selbst die vordere Reihe unglaublich gut gearbeitet. Es ist ein schöner Sieg, aber wir sind nicht am Ende. Portugal hat eine super Mannschaft, die bei den letzten Turnieren immer weit gekommen ist. Aber wir haben heute gut gearbeitet, und das war das Wichtigste.«

Wolfgang Niersbach: »Das ist wundervoll, Freude pur. Machen wir uns nichts vor, das war ein 50:50-Spiel, und dann so ein Ergebnis! Thomas Müller hatte in einem Interview gesagt, er werde wieder WM-Torschützenkönig, da habe ich nur gesagt – na? Und jetzt macht er gleich im ersten Spiel wieder drei Tore – das ist unglaublich.«

Paulo Bento (Nationaltrainer Portugal): »Das Spiel müssen wir in Ruhe analysieren. Zu diesem Zeitpunkt gibt es eigentlich nicht viel dazu zu sagen. Abgesehen von den ersten fünf Minuten haben wir nie ins Spiel gefunden. Wir haben versucht, in der zweiten Hälfte nicht noch tiefer einzubrechen. Über den Schiedsrichter sage ich am besten gar nichts.«

Fabio Coentrao: »Das ist einer der traurigsten Tage meines Lebens. Das war zwar erst das erste Spiel, aber die Niederlage ist sehr hart. Heute hat einfach nichts geklappt.«

Jubel nach dem schnellen 1:0: Kapitän Clint Dempsey brachte die USA bereits nach 32 Sekunden in Führung.

Ghana – USA 1:2

Ein Sieg made in Germany

Die Gruppe G war gleich zu Beginn fest in deutscher Hand: Wenige Stunden nach dem eindrucksvollen 4:0 der DFB-Elf gegen Portugal startete auch Ex-Bundestrainer Jürgen Klinsmann mit den USA in seinem ersten WM-Spiel seit dem »Sommermärchen« 2006 auf Anhieb voll durch. Mit einem 2:1 gegen Ghana, das freilich deutlich dramatischer zustande kam als der klare Sieg von Thomas Müller und Co. Zum Tag der Deutschen passte dabei, dass sich in John Anthony Brooks ausgerechnet ein Bundesliga-Legionär zum Matchwinner aufschwang. Vier Minuten vor dem Ende köpfte der Hertha-Profi und gebürtige Berliner den Siegtreffer und jubelte: »Einfach nur ein Traum.«

Brooks' Einwechslung nach der Pause für den angeschlagenen Matt Besler wurde so zum absoluten Glücksgriff für Klinsmann. Ein Innenverteidiger als entscheidender Joker in der Offensive – nur eine von mehreren Kuriositäten in dieser Auftaktpartie. Zum dritten Mal hintereinander trafen beide Nationen bei einer WM aufeinander, nach den Siegen 2006 und 2010 (jeweils 2:1) mussten diesmal die Afrikaner die Segel streichen. Schon nach 32 Sekunden hatte Stürmer Clint Dempsey die USA in Führung gebracht, sorgte so für das fünftschnellste Tor der WM-Historie überhaupt. Erstaunlich auf der Gegenseite, dass ebenso wie Michael Essien auch Schalke-Profi Kevin-Prince Boateng erst im Verlauf der zweiten Halbzeit kam. Boatengs vermeintlicher Status als Schlüsselspieler wurde so deutlich infrage gestellt, aus »taktischen Erwägungen«, wie Trainer Kwesi Appiah erklärte. Mit Boateng und Essien erlebte Ghana seine stärkste Phase und kam zum Ausgleich. Doch am Ende triumphierten die »deutschen Tugenden« der USA. Klinsmann, der sich an der Seitenlinie über 90 Minuten fast ebenso verausgabt hatte wie seine Spieler, war nach seinem persönlichen WM-Comeback hin und weg: »Ein Genussmoment, das ist sehr besonders.«

Deutschland – Ghana 2:2

Klose: Historisches Tor weckt Appetit auf mehr

Es folgte ein kurzer Spurt, drei, vier Meter. Dann stemmte Miroslav Klose beide Beine in den brasilianischen Rasen zu Fortaleza. Er drückte sich mit viel Spannung in der Beinmuskulatur ab, seine 1,84 Meter Körperlänge mit Schwung nach vorne zusammengerollt, und wirbelte mit einer 360-Grad-Drehung durch die auf 29 Grad aufgeheizte Luft. Nach diesem Überschlag landete er wieder auf beiden Füßen, etwas wackelig zwar, aber ohne Schäden an Achillessehnen oder Waden.

»Ich weiß nicht, wie lange ich diesen Salto nicht mehr gemacht habe«, sagte Klose mit fein untersetzter Ironie, »aber gut gelungen war er nicht.« Früher feierte er mit dieser akrobatischen Einlage seine Tore, vor allem die bedeutenden. Nun war es wieder an der Zeit, dringlicher und passender denn je.

17. Juni in Natal
Ghana – USA 1:2 (0:1)

Eingewechselt: 59. Boateng für J. Ayew, 71. Essien für Rabiu, 78. Adomah für Atsu – 23. Johannsson für Altidore, 46. Brooks für Besler, 77. Zusi für Bedoya

Tore: 0:1 Dempsey (1.), 1:1 A. Ayew (82.), 1:2 Brooks (86.)

Gelbe Karten: Rabiu, Muntari

Schiedsrichter: Eriksson (Schweden)

Zuschauer: 39 760

VORRUNDE
Gruppe G

Soeben hatte der deutsche Nationalstürmer mit der Trikotnummer 11 Geschichte geschrieben: Sein 70. Tor in seinem 133. Länderspiel war zugleich sein 15. im 20. Einsatz bei seiner vierten Weltmeisterschaft – und damit ein historisches.

Was am 1. Juni 2002 um 13.50 Uhr Ortszeit im nordjapanischen Sapporo beim 8:0-Sieg gegen Saudi-Arabien mit Kloses erstem WM-Treffer nach 20 Spielminuten und gleich zwei weiteren bei seiner WM-Premiere spektakulär begann, erfuhr nun die gewünschte, erträumte Abrundung: Klose hat mit seinem 2:2-Ausgleich im zweiten Gruppenspiel 2014 gegen Ghana in der ewigen WM-Torschützenliste den Brasilianer Ronaldo eingeholt und teilt sich nun mit ihm Platz eins in dieser renommierten Hitparade. Auf drei rangiert Gerd Müller mit 14 Treffern vor dem Franzosen Just Fontaine (13) und dem legendären Pelé (12). »Natürlich ist das schön«, sagte Klose hinterher und schaute dabei, als hätte er den peitschenden Regen, der die deutsche Mannschaft nach der Rückkehr ins Basisquartier Campo Bahia vier Stunden später durchnässte, vorausgesehen.

Übertriebene Emotionen entsprechen nicht Kloses Charakter, er mag es höchst bescheiden und zurückhaltend, räumte nun aber – und das kommt bei ihm schon einem ungebändigten Wortschwall gleich –, ein: »Wer mich kennt, weiß, dass mich das reizt, dass mich das juckt, dass ich da Erster sein will. Das ist ganz normal, dafür habe ich mich fit gehalten, das war mein großes Ziel.« Nach einer langwierigen Wadenverletzung in der Saison 2013/14 im Klub bei Lazio Rom hatte er sich gewohnt willensstark für den World Cup 2014 aufgepäppelt und zum Turnierstart laut Bundestrainer Joachim Löw »auf den Punkt topfit« gemeldet.

Nachdem Klose beim 4:0-Auftakt gegen Portugal noch 90 Minuten tatenlos hatte zusehen müssen, schickte ihn der DFB-Chefcoach gegen Ghana in der 69. Minute für Mario Götze los. Es stand 1:2. Aber 120 Sekunden später schon 2:2, dank Klose. Toni Kroos hatte von der linken Eckfahne den Ball in die Mitte des Fünfmeterraums geschaufelt und Benedikt Höwedes den Flugball per Kopf Richtung lan-

Historischer Treffer: Miroslav Klose (am Boden) grätscht den Ball zum 2:2 ins Netz und erzielt damit sein 15. WM-Tor.

gen Pfosten verlängert. Dort lauerte Klose und drückte den Ball aus einem Meter über die Linie. »Ich habe ein bisschen spekuliert, dass einer von uns den Ball irgendwie aufs Tor bringt und war mir ziemlich sicher, dass ich nicht im Abseits stehe. Und dann habe ich ihn sicher reingemacht«, schilderte Klose diesen Moment, in dem er Geschichte schrieb: am 21. Juni 2014 um 17.30 Uhr Ortszeit. Daheim in Deutschland war es 22.30 Uhr.

»Schön für mich, dass ich reinkomme und gleich die richtige Nase hatte«, sagte er und fügte an: »Ich hoffe, dass ich noch die eine oder andere Möglichkeit habe, noch mal zu treffen.« Dann würde Klose die eingestellte und mit Ronaldo geteilte Bestmarke für sich allein beanspruchen können. Möge dieser Wunsch des Kollegen in Erfüllung gehen, »unseretwegen kann er noch ein, zwei, drei Tore machen«, sagte Kapitän Philipp Lahm. »Das würde auch uns guttun«, ergänzte Kroos. Die beiden Mittelfeldpartner kritisierten den Kontrollverlust in diesem Ghana-Spiel. Nach bedächtigem Beginn

Match-Daten

Deutschland		Ghana
2	Tore	2
12	Torschüsse gesamt	18
6	Torschüsse aufs Tor	10
11	begangene Fouls	17
530	erfolgreiche Pässe	284
86 %	Passquote	78 %
62 %	Ballbesitz	38 %
53 %	Zweikampfquote	47 %
0	Gelbe Karten	1
0	Rote Karten	0
1	Abseits	5
7	Ecken	3
117 km	Laufstrecke	111 km

Die deutschen Spieler in der Einzelanalyse

#	Spieler	Ballkontakte	Pässe	Passbilanz %	Laufstrecke in km	Zweikampfquote %	Torschüsse	Fouls
1	Manuel NEUER (TW)	42	17	76	5,0	0	0	0
4	Benedikt HÖWEDES	60	36	81	11,0	67	1	0
5	Mats HUMMELS	86	69	86	10,2	64	0	1
6	Sami KHEDIRA bis 69.	64	55	78	8,7	30	1	3
8	Mesut ÖZIL	70	56	82	10,3	38	0	0
13	Thomas MÜLLER	37	25	80	12,2	25	1	2
16	Philipp LAHM (K)	97	85	88	11,8	100	0	0
17	Per MERTESACKER	79	67	97	9,7	50	0	0
18	Toni KROOS	125	99	90	11,7	53	3	0
19	Mario GÖTZE bis 69.	45	28	82	9,1	46	2	2
20	Jerome BOATENG bis 46.	30	24	83	5,1	50	0	0
21	Shkodran MUSTAFI ab 46.	33	27	89	5,9	50	0	0
7	Bastian SCHWEINSTEIGER ab 69.	31	25	88	3,7	100	2	2
11	Miroslav KLOSE ab 69.	7	2	100	2,7	50	2	1

wurde Mario Götzes Kopf-Knie-Treffer zum 1:0 schon drei Minuten später durch André Ayews Kopfballtor ausgeglichen, ehe neun Minuten darauf sogar der 1:2-Rückstand folgte: Asamoah Gyan schoss aus halbrechter Position in die lange Ecke. Aber dann schickte Löw den richtigen Joker los. Es reichte immerhin für einen Punkt. »Wir sind im Soll«, sagte Kroos, »und wir sind stark, keine Sorge!«

Trainer als Sängerknaben: Joachim Löw, Hansi Flick und Andreas Köpke bei der Hymne (links oben). Vom Kopf ans Knie und dann rein: Mario Götze trifft auf unkonventionelle Weise zum 1:0 (links unten).

Blut, Schweiß und Tränen: Thomas Müller zog sich Sekunden vor dem Abpfiff bei einem Zusammenprall eine Platzwunde zu (links oben). Debüt und Comeback: Nach seiner Patellasehnen-Verletzung kam Bastian Schweinsteiger zu seinem ersten Einsatz bei diesem Turnier (links unten).

VORRUNDE Gruppe G

Stimmen zum Spiel

Joachim Löw (Bundestrainer): »Wir haben geführt, dann haben wir zwei Tore aus dem Nichts bekommen. Aber die Mannschaft hat Moral bewiesen, sie ist noch mal zurückgekommen. Die Spieler sind unheimlich erschöpft. Wir wollten einen offenen Schlagabtausch vermeiden. Wir haben es manchmal versäumt, den Zug zum Tor zu suchen, sind nicht hinter die Abwehr gekommen. Klose und Schweinsteiger haben das Spiel belebt. Man kann bei diesem Turnier nicht davon ausgehen, ständig in der Offensive zu sein.«

Wolfgang Niersbach (DFB-Präsident): »Da muss man noch ein paarmal durchatmen, um so ein intensives Spiel zu verkraften. Gut, dass der Miro so schnell geantwortet hat. Ghana war ein unglaublich starker Gegner.«

Philipp Lahm: »Es waren anstrengende 90 Minuten. Das Wetter darf keine Ausrede sein. Wir waren nicht so aggressiv und haben die Räume zu groß gemacht. Aber wir hatten über 90 Minuten die klareren Torchancen. Insgesamt können wir nicht zufrieden sein.«

Shkodran Mustafi: »Beim Ausgleichstor standen wir ein bisschen zu tief. Ich habe den Ball nicht richtig gesehen, weil Per vor mir stand, und dann war ich zu spät.«

James Kwesi Appiah (Nationaltrainer Ghana): »Ich habe immer an uns geglaubt, weil wir bis zum Schluss kämpfen. Wenn man hier die Konzentration verliert, wird es schwer. Deutschland ist im Angriff stets gefährlich, das kann man nicht mit den USA vergleichen.«

Kevin-Prince Boateng (Ghana): »Wir hatten uns vorgenommen zu gewinnen. Aber wir sollten glücklich sein. Es ging hin und her. Deutschland hätte gewinnen können, wir hätten gewinnen können. Der Punkt war gerecht.«

Gary Lineker (englische Fußball-Ikone): »Klose ist unglaublich. Der ultimative Turnier-Knipser.«

Pressestimmen

»Deutschland – Ghana geht voraussichtlich in die Geschichte der Weltmeisterschaft ein: Mit dem etwas überraschenden 2:2 war es ein wunderschönes Match, vor allem in der zweiten Halbzeit. Doch Lob verdient in Wahrheit nur einer: Miroslav Klose.«
GAZZETTA DELLO SPORT (ITALIEN)

»Klose geht in die Geschichte ein: 15 Tore wie Ronaldo. Normale Menschen brauchen Stunden, um der Gemeinschaft einen nützlichen und gerechten Dienst zu erweisen, den Außergewöhnlichen reicht eine Minute. Und Klose ist einfach ein solcher Mensch.«
CORRIERE DELLA SERA (ITALIEN)

»Deutschland und Ghana boten die bisher unterhaltsamste Partie der WM. Das muntere Hin und Her der Angriffe auf beiden Seiten machte Lust auf mehr. Für die neutralen Beobachter wäre es das Beste gewesen, wenn es eine Verlängerung gegeben hätte.«
MARCA (SPANIEN)

»Deutschland ist nicht die unaufhaltsame Maschine, von der viele nach der Demonstration gegen Portugal erwarteten, dass sie die Gruppe G zermalmt.«
LE PARISIEN (FRANKREICH)

»Deutschland zittert gegen Ghana. Gegen dieses robuste, körperlich enorm starke Team aus Afrika hatten die Deutschen arge Probleme, es war fast wie vor vier Jahren in Südafrika, als es beim 1:0 der deutschen Equipe nicht minder eng zugegangen war.«
NEUE ZÜRCHER ZEITUNG (SCHWEIZ)

»Verpufft der Anfangselan der Eröffnungspartie gegen Portugal, verloren gegangen der Spielwitz der Offensiv-Akteure, und verschwunden die Souveränität der ersten 90 WM-Minuten.«
KURIER (ÖSTERREICH)

21. Juni in Fortaleza
Deutschland – Ghana 2:2 (0:0)

Eingewechselt: 46. Mustafi für J. Boateng, 69. Klose für Götze, 69. Schweinsteiger für Khedira – 52. J. Ayew für K.-P. Boateng, 72. Wakaso für Atsu, 78. Agyemang Badu für Rabiu

Tore: 1:0 Götze (51.), 1:1 A. Ayew (54.), 1:2 Gyan (63.), 2:2 Klose (71.)

Gelbe Karte: Muntari

Schiedsrichter: Ricci (Brasilien)

Zuschauer: 59 621

Auf und davon: Mohammed Rabiu kann Mario Götze nur hinterherschauen.

USA – Portugal 2:2

Kein Bock auf Pink

Fußball. Ein Wort, das schon mal in die Irre führen kann. Was sagt es? Dass ein Ball mit Füßen gespielt wird? Richtig. Aber längst nicht alles. Fußball ist eigentlich auch Kopf-, Arm- und sogar Bauchball. Ach ja, und noch mal Kopfball, nur anders. Das zeigte sich beim 2:2 zwischen Deutschlands Gruppengegnern USA und Portugal in der Endphase.

Da sprang der deutsche US-Coach Jürgen Klinsmann an der Seitenlinie auf und ab und hoch und runter. Immer wieder warf er seine Arme mit Wucht nach links, die Linie entlang. Eine simple Geste, die wohl sicher den Sieg für seine Jungs bedeutet hätte. 2:1 führten sie und mussten nur noch zweieinhalb Minuten Paulchen Panther spielen, also an der Uhr drehen. Sie mussten also den Kopf einschalten. Aber sie ignorierten Klinsmanns richtige Anweisung, ganz einfach mit der Kugel zur Eckfahne zu laufen. Ecke oder Einwurf oder Freistoß oder gar nichts rauszuholen. Hauptsache Ballbesitz. Oder sie bekamen des Trainers Wunsch einfach nicht mit. Also machten sie alles – nur nicht Zeit schinden an der Eckfahne. Sondern verloren den Ball.

Es kam, was kommen sollte, wenn Joachim Löw das Drehbuch geschrieben hätte: Keiner siegte, Portugal glich aus. Cristiano Ronaldo, der nach beachtlicher Anfangsphase nicht mehr so oft am Spiel teilnahm und lieber Paulchen Panther geschaut hätte, flankte 20 Sekunden vor Schluss, also in der fünften Minute der Nachspielzeit, in den US-Strafraum, in dem Joker Varela mit einem herrlichen Kopfball das 2:2 erzielte. Und so brachte das erste Bauchtor durch Clint Dempseys Sixpack keine drei Punkte.

Er und Jermaine Jones hatten nach Nanis Führung, geplant mit dem Kopf, vollendet mit dem Fuß, das Match gedreht. Scheinbar. Wundern muss man sich nicht: In den USA ist der Pink-Panther-Schriftzug blau und schwarz.

Portugal – Ghana 2:1

»CR7« – bei großen Turnieren keine große Marke

In den Tagen vor dem letzten Gruppenspiel hatte Cristiano Ronaldo deutliche Worte gefunden. »Wir sind eine limitierte Mannschaft und nicht auf dem besten Level«, sagte der Superstar Portugals,

Auf dem Hosenboden gelandet: Ghanas Torhüter Fatawu Dauda (Nummer 16) und Verteidiger John Boye

»andere Teams sind besser. Gegen Top-Teams reicht es nicht.« Seine Ansprache vollendete der amtierende Weltfußballer mit den Worten: »Es gibt keine Wunder!« Dass die »Selecao« gegen Ghana nicht das benötigte Wunder in Form eines

23. Juni in Manaus
USA – Portugal 2:2 (0:1)

Eingewechselt: 72. Yedlin für Bedoya, 87. Wondolowski für Dempsey, 90./+1 Gonzalez für Zusi – 16. Eder für Helder Postiga, 46. William Carvalho für André Almeida, 69. Varela für Raul Meireles

Tore: 0:1 Nani (5.), 1:1 Jones (64.), 2:1 Dempsey (81.), 2:2 Varela (90./+5)

Gelbe Karte: Jones

Schiedsrichter: Pitana (Argentinien)

Zuschauer: 40 123

VORRUNDE
Gruppe G

Kantersieges schaffte, lag auch am portugiesischen Kapitän. Gleich reihenweise vergab Ronaldo große Chancen, ehe er doch noch den Siegtreffer erzielte. Und so blieb dem Poster-Boy des Weltfußballs, der sich so sehr über persönliche Auszeichnungen definiert, lediglich die Trophäe für den »Man of the Match«, wo er doch liebend gerne den WM-Pokal oder zumindest den des besten WM-Spielers oder des besten WM-Torschützen gewonnen hätte. Aber wie meist bei großen Turnieren war »CR7« auch in Brasilien keine große Marke. Auch wenn er den Rekord von Jürgen Klinsmann einstellte und bei seinem sechsten großen Turnier nacheinander einen Treffer erzielte. So aber kämpfte Ronaldo mit den Tränen, als Portugals erstes Vorrunden-Aus bei einer WM seit 2002 feststand.

Zwei der ghanaischen Stars waren derweil beim letzten Spiel gar nicht mehr dabei. Ghanas Verband GFA hatte Kevin-Prince Boateng und Sulley Muntari kurz vor dem Spiel gegen Portugal suspendiert. Boateng wurde vorgeworfen, Trainer Kwesi Appiah beleidigt zu haben, wenige Stunden vor der Partie

Der Schuss zum Sieg: Cristiano Ronaldo erzielt das 2:1 gegen Ghana. Gebracht hat es nichts.

wurde er sogar aus dem Mannschafts-Quartier verwiesen. Muntari war angeblich auf einen Funktionär losgegangen. Boateng bestritt die Vorwürfe, aber ebenso wie Muntari konnte er seinem Team in der letzten Partie nicht mehr helfen. So stand am Ende die zweite Niederlage im dritten Spiel – und das vorzeitige Aus für Ghana.

26. Juni in Brasilia
Portugal – Ghana 2:1 (1:0)

Eingewechselt: 61. Varela für Joao Pereira, 69. Vieirinha für Eder, 89. Eduardo für Beto – 71. J. Ayew für Waris, 76. Acquah für Rabiu, 81. Wakaso für A. Ayew

Tore: 1:0 Boye (31., ET), 1:1 Gyan (57.), 2:1 Cristiano Ronaldo (80.)

Gelbe Karten: Joao Moutinho – Afful, Waris, J. Ayew

Schiedsrichter: Shukralla (Bahrain)

Zuschauer: 67540

USA – Deutschland 0:1

Schweiger Schweinsteiger und das Spiel ohne Verlierer

Er redet nicht, zumindest nicht öffentlich. Er will nicht einmal sagen, warum er nichts sagen will, nicht einmal die PR-Profis in der DFB-Medienabteilung wissen die Antwort. Seit der Ankunft in Brasilien geht das nun schon so, drei Wochen lang kein öffentliches Wort von Bastian Schweinsteiger. Anfangs durfte man es sich noch damit erklären, dass der Vizekapitän sportlich erst den Anschluss finden wolle, nachdem ihn seit dem letzten Bundesliga-Spieltag hartnäckige Beschwerden an der Patellasehne plagten. Nach dem 25-Minuten-Comeback im zweiten Gruppenspiel gegen Ghana konnte man ihm ja noch zugute halten, dass ihm der Kurzeinsatz vielleicht zu kurz war, um schon große Worte zu verlieren.

Nach dem durch das 1:0 gegen Jürgen Klinsmann und dessen US-Team besiegelten Achtelfinal-Einzug aber fehlten einem die Worte, warum das Gegenüber noch immer keine Worte in den Mund nimmt. Die Interviewer des ZDF am Spielfeldrand ließ er ebenso abblitzen wie später auch die Schar der Medienvertreter in den Katakomben der Arena Pernambuco in Recife. Wie eine Diva stolzierte der trotz seiner erst 29 Jahre schon leicht ergraute Mittelfeldspieler, seinen Rollkoffer aufreizend hinter sich herziehend, in Richtung Mannschaftsbus.

Dabei hätte er einiges zu erzählen gehabt nach seinem 104. Länderspiel, seiner Rückkehr in die Startformation, einem markanten Auftritt im Dauerregen von Recife. Schweinsteiger war für Sami Khedira in die Anfangself gerückt, seinen Weggefährten bei der WM 2010 und der EURO 2012, der nun sein Rivale geworden war um den einzigen freien Platz im Mittelfeldzentrum. Philipp Lahm und Toni Kroos sind dort gesetzt, und der mit seinem Kreuzbandriss den Anschluss suchende Khedira hatte als dritte Kraft gegen Ghana etliche Argumente für eine schöpferische Pause geliefert. Schweinsteiger nutzte seinen Auf-

Gratulation vom Chef: Joachim Löw (links) beglückwünscht Bastian Schweinsteiger nach dessen Auswechslung zur starken Leistung.

Rückdeckung für den Künstler: Joachim Löw mit Mesut Özil

Die deutschen Spieler in der Einzelanalyse

#	Spieler	Ballkontakte	Pässe	Passbilanz %	Laufstrecke in km	Zweikampfquote %	Torschüsse	Fouls
1	Manuel NEUER (TW)	37	25	84	4,8	100	0	0
4	Benedikt HÖWEDES	72	53	87	10,8	55	0	2
5	Mats HUMMELS	71	59	97	10,0	50	0	1
7	Bastian SCHWEINSTEIGER bis 76.	102	85	87	9,6	67	1	2
8	Mesut ÖZIL bis 89.	75	62	89	10,0	38	2	1
10	Lukas PODOLSKI bis 46.	31	20	90	5,3	67	2	0
13	Thomas MÜLLER	43	28	86	11,0	43	2	0
16	Philipp LAHM (K)	125	116	95	11,7	60	0	1
17	Per MERTESACKER	114	109	96	9,6	100	1	0
18	Toni KROOS	122	112	94	11,0	33	2	0
20	Jerome BOATENG	73	54	91	10,5	40	0	1
11	Miroslav KLOSE ab 46.	15	8	75	5,1	60	1	1
19	Mario GÖTZE ab 76.	24	17	76	2,5	50	0	0
9	André SCHÜRRLE ab 89.	4	3	100	0,7	0	1	0

Match-Daten

USA		Deutschland
0	Tore	1
4	Torschüsse gesamt	13
1	Torschüsse aufs Tor	9
15	begangene Fouls	9
295	erfolgreiche Pässe	686
83 %	Passquote	91 %
32 %	Ballbesitz	68 %
46 %	Zweikampfquote	54 %
2	Gelbe Karten	1
0	Rote Karten	0
2	Abseits	7
3	Ecken	3
115 km	Laufstrecke	113 km

VORRUNDE
Gruppe G

Maßarbeit: Thomas Müller sorgt mit einem technisch anspruchsvollen Schuss für das Siegtor.

tritt, wie auch Joachim Löw treffend feststellte. »Er war kämpferisch sehr, sehr gut, solange seine Kräfte gereicht haben«, so der Bundestrainer. »Er hatte ein hohes Laufpensum und war auch dafür verantwortlich, dass wir eine gute Organisation hatten.« Manuel Neuer, der abgesehen von der Nachspielzeit geruhsame 90 Minuten erlebte, lobte gleichfalls die Rückkehr des Routiniers: »Er ist ein Strate-

26. Juni in Recife
USA – Deutschland 0:1 (0:0)

Eingewechselt: 59. Bedoya für Davis, 84. Yedlin für Zusi – 46. Klose für Podolski, 76. Götze für Schweinsteiger, 89. Schürrle für Özil

Tor: 0:1 Müller (55.)

Gelbe Karten: Gonzalez, Beckerman – Höwedes

Schiedsrichter: Irmatov (Usbekistan)

Zuschauer: 41 876

ge. Man sieht, dass er das Spiel auch kontrolliert und den Rhythmus vorgibt. Da tut uns einfach gut, dass jemand ein bisschen die Kontrolle hat.«
Zum »Man of the Match« aber wurde wie schon gegen Portugal Thomas Müller erkoren, der seinem Dreierpack aus dem Eröffnungsspiel den Siegtreffer folgen ließ und damit den Gruppensieg perfekt machte. Zur Abwechslung mal kein schnöder Abstauber, kein Kopfball und auch kein cool verwandelter Elfmeter, sondern ein ebenso unhaltbarer wie technisch anspruchsvoller Schuss von der Strafraumgrenze. »Er ist 365 Tage im Jahr im Spielmodus. Und im Spielmodus bringst du die besten Leistungen«, urteilte Per Mertesacker.

Pressestimmen

»Die USA stehen dank der Hilfe von Portugal in der nächsten Runde. Deutschland schlägt die Vereinigten Staaten und gewinnt die Gruppe G, aber die Amerikaner marschieren in die K.-o.-Phase, nachdem Portugal Ghana mit 2:1 geschlagen hat.«
NEW YORK TIMES (USA)

»Gestolpert, aber weiter. Trotz einer 1:0-Niederlage gegen Deutschland im letzten Gruppenspiel marschieren die USA ins Achtelfinale. Freude in Brasilien und in der Heimat.«
WASHINGTON POST (USA)

»Die Deutschen sprechen das Resultat nicht wie vor 32 Jahren ab und schlagen die USA knapp. Zum Glück für den Fußball wurde zwischen Deutschland und den USA sauber gespielt. Die USA konnten erst durchatmen, als Cristiano Ronaldo gegen Ghana traf. Deutschland schuldete dem Fußball seine Ehre und zahlte seine Bringschuld.«
EL PAIS (SPANIEN)

»Deutschland schenkt den USA nichts doch Obama feiert Klinsmanns Team, das trotz der Niederlage ins Achtelfinale gelangt. Deutschland schafft es als Nummer eins seiner Gruppe und bezeugt wieder einmal all seine Stärke gegen eine Mannschaft wie die USA, die entschlossen und hart kämpft.«
CORRIERE DELLO SPORT (ITALIEN)

»Thomas Müller entscheidet das Duell mit den USA: Klinsmann und Löw haben

Da staunt der US-Verteidiger Fabian Johnson (rechts): Thomas Müller mit unkonventioneller Haltung

In Gefahr geriet der Gruppensieg eigentlich nie, zu limitiert und wenig risikobereit waren die US-Amerikaner, denen schon ein Unentschieden sicher zum Weiterkommen gereicht hätte. Und denen dank der portugiesischen Schützenhilfe im Parallelspiel gegen Ghana selbst die erste Turnierniederlage nicht den Weg ins Achtelfinale gegen Belgien versperrte. So wurde es am Ende ein Spiel ohne Verlierer und mit zwei strahlenden Trainern: Joachim Löw und Jürgen Klinsmann, die gemeinsam das WM-Sommermärchen 2006 kreierten und Freunde fürs Leben wurden, umarmten sich nach dem Schlusspfiff herzlich. Für den einstigen DFB-Teamchef bedeutete das Weiterkommen mit der Auswahl seiner Wahlheimat einen bemerkenswerten Achtungserfolg, für Löw indes war es eine Pflichtübung. »Jetzt«, so brachte es Kapitän Philipp Lahm auf den Punkt, »fängt das Turnier erst richtig an.«

Vorbeigerutscht: US-Kapitän Clint Dempsey (hinten) verliert das Duell gegen Mesut Özil (Bild oben).

Abwehrchef mit Ex-Boss: Per Mertesacker (rechts) und Jürgen Klinsmann

VORRUNDE
Gruppe G

alles getan, damit es zwischen ihren beiden Mannschaften nicht zu einem Remis kommt. Am Schluss siegt Deutschland, sie haben das Match dominiert. Doch die Partie zwischen den beiden Teams war ein echter Kampf mit einem mehr athletischen als technischen Fußball.«

REPUBBLICA (ITALIEN)

»Freude im US-Team trotz Müllers Magie. Wieder einmal schaffte es Deutschland,

ein 1:0 über die Zeit zu bringen, als es nötig war.«

TIMES (ENGLAND)

»Deutschland hat das Spiel gespielt. Obwohl beiden Mannschaften ein Unentschieden gereicht hätte, hat Deutschland alles getan, um zu gewinnen. 32 Jahre nach dem Match der Schande zwischen Deutschland und Österreich hat die Bande um Joachim Löw Rummenigge, Schumacher und Konsorten nicht imitiert.«   L'EQUIPE (FRANKREICH)

Stimmen zum Spiel

Joachim Löw (Bundestrainer): »Ich glaube, dass wir das Spiel souverän gestaltet haben. Wir haben aus einer guten Organisation gespielt, große Teile des Spiels gemacht. Wir haben bis auf die Schlussphase keine Chance zugelassen. Wir haben allerdings den letzten Pass leider vermissen lassen. Bastian Schweinsteiger hat die Sache sehr, sehr gut gemacht. Ich wollte Sami Khedira eine Pause können. Lukas Podolski hat keine Bindung gefunden, deshalb musste ich zur Pause wechseln. Die USA sind überraschend weitergekommen, die hatte man nicht so auf der Rechnung.«

Jürgen Klinsmann (Nationaltrainer USA): »Es ist gewaltig. Wir wollten ein Unentschieden, aber wir hatten am Anfang zu viel Respekt. Wir haben leider zu wenige Chancen kreiert. Für uns ist es immens, dass wir diese Gruppe überstanden haben. Wir hätten ein bisschen mehr Ballbesitz gebraucht. Wir haben die Gruppe überstanden, aber wir können es besser.«

Thomas Müller: »Jetzt habe ich tatsächlich mal ein schönes Tor gemacht, mir fällt auch mal einer vor den Fuß. Wir waren die ganz klar feldüberlegene Mannschaft. Besonders am Anfang waren wir stark, dann wurde es gegen tief stehende Amerikaner schwieriger. Aber insgesamt haben wir ein sehr gutes Spiel gemacht. Ich bin mit der Mannschaft sehr zufrieden.«

Per Mertesacker: »Ich denke, wir sind verdient eine Runde weiter. Wir haben stabil agiert und gezeigt, dass wir mutig spielen und hoch verteidigen können, dass wir auch über ein ganzes Spiel attackieren können. Es waren drei komplett unterschiedliche Gegner. Jedes Spiel hatte seinen eigenen Charakter. Daraus ziehen wir sehr viel Mut.«

Omar Gonzalez (Verteidiger USA): »Das Unentschieden im Spiel davor fühlte sich wie eine Niederlage an, die Niederlage diesmal wie ein Sieg. Das ist ziemlich seltsam. Aber unsere Mission war es von Anfang an, in die nächste Runde zu kommen.«

Belgien – Algerien		2:1 (0:1)
Russland – Südkorea		1:1 (0:0)
Belgien – Russland		1:0 (0:0)
Südkorea – Algerien		2:4 (0:3)
Südkorea – Belgien		0:1 (0:0)
Algerien – Russland		1:1 (0:1)

1.	Belgien	3	4:1	9
2.	Algerien	3	6:5	4
3.	Russland	3	2:3	2
4.	Südkorea	3	3:6	1

Verstimmt: Für Fabio Capello und sein Team war nach der Vorrunde Schluss, an die eigene Nase wollte sich Russlands Coach aber nicht fassen (kleines Bild). Geheimfavorit sein tut manchmal weh: Der Belgier Eden Hazard (rechts) gegen den Algerier Saphir Taider.

VORRUNDE
Gruppe H

**Belgien
Algerien
Russland
Südkorea**

Sie galten als Geheimfavorit und hatten an der Last offenbar zu tragen. Jedenfalls agierte die hoch gehandelte belgische Mannschaft lange nicht so überzeugend wie in der Qualifikation. Die Resultate stimmten jedoch, das Team von Marc Wilmots zog mit der optimalen Punktausbeute unangefochten ins Achtelfinale ein. Auch Algerien kam weiter und leistete damit Historisches. Bei ihrer vierten WM-Teilnahme überstanden die Nordafrikaner erstmals die Vorrunde. Russland fehlte am Ende ein Tor und damit der notwendige Sieg, während Südkorea in allen drei Begegnungen maßlos enttäuschte.

Belgien

1. Thibaut Courtois, 11.05.1992 (Atletico Madrid)
2. Toby Alderweireld, 02.03.1989 (Atletico Madrid)
3. Thomas Vermaelen, 14.11.1985 (FC Arsenal)
4. Vincent Kompany, 10.04.1986 (Manchester City)
5. Jan Vertonghen, 24.04.1987 (Tottenham Hotspur)
6. Axel Witsel, 12.01.1989 (Zenit St. Petersburg)
7. Kevin de Bruyne, 28.06.1991 (VfL Wolfsburg)
8. Marouane Fellaini, 22.11.1987 (Manchester United)
9. Romelu Lukaku, 13.05.1993 (FC Everton)
10. Eden Hazard, 07.01.1991 (FC Chelsea)
11. Kevin Mirallas, 05.10.1987 (FC Everton)
12. Simon Mignolet, 06.03.1988 (FC Liverpool)
13. Sammy Bossut, 11.08.1985 (SV Zulte Waregem)
14. Dries Mertens, 06.05.1987 (SSC Neapel)
15. Daniel van Buyten, 07.02.1978 (Bayern München)
16. Steven Defour, 15.04.1988 (FC Porto)
17. Divock Origi, 18.04.1995 (Lille OSC)
18. Nicolas Lombaerts, 20.03.1985 (Zenit St. Petersburg)
19. Moussa Dembelé, 16.07.1987 (Tottenham Hotspur)
20. Adnan Januzaj, 05.02.1995 (Manchester United)
21. Anthony Vanden Borre, 24.10.1987 (RSC Anderlecht)
22. Nacer Chadli, 02.08.1989 (Tottenham Hotspur)
23. Laurent Ciman, 05.08.1985 (Standard Lüttich)

Trainer: Marc Wilmots

Algerien

1. Cedric Si Mohamed, 09.01.1985 (CS Constantine)
2. Madjid Bougherra, 07.10.1982 (Lekhwiya Sports Club Doha)
3. Faouzi Ghoulam, 01.02.1991 (SSC Neapel)
4. Essaid Belkalem, 01.01.1989 (FC Watford)
5. Rafik Halliche, 02.09.1986 (Academica Coimbra)
6. Djamel Mesbah, 09.10.1984 (AS Livorno)
7. Hassan Yebda, 14.05.1984 (Udinese Calcio)
8. Mehdi Lacen, 15.03.1984 (FC Getafe)
9. Nabil Ghilas, 20.04.1990 (FC Porto)
10. Sofiane Feghouli, 26.12.1989 (FC Valencia)
11. Yacine Brahimi, 08.02.1990 (FC Granada)
12. Carl Medjani, 15.05.1985 (Valenciennes FC)
13. Islam Slimani, 18.06.1988 (Sporting Lissabon)
14. Nabil Bentaleb, 24.11.1994 (Tottenham Hotspur)
15. El Arbi Hillel Soudani, 25.11.1987 (Dinamo Zagreb)
16. Mohamed Zemmamouche, 19.03.1985 (USM Algier)
17. Liassine Cadamuro, 05.03.1988 (RCD Mallorca)
18. Abdelmoumene Djabou, 31.01.1987 (Club Africain Tunis)
19. Saphir Taider, 29.02.1992 (Inter Mailand)
20. Aissa Mandi, 22.10.1991 (Stade Reims)
21. Riyad Mahrez, 21.02.1991 (Leicester City)
22. Mehdi Mostefa, 30.08.1983 (AC Ajaccio)
23. Rais M'Bohli, 25.04.1986 (ZSKA Sofia)

Trainer: Vahid Halilhodzic

Russland

1. Igor Akinfeev, 08.04.1986 (ZSKA Moskau)
2. Aleksei Kozlov, 25.12.1986 (Dynamo Moskau)
3. Georgiy Shchennikov, 27.04.1991 (ZSKA Moskau)
4. Sergey Ignashevich, 14.07.1979 (ZSKA Moskau)
5. Andrei Semenov, 24.03.1989 (Terek Grosny)
6. Maksim Kanunnikov, 14.07.1991 (Amkar Perm)
7. Igor Denisov, 17.05.1984 (Dynamo Moskau)
8. Denis Glushakov, 27.01.1987 (Spartak Moskau)
9. Aleksandr Kokorin, 19.03.1991 (Dynamo Moskau)
10. Alan Dzagoev, 17.06.1990 (ZSKA Moskau)
11. Aleksandr Kerzhakov, 27.11.1982 (Zenit St. Petersburg)
12. Yuri Lodygin, 26.05.1990 (Zenit St. Petersburg)
13. Vladimir Granat, 22.05.1987 (Dynamo Moskau)
14. Vasiliy Berezutskiy, 20.06.1982 (ZSKA Moskau)
15. Pavel Mogilevets, 25.01.1993 (Rubin Kasan)
16. Sergey Ryzhikov, 19.09.1980 (Rubin Kasan)
17. Oleg Shatov, 29.07.1990 (Zenit St. Petersburg)
18. Yuriy Zhirkov, 20.08.1983 (Dynamo Moskau)
19. Aleksandr Samedov, 19.07.1984 (Lokomotive Moskau)
20. Viktor Fayzulin, 22.04.1986 (Zenit St. Petersburg)
21. Aleksey Ionov, 18.02.1989 (Dynamo Moskau)
22. Andrey Yeshchenko, 09.02.1984 (Anschi Machatschkala)
23. Dimitry Kombarov, 22.01.1987 (Spartak Moskau)

Trainer: Fabio Capello

Südkorea

1. Sung-Ryong Jung, 04.01.1985 (Suwon Blue Wings)
2. Chang-Soo Kim, 12.09.1985 (Kashiwa Reysol)
3. Suk-Young Yun, 13.02.1990 (Queens Park Rangers)
4. Tae-Hwi Kwak, 08.07.1981 (Al-Hilal Riad)
5. Young-Gwon Kim, 27.02.1990 (Guangzhou Evergrande FC)
6. Seok-Ho Hwang, 27.06.1989 (Sanfrecce Hiroshima)
7. Bo-Kyung Kim, 06.10.1989 (Cardiff City)
8. Dae-Sung Ha, 02.03.1985 (Beijing Guo'an)
9. Heung-Min Son, 08.07.1992 (Bayer 04 Leverkusen)
10. Chu-Young Park, 10.07.1985 (FC Watford)
11. Keun-Ho Lee, 11.04.1985 (Sangju Sangmu)
12. Yong Lee, 24.12.1986 (Ulsan Hyundai)
13. Ja-Cheol Koo, 27.02.1989 (1. FSV Mainz 05)
14. Kook-Young Han, 19.04.1990 (Kashiwa Reysol)
15. Jong-Woo Park, 10.03.1989 (Guangzhou R&F)
16. Sung-Yong Ki, 24.01.1989 (AFC Sunderland)
17. Chung-Yong Lee, 02.07.1988 (Bolton Wanderers)
18. Shin-Wook Kim, 14.04.1988 (Ulsan Hyundai)
19. Dong-Won Ji, 28.05.1991 (FC Augsburg)
20. Jeong-Ho Hong, 12.08.1989 (FC Augsburg)
21. Seung-Gyu Kim, 30.09.1990 (Ulsan Hyundai)
22. Joo-Ho Park, 16.01.1987 (1. FSV Mainz 05)
23. Bum-Young Lee, 02.04.1989 (Busan I'Park)

Trainer: Myung-Bo Hong

Vorbildliche Haltung: Dries Mertens hat abgezogen und erzielt den Siegtreffer für Belgien.

Belgien – Algerien 2:1

Berge versetzt, Negativrekord verhindert

Der mit Abstand höchste Berg des Sonnensystems ist der Olympus Mons auf dem Mars. Dieser hat eine Höhe von 26400 Metern. Was das mit Fußball zu tun hat? Nichts. Aber warum sollten wir an dieser Stelle über die Leistung der Belgier in der ersten Halbzeit gegen Algerien berichten? Die hatte ja auch nichts mit Fußball zu tun. Erstaunlich war nur, dass die FIFA-Offiziellen die Bleiwesten nicht bemerkten, die das Team von Marc Wilmots trug. Wie? Stimmt nicht? Eine andere Erklärung für eine derart einfallslose, leidenschaftslose und gehemmte Vorstellung muss man aber erst mal (er)finden.

Wie auch immer, wahrscheinlich war das der immense Druck, der vor diesem ersten Spiel auf dem gar nicht mehr so geheimen Geheimfavoriten lastete. Sein afrikanischer Gegner jedenfalls machte aus seinen bescheidenen Mitteln das Beste, verteidigte schlau und verdiente sich die 1:0-Halbzeitführung. Für die zeichnete Sofiane Feghouli verantwortlich, der einen Foulelfmeter verwandelte, nachdem er selbst von Jan Vertonghen gelegt worden war. Es war ein besonderer Treffer, denn es war der erste algerische WM-Elfmeter und der erste WM-Treffer des Landes seit 1986 und 506 Spielminuten. Damit bleibt der Minusrekord Boliviens von 516 torlosen WM-Minuten bestehen.

Nicht standhaft blieb Algeriens Abwehr, denn Belgien steigerte sich und drehte dank der Treffer von Marouane Fellaini und Dries Mertens das Match doch noch. Beide hatte Wilmots eingewechselt und damit bewiesen, dass er kühlen Kopf behielt, obwohl der Vierte Offizielle ihm befahl, sein Sakko anzuziehen, da Wilmots' weißes Hemd zu sehr dem Trikot der Algerier ähnelte und sich der Schiedsrichterassistent irritiert fühlte. Wilmots war es egal, vor lauter Freude über Belgiens ersten WM-Sieg seit 2002 hätte er wohl auch den Olympus Mons bezwungen.

17. Juni in Belo Horizonte
Belgien – Algerien 2:1 (0:1)

Eingewechselt: 46. Mertens für Chadli, 58. Origi für Lukaku, 65. Fellaini für Dembélé – 66. Slimani für Soudani, 71. Lacen für Mahrez, 84. Ghilas für Medjani

Tore: 0:1 Feghouli (25., FE), 1:1 Fellaini (70.), 2:1 Mertens (80.)

Gelbe Karten: Vertonghen – Bentaleb

Schiedsrichter: Rodriguez (Mexiko)

Zuschauer: 56800

106

VORRUNDE
Gruppe H

Russland – Südkorea 1:1
Kerzhakov sorgt für das Geburtstagsgeschenk

Der Ball liegt im Netz und Igor Akinfeev auf dem Rücken. Sekundenlang verharrt der russische Torhüter in dieser Position, er schlägt die Hände vors Gesicht, regungslos, fassungslos. Es sind jene Hände, die ihn nur Augenblicke zuvor im Stich gelassen haben. Bei einem Fernschuss von Keun-Ho Lee zögert Akinfeev. Er weiß nicht recht, ob er fausten oder fangen soll. Am Ende flutscht ihm der nicht sonderlich platzierte Ball über die geöffneten Handflächen ins Tor.
Noch als seine Vorderleute den Anstoß ausführen und Akinfeev wieder steht, hält er sich die Hände vors Gesicht. Die Begegnung in Cuiaba endet 1:1, weil die Russen nach diesem Slapstick-Gegentor all ihre Wut und ihren Trotz in ihr Spiel legen und durch die eingewechselten Alan Dzagoev und Aleksandr Kerzhakov, der aus der Drehung zum Ausgleich trifft, auch mehr Wucht haben. Dieser eine Punkt verhindert den Fehlstart, aber er kann Akinfeevs Laune ebenso wenig aufhellen wie der Trost und die Umarmungen der Kollegen.
»Am Ball lag es nicht«, sagt der erfahrene Schlussmann von ZSKA Moskau. »Vielleicht hatte ich zu wenig Selbstvertrauen. Ich habe mich bei meinem Team entschuldigt, es war ein Anfängerfehler. So etwas darf einem Nationaltorhüter nicht passieren.« Das Malheur hat sich angedeutet, schon vor dem Tor der Südkoreaner lässt Akinfeev mehrere Schüsse aus der Distanz prallen. So fatal der Fehler ist, so stark ist die Reaktion der Russen, die erstmals seit 2002 wieder an einer WM teilnehmen. »Am Anfang waren meine Spieler nervös. Aber nach dem Gegentreffer haben sie gezeigt, wozu sie in der Lage sind«, bilanziert Trainer Fabio Capello, der wenige Stunden nach dem Spiel 68 Jahre alt wurde. »Die Reaktion nach dem Rückstand war mein schönstes Geburtstagsgeschenk.« Der entscheidende Mann ist Sturmroutinier Kerzhakov, der Einzige im russischen Kader, der schon 2002 zum Einsatz kam. »Er ist ein fantastischer Spieler«, lobt Capello den 31-Jährigen. »Er kann immer ein Tor machen.«

Hoppla: Igor Akinfeev ist der Ball durch die Finger gerutscht, Japan führt 1:0 (kleines Bild links).

Alles Ziehen und Zerren hilft nichts: Marouane Fellaini verlängert die Flanke von Kevin de Bruyne zum 1:1 ins Netz.

18. Juni in Cuiaba
Russland – Südkorea 1:1 (0:0)

Eingewechselt: 59. Dzagoev für Shatov, 71. Kerzhakov für Zhirkov, 72. Denisov für Glushakov – 56. K.-H. Lee für C.-Y. Park, 72. Hwang für Hong, 83. B.-K. Kim für Son

Tore: 0:1 K.-H. Lee (68.), 1:1 Kerzhakov (74.)

Gelbe Karten: Shatov – Son, Ki, Koo

Schiedsrichter: Pitana (Argentinien)

Zuschauer: 37 603

Belgien – Russland 1:0

Pflicht erfüllt – Schmucklos ins Achtelfinale

Belgiens König Philippe und Frau Mathilde applaudieren von der Ehrentribüne des Maracana. Der, dem der royale Beifall in erster Linie gilt, hält kurz inne, ehe er das Geschehen einordnet. »Dieses Tor«, sagt Divock Origi, »werde ich mein Leben lang nicht vergessen.« Erst durch den verletzungsbedingten Ausfall von Christian Benteke ist Origi, der im April 19 Jahre alt wurde, überhaupt in den WM-Kader gerutscht. Gegen Russland macht der Angreifer des OSC Lille ein Tor, das das Land vor Glück beben ließ. Belgien hat wie schon gegen Algerien spielerisch kaum überzeugt, aber es hat den Punch – und das goldene Händchen von Marc Wilmots, dessen Einwechslungen im zweiten Spiel das dritte Joker-Tor bringen. Zufall kann das kaum mehr sein. »Wenn du etwas wagst, kannst du Ergebnisse erzwingen«, sagt Wilmots. »Das haben wir getan. Wir waren frischer und besser. Ich habe

Kommt ein Russe geflogen: Maksim Kanunnikov im Duell mit dem Belgier Toby Alderweireld (großes Bild).

ter der Russen, nimmt den Gang der Dinge lakonisch hin: »Die Schiedsrichter machen Fehler, wie wir Fehler machen.« Die Russen machen unterm Strich ein paar Fehler zu viel. Hinten wie vorn. Es mangelt ihrem Spiel vor allem an Wucht. Matchwinner Origi, dessen Vater Mike in Nairobi geboren wurde und sich später in Belgien 15 Jahre lang als Profi verdingt hat, schreibt nebenbei Geschichte: Er ist der erste Teenager seit Lionel Messi 2006 gegen Serbien und Montenegro, der bei einer WM-Endrunde ein Tor erzielt. Für Belgien ist das eine gute Botschaft, denn Top-Stürmer Romelu Lukaku ist kaum zu sehen, Ideengeber Eden Hazard taucht immer wieder ab. Belgien gewinnt trotzdem. Die Pflicht ist früh erfüllt, jetzt kommt die Kür.

Später Schuss ins Glück: Der eingewechselte Divock Origi erzielt den Siegtreffer für Belgien.

gesehen, dass die Russen kein Benzin mehr im Tank hatten.«
So ist das mit den Belgiern in diesen Tagen. Sie bündeln Spirit und Sprit, sie schlagen spät zu – und stehen nach 180 Minuten eher schmucklosen Fußballs im Achtelfinale. Die Russen wehren sich, vor allem Viktor Fayzulin und der neu ins Team gerutschte Maksim Kanunnikov setzen Akzente. Der deutsche Referee Felix Brych verweigert Kanunnikov nach 26 Minuten und einem Foul von Toby Alderweireld einen Elfmeter. Fabio Capello, der italienische Zuchtmeis-

22. Juni in Rio de Janeiro
Belgien – Russland 1:0 (0:0)

Eingewechselt: 31. Vertonghen für Vermaelen, 57. Origi für Lukaku, 75. Mirallas für Mertens – 62. Yeshchenko für Kozlov, 83. Dzagoev für Shatov, 90. Kerzhakov für Samedov

Tor: 1:0 Origi (88.)

Gelbe Karten: Witsel, Alderweireld – Glushakov

Schiedsrichter: Dr. Brych (München)

Zuschauer: 73 819

108

VORRUNDE
Gruppe H

Südkorea – Algerien 2:4

Selbstkritik und Eigenlob

Auch von zwei Südkoreanern nicht aufzuhalten: Islam Slimani auf dem Weg zum 1:0 für Algerien

Einen derartigen Rückfall hatte Myung-Bo Hong nicht für möglich gehalten. Es war erst wenige Tage her, dass Südkoreas Nationalcoach nach der 0:4-Schmach bei der WM-Generalprobe gegen Ghana das sorglose Defensivverhalten ausführlich aufgearbeitet hatte. Hong, jener elegante Libero und Innenverteidiger des Überraschungsvierten bei der Heim-WM 2002, musste beim ersten Gruppenspiel gegen Russland den Eindruck gewinnen, die Maßnahme habe gefruchtet. Er irrte.

Speziell in der hintersten Verteidigungslinie verhielten sich seine Nachfolger gegen Algerien derart naiv, dass erstmals ein afrikanisches Team bei einer WM-Endrunde vier Tore erzielen konnte. »Wenn es total scheiße läuft, dann funktioniert einfach nichts«, schimpfte Torschütze Heung-Min Son. »Wir haben viel über unsere Defensive diskutiert – und dann läuft beim ersten Tor der algerische Stürmer einfach so durch.« Die mangelnde Absprache der desorientierten Innenverteidiger Young-Gwon Kim und Jeong-Ho Hong verursachte auch das 0:3, beide Treffer fielen nach langen Schlägen aus Algeriens Hälfte. Eine verunglückte Flugeinlage von Torhüter Sung-Ryong Jung und ein simpler Doppelpass, der die versprengte asiatische Abwehr lächerlich aussehen ließ, rundeten die WM-unwürdige Defensivvorstellung der »Taeguk Warriors« ab. Trainer Hong übte Selbstkritik: »Wir haben auch Fehler in der Vorbereitung gemacht.«

Vahid Halilhodzic hingegen, der nach dem 1:2 gegen Belgien medial heftig kritisierte Coach, nutzte Algeriens ersten WM-Sieg seit 32 Jahren durch das auf fünf Positionen veränderte Team zu einer stolzen Verteidigungsrede. »Ich bin vor drei Jahren nach Algerien gekommen, und die Lage glich einem Desaster. Wir mussten von vorne beginnen«, stellte der Bosnier klar und widersprach den Gerüchten, die Mannschaft und der Verbandspräsident hätten ihm die Aufstellung diktiert. Stattdessen lobte er sich selbst: »Die Kritik war unfair. Ich habe die Taktik gegen Südkorea vorbereitet. Ich war es.«

---

22. Juni in Porto Alegre
Südkorea – Algerien 2:4 (0:3)

Eingewechselt: 57. S.-W. Kim für C.-Y. Park, 64. K.-H. Lee für C.-Y. Lee, 78. Ji für Han – 73. Ghilas für Djabou, 77. Lacen für Brahimi, 89. Belkalem für Bougherra

Tore: 0:1 Slimani (26.), 0:2 Halliche (28.), 0:3 Djabou (38.), 1:3 Son (50.), 1:4 Brahimi (62.), 2:4 Koo (72.)

Gelbe Karten: Y. Lee, Han – Bougherra

Schiedsrichter: Roldan (Kolumbien)

Zuschauer: 42 732

Südkorea – Belgien 0:1

Belgiens Reserve ist auch in Unterzahl zu stark

Tränenreicher Abschied: Südkoreas Angreifer Heung-Min Son (links) kann seine Enttäuschung nicht verbergen.

Sie mühten sich, mehr aber nicht. Auch im letzten Spiel der Gruppenphase sprang kein Sieg mehr heraus, Südkorea konnte die asiatische Ehre in Brasilien nicht mehr retten. Vier Teams der AFC (Asian Football Confederation) waren bei der WM am Start, erstmals in der Geschichte dieses globalen Turniers blieben alle Mannschaften eines Verbandes ohne Dreier. Kein Sieg, drei Unentschieden und neun Niederlagen – die enttäuschende Bilanz des Iran, Japans, Australiens und Südkoreas. Selbst 45 Minuten in Überzahl halfen den Südkoreanern gegen Belgien nicht, um Zählbares einzufahren. »Eine Enttäuschung«, resümierte Trainer Myung-Bo Hong, der mit seiner Mannschaft mit großen Erwartungen nach Brasilien gekommen war.

Dabei hatte Hongs Gegenüber, Marc Wilmots, nach dem bereits feststehenden Achtelfinaleinzug seiner Mannschaft die Rotationsmaschine angeworfen. Stars wie Kevin de Bruyne, Eden Hazard oder Romelu Lukaku durften verschnaufen, den Gruppensieg fuhr auch »Belgien B« weitestgehend souverän ein. Nur ein Spieler der schwarz gekleideten »Roten Teufel« hatte nicht verstanden, dass der Geheimfavorit möglichst unbeschadet in die K.-o.-Runde einziehen wollte: Steven Defour. Der Mittelfeldspieler ging kurz vor der Pause mit offener Sohle in einen Zweikampf mit Shin-Wook Kim, erwischte den Südkoreaner am Schienbein und ließ Schiedsrichter Ben Williams wenig Spielraum – Rot! Doch auch in Unterzahl demonstrierten die Belgier, welche Tiefe in diesem jungen Kader von Wilmots steckt und machten die makellose Vorrunde perfekt. Einen Schuss des eingewechselten Divock Origi ließ Südkoreas Schlussmann Seung-Gyu Kim nach vorne abprallen, Abwehrspieler Jan Vertonghen staubte zum Siegtreffer ab. Drei Spiele, neun Punkte. »Darauf«, so Wilmots, »können wir sehr stolz sein.«

26. Juni in Sao Paulo
Südkorea – Belgien 0:1 (0:0)

Eingewechselt: 46. K.-H. Lee für Han, 67. B.-K. Kim für S.-W. Kim, 74. Ji für Son – 60. Chadli für Januzaj, 60. Origi für Mertens, 87. Hazard für Mirallas

Tor: 0:1 Vertonghen (78.)

Gelbe Karten: Hong – Dembelé

Rote Karte: Defour (45., grobes Foulspiel)

Schiedsrichter: Williams (Australien)

Zuschauer: 61 397

VORRUNDE
Gruppe H

Algerien – Russland 1:1

Slimani wärmt Algeriens Herzen

Islam Slimani hat das Feld schon fast verlassen, als er sich umdreht. Er blickt auf den Rasen und ballt die Faust. Es sind nur noch ein paar Sekunden zu spielen, der Stürmer, der ausgewechselt wird, weiß, dass nichts mehr schiefgehen kann. Er hat das Tor erzielt, das Algerien bei der vierten WM-Teilnahme zum ersten Mal die Vorrunde überstehen lässt: 1:1 gegen Russland – das ist das Ticket ins Glück. »Das ist ein Riesen-Triumph«, frohlockt Mittelfeldspieler Carl Medjani. Und Co-Trainer Nourredine Kourichi, der 1982 zu jenem WM-Team gehörte, das Deutschland und Chile schlug und dennoch ausschied, hat beinahe Tränen in den Augen: »Ich habe seit 32 Jahren nicht mehr so einen Moment erlebt.«

In der Heimat dauern die Feierlichkeiten bis zum frühen Morgen, Präsident Abdelaziz Bouteflika gratuliert der ruhmreichen Equipe zu einer »brillanten Vorstellung, die die Herzen aller Algerier wärmt«. Selbst die unglücklichen Umstände des frühen Rückstandes stecken die Nordafrikaner weg. Als ihr Top-Stürmer Sofiane Feghouli wegen einer Platzwunde am Kopf an der Seitenlinie behandelt wird, schlagen die Russen zu. Dimitry Kombarov flankt präzise, der zuvor viel gescholtene Aleksandr Kokorin trifft per Kopf und legt beim eher verhaltenen Torjubel den Zeigefinger auf seine Lippen. Es ist der stärkste, der wuchtigste Auftritt der Russen bei diesem Turnier, mit der erstmaligen Berufung von Angreifer Aleksandr Kerzhakov in die Startelf sendet Trainer Fabio Capello ein Signal nach innen und außen, aber Aleksandr Samedov lässt kurz nach der Pause die große Chance zum 2:0 aus. Algerien fightet, einen Freistoß von Yacine Brahimi nutzt Slimani nach einer Stunde zum Ausgleich per Kopf. Igor Akinfeev taucht unter dem Ball hindurch, wenige Augenblicke zuvor irritiert ein Laserpointer Russlands Keeper. Für Akinfeev schließt sich in Curitiba der Kreis. Sein Fehler im ersten Spiel gegen Südkorea (1:1) hatte Russland den Sieg gekostet. Es ist ein misslungenes Turnier für den Torwart – und fürs ganze russische Team. Capello, bis 2018 unter Vertrag, aber gehörig in der Kritik, flüchtet sich in Trotz: »Wenn sie mich weiter wollen, mache ich weiter.«

Algerien zeigt Flagge: Die Nordafrikaner schafften durch das Unentschieden gegen Russland erstmals den Sprung in die K.-o.-Runde.

---

26. Juni in Curitiba
Algerien – Russland 1:1 (0:1)

Eingewechselt: 71. Yebda für Brahimi, 77. Ghilas für Djabou, 90./+1 Soudani für Slimani – 46. Denisov für Glushakov, 67. Dzagoev für Shatov, 81. Kanunnikov für Kerzhakov

Tore: 0:1 Kokorin (6.), 1:1 Slimani (60.)

Gelbe Karten: Mesbah, Ghilas, Cadamuro – Kombarov, Kozlov

Bes. Vork.: Algeriens Reservespieler Cadamuro sah wegen Ballwegschlagens Gelb (90./+2).

Schiedsrichter: Cakir (Türkei)

Zuschauer: 39 311

Rainer Holzschuh:
»Die Kleinen sind erwachsen geworden – Europa ist der eindeutige Verlierer«

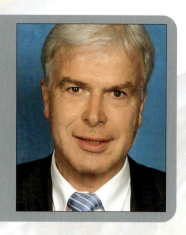

Die Prognosen aller denkbaren Experten differierten eigentlich nur in Nuancen: Große Fußball-Nationen drängten sich zuhauf um den Titel-Wettlauf, mit den bisherigen acht Weltmeistern an der Spitze, ganz dezidiert begleitet von Mitfavoriten wie Portugal, Chile, Belgien, daneben noch ein Afrikaner wie Nigeria oder Ghana. Alle anderen Nationen schienen zwar für eine Überraschung gut, aber letztlich nicht geeignet für das Überleben der Gruppenphase. Was sich jedoch nach den 48 von insgesamt 64 Spielen darbot, war ein Sammelsurium aus Staunen über das Versagen etlicher Etablierter und Begeisterung über den Power-Fußball einiger Außenseiter. Das Fazit der Vorrunde: Die Kleinen sind erwachsen geworden! Beispielhaft mit der Gruppe D, im Volksmund »Todesgruppe« genannt. Drei ehemalige Titelträger, die sich allesamt Hoffnungen auf einen Durchmarsch machten – Italien, England, Uruguay –, dazu das kleine, unscheinbare Costa Rica. Nicht berechenbar, wie die Fußball-Götter nun mal walten, schufen sie die Sensation schlechthin: Triumph des Winzlings, Heimfahrt der schlichtweg überforderten Europäer und das mehr als glückliche Weiterkommen der Uruguayer.

Diese Gruppe D steht symbolhaft für viele Erklärungen, um die Gruppenphase aufzuhellen: Absolute Fitness war einer der Grundbausteine für die brasilianische WM mit ihren klimatischen Besonderheiten, top-trainierte Profis trotzten Hitze und Luftfeuchtigkeit, während andere schon nach zwei Dritteln der Spielzeit platt waren. Costa Rica schien Luft für mehr als 90 Minuten zu haben. Der Titelverteidiger Spanien, in den letzten Jahren das weltweit bewunderte Ausnahmeteam, war dagegen auch körperlich völlig überfordert. Zwei Sensations-Mannschaften mit umgekehrten Vorzeichen!

Kräfte einteilen? Nichts damit. Wer konnte, hielt das Tempo ohne Unterlass hoch, verschaffte sich damit auch die notwendige Dominanz im Spiel und letztlich die entscheidenden Pluspunkte. Jeder schlampige Fehlpass erlaubte den Power-Teams prompte Tempo-Konter. Manch in Europa gekrönter Star schien dies unterschätzt zu haben und versank im Mittelmaß; so die zuvor verletzten Cristiano Ronaldo und Sami Khedira. Andere dienten als Symbol für Super-Profis mit Aber-Millionen-Verträgen, die wie Mario Balotelli, Luka Modric, Sergio Ramos, Dani Alves, Didier Drogba oder Xavi entweder völlig enttäuschten oder aber wie Andrea Pirlo, Andres Iniesta, Wayne Rooney im schwammigen Einheits-Fußball ihrer Teams mit untergingen. Lediglich Neymar mit seinen vier Treffern und einer blendenden Spiellaune glänzte, obwohl er beim FC Barcelona saisonal kaum in Erscheinung getreten war; analog zu seinem Klubkameraden Lionel Messi, der zumindest beim abschließendem Sieg gegen Nigeria phasenweise an alte Leistungsstärke erinnerte. Daneben imponierten besonders die Torjäger Karim Benzema, Thomas Müller, Arjen Robben – drei der fünf Besten in Spanien unter Vertrag, zwei in Deutschland. Dazu der Costa Ricaner Joel Campbell. Gerade er verdeutlicht das Novum, dass sich Spieler aus nicht so bedeutenden und erfolgreichen Klubs in Szene setzten: Costa Rica, Kolumbien, Mexiko, Chile, alle mit imponierenden Einzel- wie Mannschaftsleistungen, griffen in der Mehrzahl auf Profis zurück, die fernab der großen Ligen ihr Geld verdienen. Ein Zeichen, dass neben unbedingtem Siegeswillen die viel geschmähte »mannschaftliche Geschlossenheit« mehr Einfluss auf die Spielgestaltung nehmen kann, als Kritiker es wahrhaben wollen. Vergleichbar mit den erstaunlichen Wegen von Augsburg, Mainz oder anderen Klubs in der Bundesliga.

In Hummels und Müller schafften es zwei Deutsche in die Elf der Vorrunde. Im Mittelfeld und im Angriff tummeln sich die Superstars Neymar, Robben, Benzema und Messi. In den Blickpunkt spielten sich Torwart Ochoa aus Mexiko und der kolumbianische Spielmacher James.

KOMMENTAR
Vorrunde

Belgisch-Russisch: Vincent Kompany im Ringkampf mit dem Russen Aleksandr Kokorin (Bild links).

Was besonders ins Auge fiel: Kein Land, vielleicht außer den 2010 so gebeutelten Franzosen, spazierte locker-leicht durch die Gruppe. Brasilien dankte dem Schiedsrichter-Glück gegen Kroatien, Argentinien verließ sich gegen Nigeria ausschließlich auf Messis Torriecher wie erst recht gegen den Iran auf seine Last-Minute-Rettung, Holland auf die Kaltschnäuzigkeit im Abschluss gegen Australien. Kolumbien benötigte gegen die Ivorer enorm viel Power zum knappen Sieg, und Deutschland rettete sich gegen Ghana in ein hart umkämpftes Remis. Umgekehrt blieben nur Kamerun (nach dem unsäglichen Prämien-Geschacher), Honduras und die beiden enttäuschenden Ostasiaten Südkorea wie Japan (trotz ihrer vielen Europa-erfahrenen Profis) unter jedweder Erwartung, während Bosnien ebenso wie Spanien zumindest im Abschlussspiel ihr verloren gegangenes Renommee auffrischen konnten.

Zum Gewinner der Gruppenphase avancierte eindeutig der amerikanische Kontinent. War es das Selbstvertrauen durch den »Heimvorteil«, das Einpeitschen des Publikums in ein stimulierendes Fighten um jeden Ball? Die acht Teilnehmer an der K.-o.-Phase stellten die lediglich sechs verbliebenen Europäer in den Schatten, während die Afrikaner teils enttäuschten, mit Nigeria und Algerien immerhin erstmals zwei Teams glücklich die Gruppenphase überstanden, die drei Asiaten und Australien dagegen nur eine Randnotiz abgaben.

Eindeutige Verlierer aber waren die Europäer. Nur die Bundesliga als eine der vier großen internationalen Magnetfelder konnte ihren Glanz zumindest bewahren; Robben setzte als einer der wenigen Vorrunden-Könige Marksteine, ebenso Thomas Müller oder Luiz Gustavo. Die Serie A, die Primera Division wie vor allem die Premier League beschädigten dagegen ihren Nimbus. Lag es an der Vielzahl der kräfteraubenden Pflichtspiele (die andere aber besser aufarbeiteten)? An der fehlenden taktischen Flexibilität? An der ausufernden Verpflichtung von Ausländern und damit der Missachtung eigener Talente? An der speziellen italienischen Variante mangelnder Fußball-Kultur auf dem Spielfeld wie besonders auf den Rängen? Jeder hat seine ureigenen Mängel zu bekämpfen, alle betroffenen Verbandsspitzen müssen sich und ihre Philosophie gründlich hinterfragen.

Das deutsche Team durfte sich letzendlich als einer der Gewinner fühlen: Gegen Portugal mit Glück und Können per wahrem Kantersieg, der allerdings überbewertet wurde. Gegen Ghana mit langatmigen Quer- und Rückpässen, ehe der überflüssige Rückstand die Gier auf Erfolg und seine überragenden Möglichkeiten weckte. Gegen die USA eine Mischung aus allen Facetten, was zum souveränen Gruppensieg reichte. Dennoch deutete die Mannschaft nur an, was wirklich in ihr steckt. Solange das Quer- und Rückpass-Geschiebe eher einer gewissen Mut- oder Ratlosigkeit zu dienen scheint denn einer geplanten Verschnaufpause, solange ist der Anspruch eines wirklichen Weltklasse-Teams noch einige Schritte entfernt. So aber machte die deutsche Mannschaft sich das Leben nur selber schwer, so bestand gegen Ghana wie gegen die USA immer die unnötige Gefahr eines verhängnisvollen Patzers. Das Können ist da, wie die Phasen des Sturm und Drang ansatzweise zeigten. Aber in den K.-o.-Spielen müssen Philipp Lahm und Co. ihre wahren Talente offenlegen.

Ansage: Thomas Müller (rechts) teilt dem Portugiesen Pepe mit, was er von dessen versuchtem Kopfstoß hält.

Brasilien – Chile	i. E. 3:2
Kolumbien – Uruguay	2:0 (1:0)
Niederlande – Mexiko	2:1 (0:0)
Costa Rica – Griechenland	i. E. 5:3
Frankreich – Nigeria	2:0 (0:0)
Deutschland – Algerien	n. V. 2:1
Argentinien – Schweiz	n. V. 1:0
Belgien – USA	n. V. 2:1

Von den Fans als Matchwinner gefeiert: Der Kolumbianer James erzielte beide Tore beim 2:0-Sieg gegen Uruguay, André Schürrle erlöste Deutschland mit dem 1:0 gegen Algerien (großes Bild).

ACHTEL-FINALE

Fünfmal Verlängerung, zweimal fiel die Entscheidung gar erst im Elferstechen. In der Runde der besten 16 taten sich die als mehr oder minder hohe Favoriten gehandelten Gruppensieger teilweise schwer. Letztendlich kamen alle doch irgendwie durch. Heißt: Auch die Senkrechtstarter aus Costa Rica blieben weiter im Rennen, wohingegen sich mit Algerien und Nigeria die beiden letzten Afrikaner verabschieden mussten.

Brasilien – Chile 3:2 i. E.

Ein Schuss lässt ein Land erzittern, einer stürzt es in den Freudentaumel

Als die Entscheidung ganz nahe rückt, legt sich eine seltsame Stille über das Stadion von Belo Horizonte. Thiago Silva, Brasiliens Kapitän, sitzt am Spielfeldrand auf einem Ball, die Ellbogen auf die Knie gestützt, die Hände vor dem Gesicht. Neymar, der Superstar, kauert auf dem Rasen, sein Blick apathisch, abwesend und doch fest entschlossen. Julio Cesar, der Torwart, hat einen sonderbaren Glanz in seinen Augen, sein Blick geht an den Mitspielern vorbei ins Leere.
Sie alle wissen, um was es jetzt geht. Elfmeterschießen. Fünf Schüsse für Brasilien, fünf für Chile –

Julio Cesar wurde von seinen Teamkollegen gefeiert (links) ...

... nachdem er im Elfmeterschießen zwei Schüsse pariert hatte (großes Bild). Mit geschicktem Pressing brachten die Chilenen die Brasilianer wie hier Marcelo (Mitte) in Bedrängnis (kleines Bild).

28. Juni in Belo Horizonte
Brasilien – Chile 3:2 i. E. (1:1, 1:1, 1:1)

Eingewechselt: 64. Jo für Fred, 72. Ramires für Fernandinho, 106. Willian für Oscar – 57. Gutierrez für Vargas, 87. Pinilla für Vidal, 108. Rojas für Medel

Tore: 1:0 Jara (18., ET), 1:1 Sanchez (32.) Elfmeterschießen: 1:0 David Luiz, Julio Cesar hält gegen Pinilla, Willian verschießt, Julio Cesar hält gegen Sanchez, 2:0 Marcelo, 2:1 Aranguiz, Bravo hält gegen Hulk, 2:2 Diaz, 3:2 Neymar, Jara verschießt

Gelbe Karten: Hulk, Luiz Gustavo, Jo, Dani Alves – Mena, Silva, Pinilla

Schiedsrichter: Webb (England)
Zuschauer: 57 714

dann steht fest, ob der Traum eines ganzen Landes weiterleben kann. Oder ob er schon im Achtelfinale zerplatzt.
Es ist sonnig und heiß an diesem Samstagmittag im Estadio Mineirao. Die mehr als 57 000 Zuschauer färben die Ränge in ein knalliges Gelb, und unten auf dem Rasen verlan-

ACHTELFINALE

gen sich Gastgeber Brasilien und Herausforderer Chile 120 Minuten lang alles ab. Es ist ein Spiel voller Kraft, Tempo und Intensität, die brasilianische Führung durch ein Eigentor von Gonzalo Jara gleicht Alexis Sanchez schnell wieder aus. Es geht in die Verlängerung, Brasilien ist überlegen, trifft aber nicht mehr. Dann lässt ein Schuss von Mauricio Pinilla die Menschen für einen Moment erzittern: Der Chilene knallt den Ball in der 120. Minute vom Sechzehner an die Latte, der Abgrund ist ganz nah in diesem Moment, nur ein paar Zentimeter retten ein ganzes Land vor einem Schock. »So ein Ball am Ende des Spiels, und dir gehen tausend Dinge durch den Kopf«, sagt Luiz Gustavo hinterher. »Da hätte der Traum von Millionen zu Ende sein können. Aber Gott sei Dank ist alles gut gegangen.«

Jetzt also Elfmeterschießen. Julio Cesar, so erzählen es seine Mitspieler später, spricht noch kurz vor

dem Showdown zu den brasilianischen Schützen: »Schießt mit Selbstvertrauen, denn heute halte ich drei«, sagt der Keeper – und übertreibt dabei nur ein kleines bisschen. Er pariert tatsächlich die ersten beiden Versuche der Chilenen, doch weil auch Marcelo und Hulk vergeben, fällt die Entscheidung mit den letzten beiden Schüssen.

Als Neymar von der Mittellinie zum Elfmeterpunkt läuft, lastet auf seinen schmächtigen Schultern der Druck eines ganzen Landes. Der junge Mann, der Brasilien bis zum WM-Titel schießen soll, läuft an, stoppt ab, schaut auf den Torwart – und schiebt den Ball sicher in die Ecke. So cool kann man auf den irrsinnigsten Druck reagieren, wenn man es kann. Gonzalo Jara, dem letzten Schützen der Chilenen, gelingt das nicht. Sein Schuss fliegt halbhoch auf die rechte Torecke zu – und klatscht an den Innenpfosten. Es ist der Moment, in dem es für Brasilien kein Halten mehr gibt. 3:2 – Der Gastgeber steht im Viertelfinale.

In der Mitte der gelben Jubeltraube steht ein unerwarteter Held. Bei der WM in Südafrika 2010 war Julio Cesar nach dem Aus gegen die Niederlande noch der Buhmann. Jetzt laufen dem Torwart Freudentränen über die Wangen. »Nur Gott und meine Familie wissen, was ich die letzten vier Jahre durchgemacht habe«, sagt er. »Es ist ein unheimlicher Druck für uns, ein ganzes Land zu vertreten.«

Der Keeper verhindert das »Mineirazo«, heißt es in Brasilien in Anlehnung an das »Maracanazo«, das nationale Trauma von 1950. Damals verlor Brasilien im Maracana von Rio das entscheidende Spiel um den WM-Titel gegen Uruguay. 2014 soll dieses Achtelfinale im Mineirao von Belo Horizonte nur ein Schritt auf dem Weg zum sechsten Triumph sein. »Jetzt fehlen noch drei Stufen«, sagt Julio Cesar. Chile war für den Gastgeber die erste hohe Hürde – und musste wie schon 1962, 1998 und 2010 nach dem K. o. gegen Brasilien die Hoffnung auf den Titel begraben.

Die Leiden des Topfavoriten: Brasiliens Spieler mussten gewaltig zittern, ehe der Einzug ins Viertelfinale feststand.

Zum Haareraufen: Gonzalo Jara setzte den entscheidenden Elfmeter an den rechten Innenpfosten.

117

Die Entscheidung: James (links) erzielt das 2:0 für Kolumbien.

Wie in der Vorrunde kaum zu stoppen: Juan Cuadrado (rechts, hier gegen Alvaro Gonzalez) gehörte erneut zu Kolumbiens besten Spielern.

Kolumbien – Uruguay 2:0

James – Carlos Valderramas würdiger Nachfolger

Dass die Copa America, die Südamerika-Meisterschaft, bereits im Juni des Jahres 2014 zu ihrer nächsten Austragung kommt, war so eigentlich nicht vorgesehen. Und dennoch standen sich am ersten Spieltag des Achtelfinales in zwei Partien vier Teams ebendieses Kontinents gegenüber. Ein Halbfinalist also war bereits vorher sicher. Dass dieser Kolumbien heißen könnte, ist nach dem Auftritt gegen Uruguay nicht ausgeschlossen. Erstmals überhaupt gelang den »Cafeteros« der Sprung in die Runde der besten acht – und das ohne den verletzten Superstar Radamel Falcao. Tränenreich war dessen Aus im Vorfeld des Turniers auf einer Pressekonferenz verkündet worden. So, als stünde der Weltuntergang unmittelbar bevor. Nun, gerade mal drei Wochen später, sprechen nur noch wenige von Falcao, dafür steht ein anderer im Rampenlicht: James David Rodriguez Rubio, kurz James. Einer, der schon mit 15 Jahren in der ersten kolumbianischen Liga kickte und zwei Jahre später sein Debüt in der höchsten argentinischen Spielklasse gab. Mit 17 Jahren war er dort der jüngste ausländische Spieler.

Vor der WM lediglich mit vier Treffern in 21 Partien im Trikot der »Tri«, startete der 23-Jährige in Brasilien durch. Fünf Treffer, dazu zwei Assists nach vier Partien. Für seinen Coach José Pekerman hingegen keine Überraschung, denn der Argentinier nennt seinen Jungstar einen »außergewöhnlichen und fundamentalen Spieler. Er bringt alle Voraussetzungen mit und hat keine Probleme, trotz seines

ACHTELFINALE

Alters Verantwortung zu übernehmen. Normalerweise dauert das Jahre«.

James, verheiratet mit der Volleyballerin Daniela, der Schwester des Keepers David Ospina, gilt ob seiner fantastischen Auftritte schon jetzt als Volksheld und Nachfolger des legendären Carlos Valderrama und befand zum Erfolg: »Es ist ein historischer Moment. Schon als Junge habe ich Carlos verehrt und wollte immer so sein wie er. Er war mein Held, und ich bin sehr stolz, seine Rückennummer 10 zu tragen.«

Oscar Tabarez, Gegner des unterlegenen Uruguay, adelte James sogar als »besten Spieler der Weltmeisterschaft«. Besser somit als Messi, besser auch als Neymar. Und, obwohl der breiten Öffentlichkeit eher unbekannt, ebenso wie der Argentinier und der Brasilianer wahrlich kein Schnäppchen. 45 Millionen Euro blätterte der AS Monaco im Jahre 2013 hin, um den Edeltechniker vom FC Porto loszueisen. Mit den Portugiesen hatte er seit 2010 dreimal

Routiniers unter sich: Uruguays Angreifer Diego Forlan (links) hatte gegen Kolumbiens Abwehrchef und Kapitän Mario Yepes wenig zu bestellen.

Landsmann Falcao, gleich zum besten Vorbereiter der französischen Eliteklasse wurde, macht das Spieljahr 2013/14 zu einem ganz besonderen. Und auch für Kolumbien lief es zuletzt alles andere als schlecht. Elf Begegnungen blieb die Truppe von José Pekerman nun ohne Niederlage, bereits die WM-Qualifikation hatte man überaus überzeugend, zudem mit zehn Zählern Vorsprung auf Uruguay, abgeschlossen. Ein Grund dafür: Der Coach vermag auch seine Ersatzspieler bei Laune zu halten, wie die Statistik belegt: 21 Akteure des 23er-Kaders kamen zum Einsatz, lediglich der Ersatz vom Ersatz von James' Schwager und der verletzte Carlos Bacca durften noch nicht ran. James übrigens sieht seine derzeitige Form als »Geschenk«. Auch seine Landsleute empfinden Kolumbiens neuen Helden schon als ein solches.

James packt den Hammer aus: Kolumbiens neuer Volksheld hat abgezogen, gleich schlägt der Ball zum 1:0 ein.

den nationalen Titel gewonnen, dazu je einmal den Pokal und die Europa League.

Dass er in seiner ersten Saison für die schwer- wie neureichen Monegassen in der Ligue 1, bis zu dessen Kreuzbandriss übrigens Seite an Seite mit

28. Juni in Rio de Janeiro
Kolumbien – Uruguay 2:0 (1:0)

Eingewechselt: 68. Mejia für Gutierrez, 81. Guarin für Cuadrado, 85. Ramos für James – 53. Stuani für Forlan, 53. Ramirez für Alvaro Pereira, 67. Hernandez für Gonzalez.

Tore: 1:0 James (28.), 2:0 James (50.)

Gelbe Karten: Armero – Gimenez, Lugano

Bes. Vork.: Uruguays Ersatzspieler Lugano erhielt wegen Reklamierens die Gelbe Karte (77.).

Schiedsrichter: Kuipers (Niederlande)

Zuschauer: 73 804

119

Niederlande – Mexiko 2:1

Vom »stillen Örtchen« ins Rampenlicht

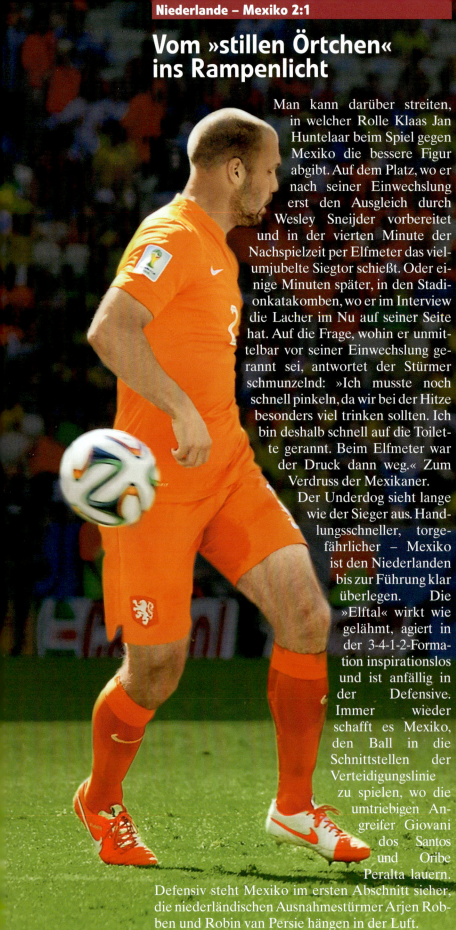

Edeljoker: Der spät eingewechselte Klaas Jan Huntelaar bringt mit einem Tor und einer Vorlage in der letzten Viertelstunde die Wende.

Man kann darüber streiten, in welcher Rolle Klaas Jan Huntelaar beim Spiel gegen Mexiko die bessere Figur abgibt. Auf dem Platz, wo er nach seiner Einwechslung erst den Ausgleich durch Wesley Sneijder vorbereitet und in der vierten Minute der Nachspielzeit per Elfmeter das vielumjubelte Siegtor schießt. Oder einige Minuten später, in den Stadionkatakomben, wo er im Interview die Lacher im Nu auf seiner Seite hat. Auf die Frage, wohin er unmittelbar vor seiner Einwechslung gerannt sei, antwortet der Stürmer schmunzelnd: »Ich musste noch schnell pinkeln, da wir bei der Hitze besonders viel trinken sollten. Ich bin deshalb schnell auf die Toilette gerannt. Beim Elfmeter war der Druck dann weg.« Zum Verdruss der Mexikaner.

Der Underdog sieht lange wie der Sieger aus. Handlungsschneller, torgefährlicher – Mexiko ist den Niederlanden bis zur Führung klar überlegen. Die »Elftal« wirkt wie gelähmt, agiert in der 3-4-1-2-Formation inspirationslos und ist anfällig in der Defensive. Immer wieder schafft es Mexiko, den Ball in die Schnittstellen der Verteidigungslinie zu spielen, wo die umtriebigen Angreifer Giovani dos Santos und Oribe Peralta lauern. Defensiv steht Mexiko im ersten Abschnitt sicher, die niederländischen Ausnahmestürmer Arjen Robben und Robin van Persie hängen in der Luft.

Apropos Luft: Die Sonne kennt an diesem Tag in Fortaleza keine Gnade. 35 Grad und nahezu 90 Prozent Luftfeuchtigkeit sorgen für extreme Bedingungen. Zur Halbzeit drängt sich der Verdacht auf, dass die Mannschaft von Trainer Louis van Gaal damit schlichtweg nicht klarkommt; im Gegensatz zu den Mexikanern, die aus ihrer Heimat an Hitze eher gewöhnt sind. Doch das greift zu kurz. Nach dem 0:1 bringt der Bondscoach Memphis Depay, stellt auf die klassische 4-3-3-Formation um – und plötzlich spielt das Team »Voetbal totaal«. Der Druck nach dem Rückstand scheint ungeahnte Kräfte freizusetzen, die »Elftal« erspielt sich mehrere hochkarätige Chancen, die der erneut glänzend aufgelegte Keeper Guillermo Ochoa aber allesamt vereitelt. Die Uhr tickt, es scheint so, als wäre dos Santos mit seinem Distanzschusstor der Held des Spiels. Schließlich zieht van Gaal seinen dritten und letzten Joker, den niemand mehr auf der Rechnung hat. Keine einzige Minute hat der Schalker Huntelaar bis dato bei der WM absolviert. Nun will er in seinem 63. Länderspiel zeigen, was in ihm steckt. Und Mexiko lässt es zu, es gelingen praktisch keine Entlastungsangriffe mehr. Dann geschieht es: Nach einer Ecke legt Huntelaar per Kopf auf den heranrauschenden Sneijder zurück, Sekundenbruchteile später schlägt der stramme Vollspannschuss des Spielmachers links unten ein. Zwei Minuten vor Ablauf der offiziellen Spielzeit.

Alles deutet auf eine Verlängerung hin. Doch das Drehbuch sieht ein unverhofft rasches, schmerzliches Ende für Mexiko vor. In der Hauptrolle: Kapitän Rafael Marquez, 35 Jahre alt, bei seiner letzten Weltmeisterschaft. Robben tankt sich im Strafraum

ACHTELFINALE

Späte Tore: Wesley Sneijder trifft per Direktschuss zum 1:1 (Bild links), Klaas Jan Huntelaar verwandelt den Elfmeter eiskalt zum 2:1.

aber einen überzeugenden Eindruck. Ein fader Beigeschmack, nämlich der des schlechten Verlierers, bleibt jedoch. Trainer Miguel Herrera sucht sich nach dem Schlusspfiff den falschen Sündenbock aus. »Der Strafstoß war erfunden«, attackiert er Schiedsrichter Pedro Proenca und behauptet: »Der entscheidende Faktor war der Mann mit der Pfeife. Er hat uns aus der WM geworfen.« Ein ganz schwacher Auftritt – im Gegensatz zu dem seiner Mannschaft.

Da war für Mexiko noch alles gut: Giovani dos Santos (Nummer 10) bringt sein Team in Führung.

bis zur Grundlinie durch – und wird von Marquez am Fuß getroffen. Mit größtmöglicher Theatralik fällt der Bayern-Star, Elfmeter ist es trotzdem. Huntelaar schnappt sich die Kugel, der Rest ist bekannt. Zum sechsten Mal in Folge scheitert Mexiko im WM-Achtelfinale, sportlich hinterlässt das Team

29. Juni in Fortaleza
Niederlande – Mexiko 2:1 (0:0)

Eingewechselt: 9. Martins Indi für de Jong, 56. Depay für Verhaegh, 76. Huntelaar für van Persie – 46. Reyes für Moreno, 61. Aquino für dos Santos, 75. Hernandez für Peralta

Tore: 0:1 dos Santos (48.), 1:1 Sneijder (88.), 2:1 Huntelaar (90./+4, FE)

Gelbe Karten: Aguilar, Marquez, Guardado

Schiedsrichter: Proenca (Portugal)

Zuschauer: 58 817

121

Gefeiert: Yeltsin Tejeda (links) und Michael Umana (rechts) beglückwünschen Bryan Ruiz zu dessen Treffer zum 1:0.

Costa Rica – Griechenland 5:3 i. E.

Der Ausgleich: Sokratis (Nummer 19) schießt den Ball zum 1:1 ins Netz.

»Zeus« ist ein Costa Ricaner

Als Keylor Navas nach dem Spiel als »Man of the match« zur offiziellen Pressekonferenz aufkreuzte, ließ ein FIFA-Offizieller erst einmal die Klimaanlage ein wenig herunterdrehen. Der Mann, um den es ging, war im roten T-Shirt und in kurzen Hosen gekommen, und da wäre es fahrlässig gewesen, ihn der Tiefkühl-Temperatur auszusetzen, die sonst in diesem Raum herrscht. Eine Erkältung von Keylor Navas wäre schließlich so ziemlich das Letzte, was Costa Rica gebrauchen kann. Denn der 27 Jahre alte Torhüter war der Garant des größten Erfolges der »Ticos«, die das erste Mal in ihrer Geschichte in ein WM-Viertelfinale einzogen und so für eine der Sensationen beim Turnier in Brasilien sorgten. Mit zahlreichen Glanzparaden hatte

ihm vertraut, weil wir um seine außergewöhnlichen Fähigkeiten wissen«. Der gefeierte Held selbst hatte schon vor dem Achtelfinale gegen die Griechen davon gesprochen, »dass wir unseren Traum leben«. Nach dem Triumph gab er sich bescheiden. »Ich danke Gott. Das ist ein Traum, der wahr geworden ist«, sagte ein ergriffener Navas und fügte hinzu: »Es gibt nicht nur mich. Wir sind eine Einheit.«

Als solche hatte sich Costa Ricas Team speziell nach der Gelb-Roten Karte gegen Verteidiger Oscar Duarte präsentiert. Obwohl die meisten Akteure stehend k. o. waren, kämpften sie aufopferungsvoll weiter und warfen sich gerade in der Verlängerung den anrennenden Griechen entgegen.

Der Fehlschuss des Torjägers: Theofanis Gekas scheitert mit seinem Elfmeter an Keylor Navas.

Als die Verlängerung vorbei und das Elfmeterschießen erreicht war, stürmten die Reservisten sowie der komplette Trainer- und Betreuer-Stab auf den Platz und umarmten die Spieler, die sich so hingebungsvoll gegen ein zweites Gegentor gewehrt hatten. »Wir haben gelitten«, stellte Coach Pinto hinterher treffend fest.

der in Spanien beschäftigte Keeper seine Mannschaft im Spiel gehalten und dann zu guter Letzt im Elfmeterschießen noch den Schuss von Theofanis Gekas abgewehrt. »Keylor ist unser Zeus«, titelte »La Nacion«, und Costa Ricas Trainer José Luis Pinto adelte den Schlussmann schlichtweg als »einen der besten Torhüter der Welt. Wir haben

Leiden mussten auch die Griechen. Vor allem Gekas. Der Torschützenkönig der Bundesliga-Saison 2006/07, der damals im Dress des VfL Bochum 20 Treffer erzielt hatte und anschließend in der deutschen Eliteliga noch bei Bayer Leverkusen, Hertha BSC und Eintracht Frankfurt unter Vertrag stand, hatte sich beim entscheidenden Elfmeter von

Michael Umana abgewandt und wurde anschließend von Weinkrämpfen geschüttelt. Mit leerem Blick schlich Gekas später an den wartenden Journalisten vorbei in den Mannschaftsbus. Vorwürfe gab es jedoch keine. »Das hätte jedem passieren können«, sagte Sokratis. Der Verteidiger von Borussia Dortmund war der Ansicht, »dass wir dennoch stolz sein können. Wir haben den Menschen in der Heimat viel Freude bereitet«. Fernando Santos wollte ebenfalls nicht den Stab über sein Team brechen. Im Gegenteil. »Wir haben mit dieser Weltmeisterschaft Geschichte geschrieben«, betonte der Coach, »jeder hat sein Bestes für Griechenland gegeben.«

ACHTELFINALE

29. Juni in Recife
Costa Rica – Griechenland 5:3 i. E. (1:1, 1:1, 0:0)

Eingewechselt: 66. Cubero für Tejeda, 77. Acosta für Gamboa, 84. Brenes für Bolanos – 58. Mitroglou für Samaris, 69. Gekas für Salpingidis, 78. Katsouranis für Maniatis

Tore: 1:0 Ruiz (52.), 1:1 Sokratis (90./+1)

Elfmeterschießen: 1:0 Borges, 1:1 Mitroglou, 2:1 Ruiz, 2:2 Christodoulopoulos, 3:2 Gonzalez, 3:3 Holebas, 4:3 Campbell, Navas hält gegen Gekas, 5:3 Umana

Gelbe Karten: Tejeda, Granados, Ruiz, Navas – Samaris, Manolas

Gelb-Rote Karte: Duarte (66.)

Bes. Vork.: Costa Ricas Ersatzspieler Granados sieht wegen Reklamierens die Gelbe Karte (56.). Griechenlands Trainer Fernando Santos wird vor dem Elfmeterschießen wegen Reklamierens aus dem Innenraum verwiesen.

Schiedsrichter: Williams (Australien)

Zuschauer: 41 242

Trost vom ehemaligen Frankfurter Kollegen: Georgios Tzavellas (links) mit dem weinenden Theofanis Gekas

lande. »Wir haben großes Selbstvertrauen«, sagt José Luis Pinto. »Wir werden gegen sie mit dem nötigen Respekt antreten, aber mit dem klaren Willen zu gewinnen.« Unmöglich scheint bei diesen »Ticos« nichts – schon gar nicht mit Keylor Navas im Tor.

Santos selbst wird das in Zukunft nicht mehr tun. Der Portugiese stellt seinen Posten nach vier Jahren zur Verfügung. Mit ihm geht auch Kapitän Georgios Karagounis von Bord, der sein letztes Länderspiel bestritt.
Das Märchen von Costa Rica geht derweil weiter. Im Viertelfinale warten die Nieder-

123

Frankreich – Nigeria 2:0

Frankreichs Bank-Geheimnis: »Wir sind 23 Brüder«

Brachte die »Equipe Tricolore« auf die Siegerstraße: Paul Pogba (links), hier im akrobatischen Duell mit dem Nigerianer Juwon Oshaniwa

Auf der einen Seite Frankreich, der gefühlte Weltmeister der beiden ersten Vorrundenspieltage mit einem 3:0 über Honduras und einem 5:2 über die Schweiz. Auf der anderen Seite Nigeria, das sich mit einem 0:0 gegen den Iran, einem Schiedsrichter-begünstigten 1:0 über Bosnien-Herzegowina und einem 2:3 gegen Argentinien eine Runde weitergezittert hatte. Doch wie so oft bei diesem Turnier wurde in einem K.-o.-Spiel die scheinbar eindeutige Ausgangssituation vom realen Geschehen auf dem Rasen ausgehebelt. Die Afrikaner spielten munter mit, die Tormaschine der Europäer kam nicht auf Touren. Das Sturmduo Karim Benzema und Olivier Giroud stand sich meist selbst im Weg. Ein sehenswerter Volleyschuss von Jungstar Paul Pogba, das war es für lange Zeit. Da hatte der Gegner durch den umtriebigen Emmanuel Emenike sogar mehr und aussichtsreichere Chancen.

Und so erinnerte sich Frankreichs Trainer Didier Deschamps an eine Maßnahme, die bei dieser WM so erfolgreich war wie bei keiner anderen zuvor: Er wechselte im Offensivbereich sein Personal. Für Giroud kam der hochveranlagte Antoine Griezmann nach einer guten Stunde zu seinem achten Einsatz für die »Equipe Tricolore«. Nach der Vorrunde standen in Brasilien bereits 24 Treffer von Jokern zu Buche, einer mehr als im gesamten Turnier 2006, das die bisherige Rekordmarke stellte. Die Maßnahme hatte Erfolg, plötzlich entwickelte der Weltmeister von 1998 Torgefahr. Nach einem Doppelpass mit Griezmann scheiterte der nun höchst präsente Benzema nur knapp an Torhüter Vincent Enyeama, der immer mehr ins Blickfeld rückte. Wenig später nutzte Pogba,

30. Juni in Brasilia
Frankreich – Nigeria 2:0 (0:0)

Eingewechselt: 62. Griezmann für Giroud, 90./+4 Sissoko für Valbuena – 59. Gabriel für Onazi, 89. Nwofor für Moses

Tore: 1:0 Pogba (79.), 2:0 Yobo (90./+1, ET)

Gelbe Karte: Matuidi

Schiedsrichter: Geiger (USA)

Zuschauer: 67 882

ACHTELFINALE

Die Entscheidung: Joseph Yobo (2. von links) befördert den Ball zwischen seinem Keeper Vincent Enyeama und Antoine Griezmann zum 0:2 ins eigene Tor.

Traf in der ersten Halbzeit, stand dabei aber knapp im Abseits: Nigerias Stürmer Emmanuel Emenike will es nicht wahrhaben.

der später zum Spieler des Spiels gekürt wurde, eine Unsicherheit des Keepers zur Führung. Und in der Nachspielzeit setzte Griezmann seinen Kontrahenten Joseph Yobo derart massiv unter Druck, dass dieser eine Flanke ins eigene Gehäuse lenkte. Der Joker hatte zwar nicht persönlich getroffen – wiewohl die FIFA beim Spiel Brasilien gegen Chile in einer nahezu deckungsgleichen Szene den Torerfolg dem angreifenden David Luiz gutgeschrieben hatte –, doch ihm war es gelungen, den Offensivbereich seiner Mannschaft entscheidend aufzupeppen. »Ich bin nach meiner Einwechslung immer wieder steilgegangen«, nannte der 23-Jährige sein Erfolgsrezept. Dabei kam ihm die Vorarbeit Girouds durchaus zugute, wie Griezmann bekannte: »Wir hatten die gegnerische Abwehr vorher schon müde gespielt.« Mittelfeldspieler Mathieu Valbuena ergänzte pathetisch: »Wir sind 23 Brüder. Die Entscheidung kann auch von der Bank kommen.«

Frankreich hatte nach einer desaströsen WM 2010 und einer höchst knappen Qualifikation für das Turnier in Brasilien einen weiteren Meilenstein gesetzt, um wieder internationale Reputation zu erlangen. Und das Selbstbewusstsein der Mannschaft wuchs trotz der lange Zeit eher mäßigen Vorstellung gegen Nigeria. »Für uns gibt es kein Limit bei diesem Turnier. Alles ist möglich«, erkannte Torhüter und Kapitän Hugo Lloris die Chance, an die glorreichen Zeiten der »Equipe Tricolore« um die Jahrtausendwende anzuknüpfen. Trainer Deschamps ergänzte: »Es war nur eine weitere Etappe. Das Turnier ist für uns noch nicht zu Ende.«

Stephen Keshi, sein nigerianischer Kollege, sah die Dinge naturgemäß etwas anders. Der 52-Jährige, der seine Mannschaft im Jahr zuvor noch zur Afrikameisterschaft geführt hatte, erklärte wenige Stunden nach dem WM-Aus trotz eines bis 2015 laufenden Vertrags seinen Rücktritt: »Freunde, es war eine gute Zeit und ich habe jeden Moment genossen. Jetzt ist es jedoch Zeit, die Segel zu streichen.«

Marchons, marchons! Die Einwechslung von Antoine Griezmann (großes Foto, links) brachte die Franzosen endgültig ins Marschieren, Mathieu Valbuena bedankt sich glückselig.

125

Der Strafraum ist sein Wohnzimmer, seinen Vorgarten hat er auch im Griff: Manuel Neuer war gegen Algerien häufig auch als »Libero« gefordert.

Deutschland – Algerien 2:1 n.V.

»Kopf und Kragen riskiert« – der weltbeste Torwart ohne Viererkette

Per Mertesacker umklammerte diese kleine Plastikflasche, als müsste er sich daran festhalten. Immer wieder nuckelte er daran, ehe er das Mineralwasser vollends in sich hineinkippte. Obwohl es im südbrasilianischen Winter bei heftig wehendem Wind und feinem Regen nur unwirtliche zehn Grad hatte, perlten auf Mertesackers Stirn dicke Schweißperlen. »Brutal«, sagte er, »brutal positiv« seien die Folgen dieses Arbeits- und Zittersiegs im Achtelfinale gegen die Algerier, die gut 30 Minuten zuvor nach mehr als zwei höchst intensiven Stunden niedergerungen worden waren. »Es war absolut wichtig, dass wir bis zur letzten Sekunde alles gegeben haben«, fügte der Innenverteidiger hinzu und suchte mit seinen Augen Orientierung im Irgendwo wie zuvor auf dem Platz phasenweise die gesamte deutsche Mannschaft.

Routinier Mertesacker räumte die unglaublich vielen und krassen Fehler vor allem im Passspiel ein, wollte sie aber nicht diskutieren oder gar präzisieren, sondern sich allein mit dem versöhnlichen Resultat beschäftigen: einem 2:1-Sieg nach den Treffern von André Schürrle gleich zu Beginn der Verlängerung, 1:0, von Mesut Özil am Ende der Verlängerung, 2:0, sowie von Abdelmoumene Djabou in der Nachspielzeit der Verlängerung, 2:1. »Wir haben nie aufgesteckt und in der Verlängerung verdient gewonnen, weil wir die entscheidenden Chancen hatten«, sagte Mertesacker, Chef einer wackeligen Abwehr, hinter der Manuel Neuer, der Torwart, als letzter Mann und Libero mehrmals weit jenseits der Strafraumgrenze im Notdienst unterwegs war und mit kompromissloser Grätsche (8., 28., 89.) oder gekonntem Kopfball (71.) rettete.

»Es ist wichtig, dass er das Auge hat, brenzlige Situationen immer wieder zu sehen und abzulaufen«, sagte Kollege Mertesacker, »damit wurde er weltberühmt, dafür brauchen wir ihn auch.« Kapitän Philipp Lahm fasste kurz und knapp zusammen: »Durch seine Spielweise ist Manu der beste Torwart der Welt.« Ein derartiger Torwart, der zuweilen und immer öfter mehr mit den Füßen als mit den Händen spiele, gehöre »zu unserem Spiel«, dadurch könne die Abwehr weit vorrücken, »weil wir wissen, dass Manu sehr wachsam ist und gerne und gut mitspielt«.

Klein-Neuer, den es trotz der heute imposanten 1,93 Meter Körperlänge gab, kickte auf dem Bolzplatz gerne im Feld und mit seinem Papa Peter bei den Alten Herren des FC Schalke 04, unter anderem mit dem einstigen Torjäger Klaus Fischer. Und auch beim FC Bayern, wenn ohne Tore gespielt wird, ist er beim Sieben-gegen-sieben oder Acht-gegen-acht als Feldspieler voll dabei. Er übt damit für den Wettkampf, für die Spezialeinsätze, die er in dieser Häufigkeit wie gegen die Nordafrikaner in den 48 Länderspielen zuvor noch nie zu erledigen hatte. »Das war etwas Bayern-like heute, so wie ich spielen musste«, befand Neuer und verwies damit auf den Guardiola-Stil im Klub. Neuers Erläuterung seiner Handlungsweise in solchen Situationen: »Ich stehe schon so, dass ich immer bereit bin, der Viererkette zu helfen und die Bälle abzulaufen.« Die Grundlage einer gelungenen Kooperation sei, »dass die Vorderleute

30. Juni in Porto Alegre
Deutschland – Algerien 2:1 n.V. (0:0, 0:0)

Eingewechselt: 46. Schürrle für Götze, 70. Khedira für Mustafi, 109. Kramer für Schweinsteiger – 78. Brahimi für Taider, 97. Bougherra für Halliche, 100. Djabou für Soudani

Tore: 1:0 Schürrle (92.), 2:0 Özil (119.), 2:1 Djabou (120./+1)

Gelbe Karten: Lahm – Halliche

Schiedsrichter: Ricci (Brasilien)

Zuschauer: 43 063

126

ACHTELFINALE

Selbstbewusst und mit Raffinesse: André Schürrle überwindet Rais M'Bohli per Hackentrick.

Er behielt immer die Übersicht: Manuel Neuer packt gegen Mehdi Mostefa (Nummer 22) energisch zu.

Der eine hatte Pech, der andere einen rabenschwarzen Tag: Während Thomas Müller (linkes Foto) Nadelstiche setzen konnte, lief bei Mario Götze so gut wie nichts.

wissen, dass ich da bin«. Und ein nasser Rasen sei dieser mutigen Spielweise zuträglich, sagte Neuer: »Wenn der Platz trocken ist, wird es schwierig für mich, weil die Bälle dann abstoppen.«

Für Manuel Neuer gehören solche spektakulären Aktionen zu den Automatismen im Zusammenspiel zwischen Torwart und Viererkette. Neuer sprach wie immer ruhig an diesem aufregenden Achtelfinal-Abend – nachdenklich. »Klar, ich habe in der einen oder anderen Situation Kopf und Kragen riskiert«, räumte er ein. Aber derartige Wagnisse gehörten eben zu seinem Stil, »das ist mein offensives Spiel, dass ich versuche, da zu sein für meine Mannschaftskameraden«, aber: »Es war schon ein bisschen eng heute.« Neuer ist sich dessen bewusst, dass er mit der ständigen Gefahr einer Roten Karte lebt, wenn er sich so in die Duelle wirft, auf alles oder nichts: Irgendwann könnte er den Bruchteil

Match-Daten

Deutschland		Algerien
2	Tore	1
28	Torschüsse gesamt	10
22	Torschüsse aufs Tor	7
11	begangene Fouls	20
682	erfolgreiche Pässe	260
86 %	Passquote	68 %
67 %	Ballbesitz	33 %
56 %	Zweikampfquote	44 %
1	Gelbe Karten	1
0	Rote Karten	0
4	Abseits	4
10	Ecken	4
127 km	Laufstrecke	125 km

Die deutschen Spieler in der Einzelanalyse

#	Spieler	Ballkontakte	Pässe	Passbilanz %	Laufstrecke in km	Zweikampfquote %	Torschüsse	Fouls
1	Manuel NEUER (TW)	59	32	75	5,5	100	0	0
4	Benedikt HÖWEDES	74	45	82	12,5	53	1	1
7	Bastian SCHWEINSTEIGER bis 109.	121	100	91	11,6	31	3	3
8	Mesut ÖZIL	94	67	88	11,3	56	3	1
13	Thomas MÜLLER	78	46	76	12,5	58	6	1
16	Philipp LAHM (K)	121	98	90	12,4	44	2	1
17	Per MERTESACKER	111	93	88	10,8	78	0	1
18	Toni KROOS	135	105	87	12,0	64	2	0
19	Mario GÖTZE bis 46.	29	20	80	6,1	25	1	1
20	Jerome BOATENG	116	94	85	11,1	67	1	1
21	Shkodran MUSTAFI bis 70.	40	24	83	6,6	60	1	0
9	André SCHÜRRLE ab 46.	42	21	76	6,3	44	7	1
6	Sami KHEDIRA ab 70.	48	41	90	6,8	100	0	0
23	Christoph KRAMER ab 109.	9	7	86	2,0	100	1	0

127

Kam nach langer Verletzungspause besser in Tritt: Sami Khedira bot gegen Algerien seine bis dahin beste Leistung bei der WM 2014.

einer Hundertstelsekunde zu spät angerauscht kommen. »Es ist ein schmaler Grat, und man weiß in der einen oder anderen Situation nicht sicher, wenn man unterwegs ist nach vorne, ob man den Ball bekommt«, gab er zu, »aber ich kann da nicht das Zögern anfangen und muss da einfach meine Entscheidung zu hundert Prozent durchziehen. Wenn ich Angst hätte, würde ich auf der Linie bleiben.«

Auch der DFB-Torwartbeauftragte Köpke räumte das immerwährende Risiko ein, das Neuers Spiel bedrohe, »aber wir können nicht immer jubeln, wenn er es richtig macht, und dann alles verteufeln, wenn er einmal nicht an den Ball kommt«.

Gegen Algerien ging alles gut: für Neuer und für die Mannschaft – vor allem dank Neuer. »Der Ausgang ist positiv«, sagte der Torwart selbst. Trotz des späten Gegentores gab sich der Zu-null-Fanatiker zufrieden, kritisierte aber: »Wenn man mit einer deutschen Nationalmannschaft gegen Algerien im Achtelfinale steht und dann dieses Spiel sieht, ist es schon ein bisschen ärgerlich, dass man es nicht schon vorher klargemacht hat.« Neuer hatte dabei die physischen Auswirkungen für das anstehende Viertelfinale gegen Frankreich im Kopf.

Volle Deckung: Thomas Müller macht Platz für Bastian Schweinsteiger, dessen Kopfball jedoch das Ziel verfehlt.

ACHTELFINALE

Pressestimmen

»Der Kaiser hat einen Nachfolger: Manuel Neuer. Der Torwart ist gegen Algerien mit tollkühnen Rettungstaten außerhalb des Strafraums der beste deutsche Abwehrspieler.«
FRANKFURTER RUNDSCHAU

»Schürrle ist nach seinem Treffer eine echte Option. Seine Chance auf einen Platz in der Startelf dürfte das erhöhen.«
DIE WELT

»Fehlerfreies Harakiri. Wer ist der beste Torhüter der Welt? Nach Manuel Neuers starkem Auftritt im WM-Achtelfinale gegen Algerien ist die Frage leicht zu beantworten.«
SÜDDEUTSCHE ZEITUNG

»Ihr habt wie Männer gespielt und wie Helden verloren.«
ECHOROUK (ALGERIEN)

»Sie scheiden aus, ohne sich schämen zu müssen. Die Verlängerung war fatal für die algerische Mannschaft, die körperlich nicht mit der Ausdauer der Deutschen mithalten konnte.«
DEPECHE DE KABYLIE (ALGERIEN)

»Deutschlands Wille erzwingt den Sieg, hat in 120 Minuten aber jeglichen Status von einem hohen Favoriten auf den WM-Titel verloren.«
O GLOBO (BRASILIEN)

»Wüstenfüchse erschrecken zittrige Deutsche. Lange Zeit ließ der Gegner die Deutschen langsam, unsicher und schlampig aussehen.«
DAILY MIRROR (ENGLAND)

»Und nun? Deutschland. Die Franzosen treffen auf ihren ›besten‹ Feind. Die Phantome von 1982 und 1986 kommen wieder zum Vorschein.«
LA DEPECHE (FRANKREICH)

»Deutschland zieht erst nach Verlängerung ins Viertelfinale ein, erweckt beim Zittersieg gegen tapfere, aber im Abschluss schwache Algerier nicht den Eindruck, den Titelweg bis zum Ende gehen zu können.«
DER STANDARD (ÖSTERREICH)

Stimmen zum Spiel

Joachim Löw (Bundestrainer): »Nach so einem Spiel muss man durchschnaufen. Das war am Ende ein Sieg der Willenskraft. In der ersten Halbzeit haben wir uns schwergetan und viele Bälle verloren, in der zweiten Halbzeit und der Verlängerung waren wir dann schon die bessere Mannschaft. Unsere Stärke ist auch die Flexibilität. Heute haben wir wieder frische Spieler gebracht, die der Mannschaft geholfen haben.«

André Schürrle: »Wir hätten es auch lieber anders geregelt, aber Algerien hat es heute gut gemacht und uns von Anfang an gestört. Wir haben uns vor allem anfangs schwergetan, am Ende hätten wir aber schon in der regulären Spielzeit das Tor machen müssen. Aber egal wie, wir sind im Viertelfinale. Bei meinem Hackentor war Glück mit dabei, aber ich wollte den schon so aufs Tor bringen.«

Manuel Neuer: »Ich habe meine Spielweise nicht verändert. Ich spiele öfter so. Das hat der Platz hergegeben, weil es ein bisschen nass war. Alles ist zu erklären, wenn man es vernünftig analysiert. Mit Frankreich wartet eine harte Aufgabe auf uns. Als der André kam, war ein bisschen Zug drin. Das hat Schwung gebracht, das tat uns gut. Wir müssen zielstrebiger nach vorne spielen.«

Per Mertesacker: »Mir ist völlig wurscht wie, wir sind unter letzten acht, und nur das zählt. Glauben Sie, unter den letzten 16 ist eine Karnevalstruppe?! Was wollen Sie? Wollen Sie, dass wir eine erfolgreiche WM spielen? Oder wollen Sie, dass wir ausscheiden, und wir haben schön gespielt? Wir sind weiter, wir sind happy. Die haben uns nichts geschenkt. Wir haben gekämpft bis zum Ende. Ich lege mich jetzt drei Tage in die Eistonne, dann analysieren wir das Spiel und dann sehen wir weiter.«

Oliver Bierhoff (Teammanager): »Man hat gesehen, wie die Jungs gefightet haben. Es war am Ende ein glücklicher, aber verdienter Sieg. Frankreich ist ein noch härterer Gegner, wir können uns jetzt immer weniger erlauben und müssen noch einige Dinge verbessern.«

Madjid Bougherra: »Ich bin schon sehr stolz auf diese Mannschaft. Wir haben der ganzen Welt gezeigt, dass Algerien eine tolle Mannschaft besitzt. Spätestens jetzt kennen alle unsere Qualitäten. Wir haben bis zum Ende alles gegeben. Es war eine tolle WM von uns. Ich möchte dem Trainer im Namen aller Spieler danken. Er hat sehr viel geleistet. Er hat es verdient, durch die ganz große Tür hinauszugehen.«

Rais M'Bohli: »Wir haben Geschichte geschrieben. Wir sind ein Stück Historie. Und wir haben vor allem gezeigt, dass wir auf höchstem Niveau Fußball spielen können.«

Letzte Umarmung: Ottmar Hitzfeld (links) tröstet seinen Angreifer Admir Mehmedi.

Argentinien – Schweiz 1:0 n. V.

Der letzte Akt in einem brutalen Geschäft

Auf ein Happy End konnte er ohnehin kaum gehofft haben. Dass Ottmar Hitzfeld sein letztes Spiel als Trainer mit einer Niederlage beenden würde, war schon vor der Weltmeisterschaft so gut wie sicher. Die Art und Weise des Ausscheidens gegen Argentinien führte dem 65-jährigen Erfolgscoach bei dessen emotionalem Abschied aber noch einmal die ganze Brutalität seines Geschäfts vor Augen. »Jeder Moment im Fußball bleibt in meiner Erinnerung«, fasste Hitzfeld nach dem dramatischen 0:1 in Sao Paulo zusammen. »Aber das hatte schon eine gewaltige Dimension.« Der letzte Akt erinnerte den Fußballlehrer gar an die »Mutter aller Niederlagen«: Am 25. Mai 1999 saß Hitzfeld ebenfalls auf der Bank, als er mit den Bayern in Barcelona das Champions-League-Finale gegen Manchester United in der Nachspielzeit noch aus der Hand gegeben hatte. Nun das Schweizer Drama in Brasilien: »Das hier war ähnlich«, sagte Hitzfeld, der mit den Tränen kämpfen musste.

Auch seine Mannschaft hatte gekämpft. Sie hatte sich gewehrt, sie brachte den Favoriten aus Südamerika sogar ins Wanken. Bis tief in die Verlängerung hinein fand das Team um Superstar Lionel Messi kein Rezept gegen die gut eingestellten Eidgenossen. Doch dann: ein Ballverlust von Stephan Lichtsteiner an der

1. Juli in Sao Paulo
Argentinien – Schweiz 1:0 n. V. (0:0, 0:0)

Eingewechselt: 74. Palacio für Lavezzi, 105./+1 Basanta für Rojo, 106. Biglia für Gago – 66. Fernandes für Xhaka, 82. Seferovic für Drmic, 113. Dzemaili für Mehmedi

Tor: 1:0 di Maria (118.)

Gelbe Karten: Rojo, di Maria, Garay – Xhaka, Fernandes

Schiedsrichter: Eriksson (Schweden)

Zuschauer: 63 255

Die Schweizer Spieler in der Einzelanalyse

		Ballkontakte	Pässe	Passbilanz %	Laufstrecke in km	Zweikampfquote %	Torschüsse	Fouls	
1	Diego BENAGLIO (TW)	52	12	42	7,1	0	1	0
2	Stephan LICHTSTEINER	57	28	68	14,4	25	1	1
8	Gökhan INLER (K)	82	51	75	14,4	48	1	3
10	Granit XHAKA bis 66.	28	20	65	8,3	40	1	6
11	Valon BEHRAMI	50	30	77	14,0	48	0	3
13	Ricardo RODRIGUEZ	79	35	74	12,3	72	1	1
18	Admir MEHMEDI bis 113.	69	39	79	13,6	38	0	2
19	Josip DRMIC bis 82.	17	8	75	9,0	38	2	3
20	Johan DJOUROU	54	24	79	12,3	86	0	1
22	Fabian SCHÄR	48	25	72	12,3	33	1	1
23	Xherdan SHAQIRI	82	48	85	14,6	41	4	4
16	Gelson FERNANDES ab 66.	25	18	89	8,1	30	0	2
9	Haris SEFEROVIC ab 82.	21	14	86	5,4	12	1	2
15	Blerim DZEMAILI ab 113.	5	1	100	1,2	0	2	0

Match-Daten

Argentinien		Schweiz
1	Tore	0
29	Torschüsse gesamt	15
22	Torschüsse aufs Tor	7
18	begangene Fouls	29
515	erfolgreiche Pässe	268
83 %	Passquote	76 %
64 %	Ballbesitz	36 %
56 %	Zweikampfquote	44 %
3	Gelbe Karten	2
0	Rote Karten	0
1	Abseits	1
13	Ecken	5
135 km	Laufstrecke	147 km

Pressestimmen

»Argentinien zieht mit Herz und viel Leiden ins Viertelfinale ein. Di Maria trifft zwei Minuten vor Ende der Verlängerung in einem großen Spiel von Messi.«
CLARIN (ARGENTINIEN)

»Di Maria, der Held. Argentinien quält sich ins Viertelfinale.«
LA NACION (ARGENTINIEN)

»Messi entzündet das Feuer, di Maria grillt für alle. Argentinien ist dank Messi und dessen elegantem Zusammenspiel mit di Maria erneut eine Runde weiter.«
PAGINA 12 (ARGENTINIEN)

»Der traurige Abgang des Nati-Trainers. Danke, GOTTmar Hitzfeld! Der erfolgreichste Nati-Trainer tritt ab. Brutales WM-Out für die Schweiz.«
BLICK (SCHWEIZ)

»Schweizer Träume in der 118. Minute zerstört. Eine herzzerreißende Niederlage für die Schweiz.«
TAGES-ANZEIGER (SCHWEIZ)

»Der würdevolle Abgang einer Trainer-Legende. Der blöde Pfosten versaut Schweizer WM-Party.«
20 MINUTEN (SCHWEIZ)

»Die Zitterpartie gegen die Schweiz ging den Argentiniern gehörig an die Nieren. Erst kurz vor dem drohenden Elfmeterschießen erlöste Angel di Maria die Albiceleste und zugleich 40 Millionen Fans in der Heimat.«
KICKER ONLINE (DEUTSCHLAND)

»Himmelblauweiß juchzt, Shaqiri schluchzt – Argentinien kombiniert schlecht, die flinken Schweizer pressen. Doch nach der Verlängerung zieht das schwächere Team ins Viertelfinale ein.«
SÜDDEUTSCHE ZEITUNG (DEUTSCHLAND)

Mittellinie, ein genialer Moment Messis, sein Solo, sein Pass, ein Abschluss von Angel di Maria gegen die Laufrichtung des ansonsten glänzenden Torwarts Diego Benaglio – nach 118 Minuten blieb die Welt kurz stehen. Für die ekstatisch jubelnden Argentinier, für die am Boden zerstörten Schweizer. Ein Schuss, ein Tor, das Aus. Das wäre für den europäischen Underdog bei allem Schmerz noch erträglich gewesen. Doch der machte es für sich selbst noch brutaler: ein letztes Auflehnen, eine letzte Chance, ein unfassbares Unglück. In der Nachspielzeit landete der Ball nach einer Flanke von Xherdan Shaqiri auf dem Kopf des eingewechselten Blerim Dzemaili. Von dort aus springt die Kugel an den Pfosten, zurück ans Knie des Schweizers und schließlich ins Aus. Als kurze Zeit später ein Freistoß Shaqiris in der argentinischen Mauer hängen bleibt, pfeift Schiedsrichter Jonas Eriksson das Spiel ab. In seinen letzten drei Minuten als Coach »habe ich noch mal alles erlebt, was im Trainerleben möglich ist«, resümierte Hitzfeld. Ein emotionales Auf und Ab, ein Spiel zwischen Hoffen und Bangen, zwischen Jubel und Trauer. »Erhobenen Hauptes« könne er sich verabschieden, sagte der über 31 Jahre gefeierte Erfolgstrainer, für den der Tag des Ausscheidens schon ganz schlecht begonnen hatte. Am Morgen erhielt Hitzfeld die Nachricht, dass sein 82 Jahre alter Bruder Winfried verstorben war. Stunden später dann das Ausscheiden aus dem WM-Turnier. Hitzfeld rang mit seinen Emotionen, schloss eine Rückkehr auf die Trainerbank aber definitiv aus. »Dieser Beruf ist nun beendet, ich bin stolz auf meine Laufbahn.«

Und die Argentinier? Auch sie waren stolz. Zumindest über das Weiterkommen. Sie feierten. Den vierten Sieg im vierten Spiel, den Einzug ins Viertelfinale, wie immer ihren Superstar. Ein Messi-Moment reicht meistens, um Spiele zu gewinnen. Doch der Rest ist eine Enttäuschung. Die hoch eingeschätzte Offensive an der Seite der Nummer 10 bleibt blass. Das Wohl und Wehe einer ganzen Nation hängt an einem Mann. Gegen die tapfere Schweiz machte Lionel Messi wieder einmal den Unterschied.

Doppeltes Pech: Erst trifft Blerim Dzemaili (vorne) per Kopf den Pfosten, dann prallt der Ball von seinem Knie ins Toraus.

ACHTELFINALE

Durchgesetzt: Ricardo Rodriguez lässt Angel di Maria hinter sich.

Zwei sind keiner zu viel: Lionel Messi wurde von den Schweizern gut kontrolliert, eine entscheidende Aktion gelang ihm aber doch.

Alles oder nichts: Torhüter Diego Benaglio (Mitte) schaltete sich kurz vor Schluss akrobatisch in die Schweizer Offensive ein, konnte sich jedoch nicht entscheidend durchsetzen.

Stimmen zum Spiel

Ottmar Hitzfeld (Nationaltrainer Schweiz): »Die Mannschaft hat eine großartige, leidenschaftliche Leistung geboten. Wir sind ruhig geblieben in kritischen Situationen. Schon in der ersten Halbzeit hatten wir zwei gute Möglichkeiten, um in Führung zu gehen. Ich muss der Mannschaft ein großes Kompliment machen. Die Schweiz hat viele Sympathien in der Welt gewonnen. Argentinien hat ein schwieriges Spiel gehabt, wir haben ihnen das Leben schwer gemacht. Jeder Moment im Fußball bleibt in meiner Erinnerung. Aber das hatte schon eine gewaltige Dimension.«

Alejandro Sabella (Nationaltrainer Argentinien): »Zu gewinnen ist das Wichtigste. Dafür braucht man eine gute Taktik und gute Spieler. Es war ein wundervolles Spiel, der Gegner war stark. Ich kann meinen Spielern nur zum Weiterkommen gratulieren.«

Gelson Fernandes: »Ich bin sehr enttäuscht. Wir wollten Fußball spielen und eine gute Leistung zeigen. Und das gelang! Diese Mannschaft ist so jung, wir haben eine große Zukunft.«

Stephan Lichtsteiner: »Es ist bitter. Ein großes Kompliment an die Mannschaft. Aber dann haben wir einen Fehler zu viel gemacht. Wir sind sehr enttäuscht, aber wir haben ein hervorragendes Match gemacht. Wir dürfen stolz sein.«

Blerim Dzemaili: »Unglaublich! So viel Pech!«

Admir Mehmedi: »So ist der Fußball. Wir hätten gewinnen können, stattdessen verlieren wir. Dass der Ball an den Pfosten prallte, zeigt, dass wir das Glück nicht auf unserer Seite hatten.«

Ciriaco Sforza: Hitzfelds Nachfolger Petkovic soll die Schweiz unter die Top-Nationen führen

Im Auftaktspiel gegen Ecuador war erst die zweite Halbzeit besser. Das reichte gerade, um durch Haris Seferovics Tor in der Nachspielzeit drei Punkte zu holen. Das 2:5 gegen Frankreich war ein schwarzer Tag, für alle Schweizer. Es war eine Vorführung. Positiv war, dass die Mannschaft trotz der »Klatsche« das Weiterkommen in der Hand hatte, was gegen Honduras auch gelang.

Beim 3:0 war die erste Halbzeit gut, die zweite dafür weniger. Weil sich Honduras, das keine starke Mannschaft hat, vier hundertprozentige Chancen herausspielen konnte und ein Elfmeter nicht gepfiffen wurde. In diesem Spiel war zu sehen, dass unsere Mannschaft international noch kein Topniveau besitzt. Der Dreierpack von Xherdan Shaqiri, der im Turnier gewisse Qualitäten zeigte, war von großer Bedeutung. Aber überbewerten sollte man die Leistung gegen Honduras nicht. Dank der Trotzreaktion wurde immerhin das Minimalziel Achtelfinale erreicht, insgesamt eine gute Geschichte für den Schweizer Fußball.

Und dann dieses bittere 0:1 gegen Argentinien. Eine unglückliche und unnötige Niederlage gegen ein Team, das vom Namen her und wegen Einzelspielern wie Lionel Messi, Gonzalo Higuain oder Angel di Maria weltweit hoch eingeschätzt wurde, das im Achtelfinale aber kein gutes Niveau hatte.

Defensiv hat unsere Mannschaft prima gestanden. Leider konnten wir die klaren Chancen in der ersten Halbzeit von Granit Xhaka und Josip Drmic nicht nutzen. Drmic hatte doch noch Zeit, auf das Tor zu

ACHTELFINALE

gehen; und dann dieser schwache Abschluss. Unglaublich. Bei einer Führung wären wir wahrscheinlich ins Viertelfinale eingezogen. Völlig verdient gegen ein Team, das nur durch Einzelspieler auffiel. Argentinien war ein Gegner, der nicht die Qualität hatte, weiterzukommen.

So schmerzlich und ungerecht das Ausscheiden war: Diese Schweizer Mannschaft hat Zukunft, ein enormes Potenzial. Wenn sie sich weiterentwickelt, jeder an sich arbeitet und ehrlich mit sich umgeht. Kapitän Gökhan Inler, Blerim Dzemaili und Valon Behrami stehen nicht von ungefähr in Neapel unter Vertrag. Behrami war lange verletzt, hat sich im Laufe des Turniers gefangen und gegen Argentinien gezeigt, welche Stärken er in der Defensive hat. Dazu Admir Mehmedi, Shaqiri, Ricardo Rodriguez, Xhaka oder Seferovic – wir haben jede Menge Talente, die im Ausland bei zum Teil großen Klubs spielen. Das zeigt, welches Potenzial wir haben. Leider fehlte gegen Argentinien das Quäntchen Glück. Das war in der letzten Minute der Verlängerung beim Kopfball von Dzemaili zu sehen. Der Ball springt vom Pfosten zurück ans Knie – und von dort neben das Tor. Normal ist der Ball drin. Hier müssen wir ansetzen. Für solche Situationen brauchen wir Killerinstinkt, müssen uns mental verbessern. Glück muss man manchmal erzwingen wollen. Dazu gehört, solche Chancen eiskalt zu nutzen. Bei der Chance von Drmic etwa, der besten, die wir im Turnier hatten, muss man sagen: Danke schön und rein mit dem Ball ins Tor. Schade.

Das unglückliche Aus sorgte für bittere Tränen. Die hätte Ottmar Hitzfeld, für den das Länderspiel gegen Argentinien wohl sein letztes Spiel als Trainer war, wahrscheinlich ohnehin vergossen. Solche außergewöhnlichen Momente hat Ottmar in seiner Karriere mehrmals erlebt, oft auf der anderen Seite. Wie mit Bayern München 2001, als ein Tor von Patrik Andersson zum 1:1 in Hamburg in letzter Sekunde die Deutsche Meisterschaft bedeutete und Schalke ins Tal der Tränen beförderte. Im letzten Spiel so aufhören zu müssen ist bitter. Der Schatten der letzten Minuten wird Ottmar noch einige Zeit verfolgen …

In Vladimir Petkovic, der in Bellinzona, bei Young Boys Bern und zuletzt bei Lazio Rom gute Arbeit leistete, steht Hitzfelds Nachfolger schon länger fest. Nun beginnt eine neue Ära. Ottmar hinterlässt ihm eine Mannschaft, die auf einem sehr guten Weg ist. Aber: Man muss Petkovic Zeit geben, damit sich etwas entwickeln kann. Die WM-Spieler können sich auch künftig als starke Mannschaft präsentieren. Wenn wir dranbleiben, uns kontinuierlich verbessern, dann ist die »Nati« in den nächsten Jahren unter den Topnationen dabei. Vorne sind reichlich entwicklungsfähige Talente, auf der Torhüterposition haben wir ebenfalls sehr gute Leute mit dem bei der WM starken Diego Benaglio sowie Roman Bürki und Yann Sommer.

Eine wacklige Position ist die Innenverteidigung. Johan Djourou oder Philippe Senderos stagnieren, haben immer wieder Böcke drin. Abgesehen von Fabian Schär vom FC Basel, der sich nach der schweren Augenverletzung von Steve von Bergen im Turnier steigern, bewähren und etablieren konnte, sehe ich in der Schweizer Liga keinen erstklassigen Innenverteidiger. Ein Kandidat mit Perspektive sollte Fabian Lustenberger sein, der auf dieser Position für Hertha BSC in der Bundesliga oft überzeugt hat. Leider hat sich Fabian zu Beginn der Vorbereitung auf's Neue verletzt. Lustenberger könnte ein neuer Patrick Müller werden. Spielerisch, taktisch – er ist sehr clever.

Nun kommt es darauf an, was der neue Nationaltrainer plant. Ob Petkovic wie mit seinen bisherigen Mannschaften weiter ein 4-3-3 oder ein anderes System spielt? Abwarten.

Ciriaco Sforza (44) bestritt 79 Länderspiele, scheiterte 1994 bei der WM in den USA mit der Schweiz ebenfalls im Achtelfinale (0:3 gegen Spanien). Als Spieler war er u.a. Deutscher Meister mit Bayern München und dem 1. FC Kaiserslautern. In der Saison 2014/15 trainiert Sforza, der den FC Luzern zurück in die Erste Liga führte und später Grasshoppers Zürich betreute, den Zweitligisten FC Wohlen. Dort ging einst sein Stern auf.

Hier abgrundtiefe Enttäuschung, da kollektive Freude: Die Schweizer sind raus, die argentinische Mannschaft feiert den Einzug ins Viertelfinale.

Belgiens Tore zum Viertelfinale: Kevin de Bruyne (Bild oben, Mitte) erzielt das 1:0, wenig später erhöht Romelu Lukaku (Bild unten, rechts) auf 2:0.

Kampf der Kapitäne: Der Belgier Vincent Kompany (hinten) muss sich mit der Spannweite seines US-Kollegen Clint Dempsey auseinandersetzen.

Belgien – USA 2:1 n. V.

Überschätzt und übertrumpft

Dies ist die Geschichte von den USA und vom Fußball. Von ihrem höchsten Mann im Staate. Von ihrem Nationaltrainer. Von Realismus. Selbstverständnis. Selbstüberschätzung.

Wo anfangen? Erst mal am Ende. Es kam für die US-Amerikaner im Achtelfinale gegen Belgien. 1:2 nach Verlängerung. Klingt knapp. War's aber nicht. Die USA. Ihr Motto: die Größten, die Besten, die Tollsten. Jürgen Klinsmann ist von Natur aus eigentlich ein bescheidener Mensch. Gut, er hat Millionenverträge für sich aushandeln lassen, aber das ist nicht verwerflich. Er ist bodenständig, er weiß als schwäbischer Bäckerssohn, wo er herkommt. Und so erzählte er vor der WM erfrischend realistisch, dass die USA natürlich in bester Absicht nach Brasilien reisen und dort alles geben würden. Aber dass sie natürlich kein Titelanwärter seien. Das Echo? Schallende Ohrfeigen. Rücktrittsforderungen gar, gerichtet an den Mann, dem der »Soccer« in seiner Wahlheimat schon vor seinem Engagement als Bundestrainer am Herzen lag.

Das war dann selbst für Klinsmann zu viel. Natürlich nominierte er trotz des Aufschreis den aussortierten vermeintlichen Star Landon Donovan nicht nach. Aber abseits davon? Klinsmann spricht gerne von Projekten. Und dann schießt er auch mal übers Ziel hinaus. Beim FC Bayern wollte er nicht nur reformieren, wo es nicht so viel zu reformieren gab, sondern er verfolgte die hehre Absicht, »jeden Spieler jeden Tag besser« zu machen. Am Ende war der VfL Wolfsburg besser und Klinsmann schnell weg vom Fenster. Und jetzt, bei den USA, gab er seine realistische Haltung auch auf, redete nach einer durchwachsenen Gruppenphase (an deren Ende mit Glück der Einzug ins Achtelfinale stand) plötzlich doch wieder vom Titel und davon, die USA wollten langfristig zu den »Top 10 bis 12« in der Welt gehören. Sich hohe Ziele zu setzen – okay. Aber ein Fundament sollte da sein.

Dass jenes der US-Nationalmannschaft bröckelt, mag überraschend zu lesen sein, wenn da auf den ersten Blick eine knappe Niederlage gegen Belgien steht und ein Achtelfinaleinzug zu Zeiten, da England, Italien und Spanien schon längst den Check-in-Schalter passiert haben. Doch der zweite Blick lohnt sich: absolut überragend der physische Zustand des US-Teams, die

ACHTELFINALE

Power, die Ausdauer. Doch fußballerisch? Wenig bis gar nichts. Aktionen, die auf Zufall ausgelegt waren. Keine Strategie. Klinsmann kann aus limitierten Spielern, technisch wie taktisch, keine Messis schnitzen. Aber warum tun sie so, als könnte er es? Wo war die defensive Ordnung bei belgischen Kontern? Wo der Plan im Offensivspiel? Was, außer Begeisterung und Motivation, kam da von außen an Impulsen?

Die Wahrheiten dieses Spiels lauten: Ohne US-Torhüter Tim Howard hätte Belgien verdientermaßen 3:0, wenn nicht 4:0 gewonnen, bevor man überhaupt nur an eine Verlängerung hätte denken können. Und warum Klinsmann den Bayern-Jungstar Julian Green erst so spät einwechselte, obwohl er in den wenigen Minuten nicht nur wegen seines Tores zum 1:2 mehr fußballerisches Potenzial erkennen ließ als seine Kollegen, bleibt sein Geheimnis.

Belgien war's egal. Romelu Lukaku leitete das 1:0 durch Kevin de Bruyne ein, erzielte das 2:0. Wieder mal ein Marc-Wilmots-Glücksgriff bei einer Einwechslung. Doch kann er überhaupt danebenliegen bei diesen Jungs auf der Bank? Ein korrekter Erfolg für die Europäer, die allerdings am Ende auch etwas Glück hatten.

Das wiederum veranlasste wohl US-Präsident Barack Obama dazu, am Tag nach dem Aus der USA zu twittern: »Wir werden das alles schneller gewinnen, als die Welt denkt.« Wie schrieb der Autor Paul Brown? »Wenn du gewinnst, sag nichts. Wenn du verlierst, sag noch weniger.«

Sichtlich enttäuscht: Für Jürgen Klinsmann und die USA war im Achtelfinale Endstation.

1. Juli in Salvador
Belgien – USA 2:1 n. V. (0:0, 0:0)

Eingewechselt: 60. Mirallas für Mertens, 91. Lukaku für Origi, 111. Chadli für Hazard – 32. Yedlin für Johnson, 72. Wondolowski für Zusi, 105./+2 Green für Bedoya

Tore: 1:0 de Bruyne (93.), 2:0 Lukaku (105.); 2:1 Green (107.)

Gelbe Karten: Kompany – Cameron

Schiedsrichter: Haimoudi (Algerien)

Zuschauer: 51 227

135

Rainer Holzschuh: »Dramatik pur – und die Favoriten setzen sich durch«

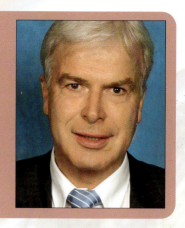

Was für ein Achtelfinale! Was für eine Dramatik! Wer sich an Fußball berauschen wollte, musste ein starkes Nervenkostüm mitbringen. Fünf der acht Spiele benötigten eine Verlängerung, zwei davon gar ein Elfmeterschießen. Eines wurde in den Schlusssekunden gedreht, und auch die beiden anderen Begegnungen waren voller Spannung. Die Torhüter wuchsen zu Bollwerken, wie Tim Howard vom US-Team, Manuel Neuer mit seiner Libero-Interpretation, der Schweizer Diego Benaglio, der Chilene Claudio Bravo, der Algerier Rais M'Bohli. Denn reichlich Torchancen auf allen Seiten unterstreichen Augenhöhe, zeugen von Glück und Pech, von schwächelnden Titelkandidaten und über sich hinauswachsenden Außenseitern. Wie auch die erstaunliche Serie von sechs der acht Spiele, die zur Pause noch torlos standen. Die »Kleinen« haben aufgeholt, die »Großen« sind nicht wirklich größer geworden. Zumindest im direkten Duell nivellierten sich technische und taktische Fähigkeiten, und in puncto Kampfkraft wie Kondition sollte bei einer WM ohnehin keine Diskussion aufkommen. Ein echter Favorit hat sich immer noch nicht herauskristallisiert, weder Brasilien noch Argentinien, die Niederlande und Deutschland, zeigten ihr erwartetes Können, ohne jedoch gestoppt zu werden. Die afrikanischen Vertreter Nigeria und Algerien mussten sich nach starker Gegenwehr verabschieden.

Das Entrée verströmte nur bedingt Fußball-Charisma. Chiles Leidenschaft bremste Brasiliens Fußball-Kunst, und wieder einmal zeigte sich, dass sich der Gastgeber unter der Last eines ungeheuren Drucks kaum entfalten konnte wie erhofft. Neymar, dieses Fußball-Märchen in Menschengestalt, auszuschalten, war das Ziel der Chilenen, und was Doppel- oder Dreifach-Beschattung nicht schaffte, gelang durch etliche Attacken auf Waden und Bänder. Als Neymar desillusioniert einige Gänge zurückschaltete, zeigte sich, dass ihm ein kongeniales Pendant fehlt. Sein finaler Elfmetertreffer und der anschließende Fehlschuss von Gonzalo Jara zum Eintritt in das Viertelfinale ließen ihn dann doch zum umjubelten Helden werden. Brasilien war im Glück bei gegnerischen Pfosten- und Lattentreffern – aber was ist schon Glück, wenn man ohnehin vom Titelgewinn überzeugt ist!

Als neuer Superstar auf der Überholspur befindet sich ein Kolumbianer: James, der sich mit seinen fünf Toren nach vier Spielen, vor allem mit einem Glanzstück zum 1:0, nicht nur in seinem Heimatland in die Herzen der Fußball-Genießer schoss: Den Ball von der Brust abtropfen lassen, ihn mit einer halben Drehung volley nehmen und ohne Sichtkontakt aus rund 20 Metern ins Netz knallen ist ein Geniestreich für die Ewigkeit. Dieser Mann weckt fortan Begehrlichkeiten bei den ganz großen Klubs. Die Uruguayer ergingen sich in Staunen und – ein weiterer Grund für die Niederlage – in ungezügeltem Wutschnauben wegen der langfristigen Sperre des »bissigen« Torjägers Luis Suarez.

Was James und Neymar noch werden wollen, hat Lionel Messi längst hinter sich: mehrmaliger Weltfußballer, das Abziehbild eines Idols. Blieb ihm im Nationaldress der ganz große Auftritt bisher verwehrt, so wollte er 2014 auch in der Heimat zum Heroen aufsteigen. Wie bei Brasilien und Neymar, lebt insbesondere Argentinien seit Jahren von Messis schwankender Lust und Laune. Gegen die Schweiz mit unbändigem Ehrgeiz, aber immer wieder final gestoppt, gelang ihm kurz vor dem Elfmeterschießen ein fulminantes Solo mit dem entscheidenden Pass zu Angel di Maria. Die Schweiz war ein taktisch geschulter, kampfkräftiger, am Ende unglücklicher Verlierer mit imponierender Gesamt-

---

André Schürrle legte mit seinem Tor den Grundstein für den Einzug der deutschen Mannschaft ins Viertelfinale. Belgiens Top-Joker Romelu Lukaku war ebenfalls entscheidend beteiligt am Weiterkommen seines Teams. Überragender Mann im Achtelfinale war erneut James, Tim Howard wiederum sorgte dafür, dass die USA gegen Belgien nicht schon in der regulären Spielzeit untergingen.

KOMMENTAR
Achtelfinale

Torschützen und Zuarbeiter: André Schürrle (Mitte) erzielte gegen Algerien nach seiner Einwechslung das 1:0, Thomas Müller (links) gab die Vorlage. Mesut Özil traf zum zwischenzeitlichen 2:0.

leistung. Ottmar Hitzfeld hatte es verstanden, zum Abschluss seiner großartigen Trainerkarriere nochmals eine starke Einheit zu schaffen. Nah an einer Überraschung waren die Griechen im schwächsten Spiel des Achtelfinales gegen Costa Rica. Umgekehrte Vorzeichen zur Vorrunde: Die dort biedere Mannschaft forderte den dort sensationell auftrumpfenden Überraschungssieger bis zum unglücklichen Elfmeterschießen. Noch impulsiver, noch flinker und hungriger auf Erfolg trumpften die US-Amerikaner auf, die Jürgen Klinsmann zumindest in physischer Hinsicht auf Top-Niveau und damit dem Fußball in der Heimat von American Football, Basketball, Baseball und Eishockey einen riesigen Schub brachte. Doch Belgiens Hochbegabten wie Kevin de Bruyne, Divock Origi und Eden Hazard verhalf nach endlosen Bemühungen gegen US-Keeper Howard ihre technische Dominanz zum Viertelfinale.

Von den Fußball-Göttern geküsst mussten sich die Niederländer wähnen. Gegen erneut unbequeme, schnellkräftige Mexikaner kamen sie selten ins Spiel, lagen bis kurz vor dem Abpfiff zurück, um im finalen Aufbäumen dank des unerwartet eingewechselten Klaas Jan Huntelaar und der Fallsucht von Arjen Robben das Viertelfinale zu sichern. Die Abwendung vom traditionellen 4-3-3 bleibt dennoch umstritten.

Alle Favoriten und Costa Rica setzten sich letztendlich durch, alle mit viel Mühe und einigen Schöpflöffeln Glück. Doch den meisten Diskussionsstoff um aktuelle Form und wahre Möglichkeiten bot einmal mehr das DFB-Team. Joachim Löw, ein Tüftler in Sachen Taktik und Personal, beharrte auf Philipp Lahm im Mittelfeld, auf Kosten einer strategischen Stärkung der Außenbahn. Wieder bildeten vier gelernte Innenverteidiger die Abwehrkette, wieder fehlte der Offensiv-Druck von der Seite, um die Algerier aus der überfüllten Mitte locken zu können. Deutschland stand immens hoch, bot den schnellen Nordafrikanern damit immer wieder die Möglichkeit, mit weiten Bällen die langsameren Löw-Schützlinge zu überlaufen. Der überragende Manuel Neuer musste brillante technische Fähigkeiten und eine sensationelle Antizipation aufbringen, um gefühlte Dutzende Male als »Libero« die Konter der Algerier weit außerhalb des Strafraums zu entschärfen. Solch ein Torwartspiel hat die Welt wohl nie gesehen. Ironie des Schicksals, dass eine Verletzung des überforderten Aushilfs-Rechtsverteidigers Shkodran Mustafi und Lahms Versetzung auf rechts die taktische und damit spielerische Wende erzwangen. Der kommende Gegner Frankreich tat sich dagegen leichter gegen Nigeria, ohne vollauf zu überzeugen. Vom imponierenden Spielaufbau in der Vorrunde entfernte sich das Team drastisch, um dann doch zwei Fehler des ansonsten überragenden Torwarts Vincent Enyeama zum Einzug in das Viertelfinale zu nutzen.

Frankreich – Deutschland	0:1 (0:1)
Brasilien – Kolumbien	2:1 (1:0)
Argentinien – Belgien	1:0 (1:0)
Niederlande – Costa Rica	i.E. 4:3

Drama in Fortaleza: Neymar wird nach dem rüden Tritt von Juan Zuniga vom Platz getragen (kleines Bild).
Hoch hinaus: Mats Hummels (Nummer fünf) beschäftigte Frankreichs Torwart Hugo Lloris (links) und Raphael Varane nicht nur bei seinem Tor (großes Bild).

VIERTEL-FINALE

»Turniermannschaft«? Deutschland – wer sonst! Das Team zeigte sich deutlich stabiler als noch gegen Algerien, schlug Frankreich knapp, aber verdient. Zum insgesamt 13. Mal heißt es: Halbfinale, wir kommen!
Auch dabei: Brasilien, das nach Neymars Aus gegen Kolumbien unter einer Schockstarre leidet; die Niederlande, die dank eines Coups auf der Torwartposition das Überraschungsteam aus Costa Rica ausschalteten und – Argentinien, gegen das die jungen Wilden aus Belgien zu viel Respekt zeigten.

Frankreich – Deutschland 0:1

Hummels kann auch den Löw-Stil

So viele persönliche Sternstunden habe er ja noch nicht erlebt in der Nationalmannschaft, sinnierte Mats Hummels vor dem Start ins WM-Turnier im Interview mit dem kicker. Eigentlich könne er sich da nur an das Eröffnungsspiel bei der EM 2012 erinnern, als ihn beim 1:0-Sieg gegen Portugal jenes wunderschöne Gefühl begleitete, »der Ball fliegt immer dahin, wo man ihn gerade braucht«.

Im Glutofen Maracana-Stadion hatte der Dortmunder in dieser Hinsicht sein Déjà-vu-Erlebnis. Und dass der 25 Jahre alte Abwehrhüne von Borussia Dortmund nach dem hart umkämpften 1:0-Erfolg gegen Frankreich zum Spieler des Spiels erkoren wurde und dafür die von einer Dünnbier-Brauerei gestellte Trophäe in Empfang nehmen durfte, war vollauf verdient.

Für Hummels selbst war das Erlebte noch am Morgen nach der Rückkehr von Rio de Janeiro ins Campo Bahia kaum zu realisieren: »Wer hätte gedacht, wie die WM bisher läuft für uns und mich. Das ist alles irgendwie noch schwer zu packen.«

»Für mich ist er der Kopf der Mannschaft«, erklärte Manuel Neuer, der zweite Garant für den Halbfinal-Einzug, gewollt doppeldeutig. Denn Hummels gelang mit einem platzierten Kopfball nicht nur der Siegtreffer, vor allem avancierte er in den 90 kräftezehrenden Minuten zum Turm in der Schlacht. »Sensationell, wie er die

Die deutschen Spieler in der Einzelanalyse

#	Spieler	Ballkontakte	Pässe	Passbilanz %	Laufstrecke in km	Zweikampfquote %	Torschüsse	Fouls	
1	Manuel NEUER (TW)	54	28	46	5,3	0	0	0	
4	Benedikt HÖWEDES	49	21	76	10,3	73	1	1	
5	Mats HUMMELS	56	40	85	9,6	50	2	1	
6	Sami KHEDIRA	43	35	77	10,5	20	0	2	
7	Bastian SCHWEINSTEIGER	59	53	85	10,6	14	0	3	
8	Mesut ÖZIL bis 83.	37	26	85	8,8	33	0	0	
11	Miroslav KLOSE bis 69.	32	19	58	7,1	44	0	0	
13	Thomas MÜLLER	51	34	68	11,0	37	1	5	
16	Philipp LAHM (K)	88	54	89	9,5	75	0	1	
18	Toni KROOS bis 90./+2	49	33	85	10,2	50	2	2	
20	Jerome BOATENG	63	49	71	9,6	50	0	0	
9	André SCHÜRRLE ab 69.	19	5	80	3,1	40	3	2	
19	Mario GÖTZE ab 83.	6	2	50	1,6	40	0	1	
23	Christoph KRAMER ab 90./+2	2	1	0	0,4	100	0	0	

Match-Daten

Frankreich		Deutschland
0	Tore	1
13	Torschüsse gesamt	9
9	Torschüsse aufs Tor	6
15	begangene Fouls	18
300	erfolgreiche Pässe	307
78 %	Passquote	77 %
49 %	Ballbesitz	51 %
56 %	Zweikampfquote	44 %
0	Gelbe Karten	2
0	Rote Karten	0
3	Abseits	0
5	Ecken	3
101 km	Laufstrecke	108 km

Triumphgeheul: Mats Hummels feiert den Einzug ins Halbfinale, für den er maßgeblich mit verantwortlich war.

VIERTELFINALE

Zweikämpfe bestreitet«, lobte Bundestrainer Joachim Löw, dem derart überschwängliche Komplimente über Hummels in der Vergangenheit kaum einmal über die Lippen kamen.

Tatsächlich aber hat der Mann mit der Nummer fünf in diesem 34. Länderspiel wie überhaupt seit Beginn des Turniers unter Beweis gestellt, dass er lernfähig ist. Daran hatte Löw lange Zeit seine Zweifel, und deshalb galt das Verhältnis zwischen dem Bundestrainer und dem selbstbewussten Defensivspieler als einigermaßen konfliktbeladen. Löw wollte nicht, dass Hummels im DFB-Trikot so forsch in die Zweikämpfe geht wie im schwarz-gelben Dress. Vor allem untersagte er dem Verteidiger, sich in BVB-Manier mit langen Bällen und eigenmächtigen Vorstößen als Aushilfs-Spielmacher zu betätigen.

Der Hausmeister von Maracana: Tom Gerhardt alias Haumeister Krause war Augenzeuge des deutschen Sieges und natürlich bester Stimmung (Bild oben).

Das Tor zum Halbfinale: Mats Hummels (Zweiter von links) trifft per Kopf zum 1:0 (links). Knapp vorbei: Thomas Müller (im Hintergrund) vergibt die Chance zum 2:0 (Bild links unten).

4. Juli in Rio de Janeiro
Frankreich – Deutschland 0:1 (0:1)

Eingewechselt: 71. Koscielny für Sakho, 73. Remy für Cabaye, 85. Giroud für Valbuena – 69. Schürrle für Klose, 83. Götze für Özil, 90./+2 Kramer für Kroos

Tor: 0:1 Hummels (12.)

Gelbe Karten: Khedira, Schweinsteiger

Schiedsrichter: Pitana (Argentinien)

Zuschauer: 74 240

Hummels seinerseits tat sich schwer, jene Merkmale zu unterdrücken, die ihn in Dortmund auszeichnen und zum Führungsspieler werden ließen. Ein Umstand, weshalb er stets um seinen Platz in der Nationalmannschaft bangen musste und in den meisten WM-Qualifikationsspielen anders als Per Mertesacker oder Jerome Boateng nicht zur ersten Elf zählte.

In Brasilien hingegen war er von Anfang an eine feste Größe – weil er im Trainingslager dem Bundestrainer zu erkennen gab, dass er seine Lektionen gelernt hatte: »Jetzt weiß ich, dass ich einige Dinge anders machen muss als sonst. Und weil ich es weiß, kann ich es auch umsetzen.« Bereits beim 4:0-Auftaktsieg gegen Portugal gehörte er zu den prägenden Figuren – und zu den Torschützen, als er einen Eckball von Toni Kroos gleichfalls mit einem wuchtigen Kopfstoß zum 2:0 versenkte und dabei Real Madrids Star-Verteidiger Pepe im Luftkampf uralt aussehen ließ.

Auch gegen Frankreich führte eine Standardsituation zum Erfolg. Auch diesmal war wieder Toni Kroos der Vorbereiter. Auch diesmal der überforderte Bewacher ein Profi von Real Madrid. Der Entschlossenheit und den 90 Kilo Gewicht von Hummels nach der Freistoßflanke von Kroos hatte der junge

Pressestimmen

»Ausgeschieden mit Auszeichnung. Der Traum der Bleus ist deutlich an einer effizienteren Mannschaft zerschellt. Spiele gegen Deutschland scheinen immer in einer Sackgasse zu enden.«
L'EQUIPE (FRANKREICH)

»Der Traum ist geplatzt. Die Siegermentalität trägt nicht sofort Früchte. Didier Deschamps hat als Spieler und Trainer sein erstes K.-o.-Spiel bei einem WM-Turnier verloren.«
OUEST FRANCE (FRANKREICH)

»Ja, sie haben es schon wieder getan. Es ist das vierte Mal in Serie – ein Rekord. Deutschland hat in diesem Jahrhundert noch kein WM-Halbfinale verpasst.« DAILY MAIL (ENGLAND)

»Deutschland beginnt, bedrohlich zu wirken. Das ist das Ding mit ihnen und dem Turnier. Das passiert eigentlich immer.«
DAILY MIRROR (ENGLAND)

»Die deutschen Spieler verbinden Klasse mit Kraft und rennen wie Verrückte. Das WM-Finale ist für sie kein Traum, sondern ein realisierbares Projekt.«
CORRIERE DELLO SPORT (ITALIEN)

»Der schwierigste Schritt für die Scolari-Familie. Einen Ersatz für Neymar zu finden, ist die größte Herausforderung auf dem Weg zum sechsten Titel. Neymar kann die Selecao gegen Deutschland nicht mehr mit seinen Toren und Dribblings retten.«
O DIA (BRASILIEN)

Rechts dabei statt mittendrin: Philipp Lahm kehrte gegen Frankreich auf seine angestammte Position als rechter Verteidiger zurück. Ein Schachzug, der für das deutsche Spiel nicht von Nachteil war.

Raphael Varane (21) zu wenig entgegenzusetzen – wie auch Torhüter Hugo Lloris dem Kopfball unter die Latte nur hinterherfliegen konnte. Treffer Nummer vier in der Nationalmannschaft, Treffer Nummer vier mit dem Kopf. »Ich war mit meiner Ausbeute in den letzten zwei Jahren in der Bundesliga ein bisschen unzufrieden«, sagte Hummels später, »deshalb passt es mir natürlich umso besser, was hier passiert.« Nur drei Tore waren ihm in den vergangenen beiden Bundesliga-Spielzeiten für den BVB gelungen.

Löw hatte gegen Frankreich die Innenverteidigung mit Hummels und Boateng besetzt und mit der Nichtberücksichtigung von Mertesacker für eine große Überraschung gesorgt. Er habe gegen die wendigen Franzosen um Karim Benzema auch seine schnellsten Abwehrspieler aufbieten wollen, sagte der Bundestrainer zu seinem gelungenen Schachzug, der nicht der einzige war. Philipp Lahm zog er aus dem defensiven Mittelfeld auf die Rechtsverteidiger-Position zurück. Eine Maßnahme, die nach dem konfusen Achtelfinal-Auftritt gegen Algerien von allen Seiten gefordert wurde und auch von erfahrenen Teilen der Mannschaft gewünscht war. Löw begründete die Maßnahme mit taktischen Überlegungen: »Und ich hatte das Gefühl, für das Spiel einen neuen Reiz setzen zu müssen.«

Bastian Schweinsteiger und Sami Khedira teilten sich wie in guten alten Zeiten bei der WM 2010 und der EM 2012 das defensive Mittelfeld auf. Und in Miroslav Klose probierte es der Bundestrainer erstmals bei diesem Turnier von Anfang an mit einem gelernten Stürmer und nicht mit einer falschen Neun. Mit anderen Worten: Löw trennte sich gegen

VIERTELFINALE

die Franzosen von einigen Idealen, die er vor dem Turnier ausgelobt hatte.
Doch es war weniger die Aufstellung, die dieses Spiel entschied, wenngleich die personellen Veränderungen dazu beitrugen, dass das deutsche Spiel strukturierter und kontrollierter war als gegen Algerien oder Ghana. Entscheidend war die Einstellung. Die deutsche Mannschaft feierte einen Sieg des Willens – und der Bereitschaft, in Rios Mittagshitze über die Schmerzgrenze zu gehen. Die DFB-Akteure liefen sieben Kilometer mehr als der Gegner. Gleich bei fünf deutschen Spielern wurde eine Laufleistung von mehr als zehn Kilometern gemessen (Müller, Khedira, Schweinsteiger, Höwedes, Kroos) – kein Franzose erreichte diese Marke.

Stimmen zum Spiel

Joachim Löw (Bundestrainer): »Die Spieler sind schon richtig platt. Es war wahnsinnig heiß, das Spiel ging hin und her. Die Mannschaft war von der Umstellung nicht überrascht. Wir brauchen alle Spieler, und wenn ich das Gefühl habe, dass ich einen Reiz setzen muss, dann mache ich das. Die Mannschaft steigert sich von Spiel zu Spiel, sie ist konzentriert und fokussiert, arbeitet sehr gut.«

Didier Deschamps (Nationaltrainer Frankreich): »Sie hatten mehr Erfahrung und haben ihre Führung sehr gut verteidigt. Wir haben alles versucht bis zum Schluss, wir haben dagegengehalten bis zum Schuss von Karim Benzema. Es ist frustrierend, aber wir hatten auch kein einfaches Spiel erwartet. Uns hat ein wenig die Präzision gefehlt. Der Gegner hatte höchste Qualität. So groß war der Unterschied zwischen beiden Teams nicht, aber sie haben gewonnen.«

Oliver Bierhoff (Teammanager): »Wir sind sehr glücklich, der Druck war schon enorm. Wir haben uns aber viel vorgenommen, wollen natürlich den Titel holen. Seit acht Wochen leben wir in einer Glocke, sind nur auf dieses Ziel fokussiert. Wir sind eine für jeden Gegner unangenehme Mannschaft, wollen zum Finale nach Rio zurückkommen.«

Philipp Lahm: »Beide Teams haben taktisch gut gestanden, das war kein offener Schlagabtausch. Ob ich weiter als Rechtsverteidiger spiele, werden wir von Spiel zu Spiel und von Gegner zu Gegner entscheiden.«

Mats Hummels: »Der nächste Traum, der in Erfüllung gegangen ist. Egal, wer spielt, wir haben alle eine unglaubliche individuelle Qualität.«

Manuel Neuer: »Anders als gegen Algerien hatten wir heute ein Spiel, in dem wir nicht verlieren konnten. Die Abwehr hat es gut gemacht, stand sehr kompakt.«

Per Mertesacker: »Ich war schon überrascht, dass ich nicht gespielt habe. Ich habe aber schon öfter betont: Wir sind so gut, dass jeder spielen kann. Ich habe den Teamgeist aus einer anderen Perspektive erlebt.«

Starke Defensive: Manuel Neuer und Mats Hummels blocken Frankreichs Starstürmer Karim Benzema (Bild links oben).
Zugepackt: Was auf das deutsche Tor kam, schnappte sich Neuer (Bild oben).
Bayern-Profis in Feierstimmung: Bastian Schweinsteiger und Neuer besingen den Einzug ins Halbfinale (Bild links).

Brasilien – Kolumbien 2:1

Das Neymar-Drama – Brasilien in Schockstarre!

60 342 Fans feierten in Fortaleza, der nördlichsten WM-Stadt in Brasilien, ein rauschendes Fest in Gelb. Die favorisierte, heimische »Selecao« gegen die »Cafeteros« aus Kolumbien – immerhin dank »Zauberfuß« James Rodriguez in den Stand eines Geheimfavoriten erhoben. Beide Kontrahenten sind eigentlich in Gelb gewandet, und dass es am Ende nicht in einer Orgie von Gelben Karten mündete, war nur dem überforderten spanischen Schiedsrichter Carlos Velasco Carballo anzulasten.

Der mühevolle 2:1-Sieg der Brasilianer, gleichbedeutend mit dem Einzug ins Halbfinale gegen Deutschland, war nach 95 intensiven Minuten im Estadio Castelao zwar gebührend gefeiert worden. Doch die »Selecao« und die Brasilianer wurden schnell von der bitteren Härte der Realität auf den Boden geholt. Nicht nur, dass sich Kapitän Thiago Silva amateurhaft (wegen einer Behinderung beim Abschlag von Kolumbiens Keeper David Ospina) seine zweite Gelbe Karte abgeholt hatte und somit im Halbfinale gegen die DFB-Elf gesperrt ist.

Das wirkliche Drama ereignete sich in der 87. Minute, als Kolumbiens Verteidiger Juan Zuniga in der gegnerischen Hälfte rüpelhaft sein Knie in den Rücken von Superstar Neymar rammte. Schmerzen. Tränen. Und die Trage. Abwehrmann Henrique ersetzte den Stürmerstar für die restliche Zeit in der »Schlacht von Fortaleza«. Henrique feierte den Sieg am »seidenen Faden« mit den Kollegen, während Neymar längst auf dem Weg ins Krankenhaus war. Brasilien in Schockstarre! Mit TV-Liveschaltungen wurden die Menschen die Nacht über auf dem Laufenden gehalten – obwohl es eigentlich nichts Neues zu vermelden gab. Die bittere Diagnose hatte sich schnell herausgestellt: Bruch eines Lendenwirbels. Das WM-Aus des Superstars. Das Ende des Turniers für den Torjäger, der bis dato für 50 Prozent der Tore der »Selecao« verantwortlich gezeichnet hatte. Der Mann, der zudem den entscheidenden Elfmeter im Achtelfinale gegen Chile verwandelt hatte.

Leidenschaft pur: David Luiz ebnete mit seinem Freistoßtor zum 2:0 den Weg für Brasilien ins Halbfinale.

Der Moment, in dem ein ganzes Land aufstöhnt: Juan Zuniga hat Neymar mit dem Knie am Rücken getroffen, Brasiliens Star schreit vor Schmerzen.

VIERTELFINALE

Ausgerechnet Neymar!

Er war der Einzige im Team von Trainer Luiz Felipe Scolari, der die brasilianischen Sehnsüchte nach »jogo bonito«, dem schönen Spiel, noch stillen konnte. Die Sehnsucht nach Leichtigkeit, nach technisch anspruchsvollem Offensivspiel, nach Magie und Zauber – so wie es ein Zico, einer der Protagonisten dieser Spielart, noch unmittelbar vor dem Viertelfinale von Fortaleza gefordert hatte.

Doch davon ist bei Brasilien nicht viel geblieben. Nach dem Aus von Neymar eigentlich gar nichts mehr. Das Team des »großen Felipão«, dem Weltmeistertrainer von 2002, lebt nur noch von der Wucht, von der Dynamik und der Willensstärke seiner Akteure. Typen wie die athletischen Innenverteidiger Thiago Silva und David Luiz prägen das Spiel. Nicht von ungefähr trafen sie gegen Kolumbien. Thiago Silva nach einer Ecke (7. Minute), David Luiz per Freistoß (69. Minute) – Tore nach Standardsituationen.

Denen hatten auch die zuvor spielerisch so überzeugenden Kolumbianer kaum was entgegenzusetzen. Trotz eines begnadeten Talents wie James. Er wurde von Scolaris »Bautrupp im Mittelfeld« mit Fernandinho und Paulinho abgearbeitet – die Wahl der Waffen war nicht gerade von Zimperlichkeit geprägt. Ansonsten wurde in Fortaleza deutlich, dass die »Cafeteros« zuvor wohl von einem halbwegs machbaren Parcours mit Gegnern wie Griechenland, der Elfenbeinküste, Japan und Uruguay profitiert hatten. Immerhin schaffte es James mit einem genialen Pass, dass Carlos Bacca elfmeterreif von Keeper Julio Cesar (80. Minute) gefoult wurde. James exekutierte sicher und vollendete mit seinem sechsten Turniertreffer, seinem letzten, zum 1:2.

Brasilien landete einen Pyrrhus-Sieg. Doch »Papa Felipão« focht das nicht an. »Ich arbeite jetzt seit eineinhalb Jahren mit der ›Selecao‹, und keiner hat an uns geglaubt«, meinte Scolari. »Vor zehn Tagen glaubte niemand an das Achtel- oder gar Viertelfinale. Jetzt sind wir noch weiter.« Und wurde von David Luiz umarmt – wie ein Vater.

4. Juli in Fortaleza
Brasilien – Kolumbien 2:1 (1:0)

Eingewechselt: 83. Ramires für Hulk, 86. Hernanes für Paulinho, 88. Henrique für Neymar – 46. Ramos für Ibarbo, 70. Bacca für Gutierrez, 80. Quintero für Cuadrado

Tore: 1:0 Thiago Silva (7.), 2:0 David Luiz (69.), 2:1 James (80., FE)

Gelbe Karten: Thiago Silva, Julio Cesar – James, Yepes

Schiedsrichter: Velasco Carballo (Spanien)

Zuschauer: 60 342

Hart und herzlich: Erst setzten die Brasilianer Kolumbiens Shootingstar James erheblich zu (Bild oben), nach dem Schlusspfiff trösteten sie den weinenden Spielmacher der »Cafeteros« (Bild unten).

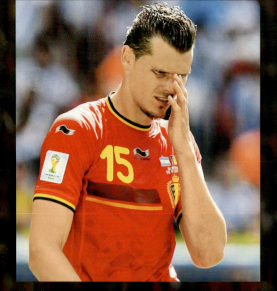

Argentinien – Belgien 1:0

Der »Floh« kann auch kämpfen – enttäuschter van Buyten setzt auf Deutschland

Zerknirscht: Daniel van Buyten schlug das Ausscheiden der Belgier aufs Gemüt.

Als Daniel van Buyten vor die Mikrofone trat, rann ihm nicht nur der Schweiß unablässig das Gesicht herunter. Mit jedem Satz tröpfelte etwas mehr Bitterkeit über seine Lippen. Nicht so sehr der Umstand, dass die belgische Auswahl bei ihrer zwölften WM-Teilnahme den dritten Einzug in die Vorschlussrunde verpasst hatte, wurmte den smarten Hünen. Vielmehr war es die Art und Weise, wie die »Roten Teufel« eine historische Gelegenheit liegen gelassen hatten. »Ich habe das Gefühl, wir hätten es besser machen können«, meinte van Buyten: »Die Qualität ist da, aber etwas Erfahrung hätte uns gutgetan.« Gleichzeitig war die Ehrfurcht vor einem Gegner, den er vor dem Anpfiff noch als eines der weltbesten Teams gepriesen hatte, in jenen 90 eher ereignisarmen Minuten entwichen wie die Luft aus einem kaputten Ball. »Ich setze alles, was ich habe, auf die deutsche Elf, sie kann Argentinien locker schlagen«, konstatierte der 36 Jahre alte Routinier, »es war fast das leichteste Spiel bisher.« Bei Gegnern wie Algerien, Südkorea, Russland und den USA ein bemerkenswerter Satz.

Die meisten seiner Mitspieler waren vor 28 Jahren noch nicht auf der Welt, als Belgien letztmals bei einer WM auf Argentinien getroffen war. Van Buyten schon. »Wir werden versuchen, es besser zu machen als die Mannschaft von 1986, das ist für uns sogar eine kleine Extra-Motivation«, hatte er versprochen und gleichzeitig spekuliert, seinen letzten Auftritt im Nationaldress noch hinauszögern zu können. Pustekuchen. Wie einst die Mannen um Enzo Scifo und Jean-Marie Pfaff scheiterte auch die vor dem Turnier als Geheimfavorit gehandelte »goldene Generation« der Belgier an einem argentinischen Team, für das Pragmatismus, Effizienz und Vernunft an erster Stelle stehen und das bei diesem Turnier das totale Kontrastprogramm liefert zu den wilden, ungezügelten und leidenschaftlichen Auftritten des großen südamerikanischen Rivalen aus Brasilien. Und das auf

Ein Superstar sieht Rot: Lionel Messi muss vor der belgischen Überzahl kapitulieren.

VIERTELFINALE

einen Mann mit außerordentlichen Fähigkeiten vertrauen kann, der im Notfall den Unterschied ausmacht. 1986 hieß dieser Kerl Diego Armando Maradona, der mit zwei sehenswerten Toren zum 2:0 den Weg ebnete zum späteren Titelgewinn. 2014 ist es Lionel Messi, der mit nunmehr 91 Länderspieleinsätzen mit Maradona gleichzog und durch seine vier Turniertreffer dafür sorgte, dass die »Albiceleste« erstmals seit 1990 wieder ins Halbfinale einzog.

Messis Beitrag gegen die Belgier war ungleich unspektakulärer als in den Begegnungen zuvor – und dennoch nicht unerheblich. »La Pulga«, der Floh, war bislang eher nicht dafür bekannt, einem ballführenden Gegenspieler hartnäckig zuzusetzen. In der achten Minute jedoch nervte er in Höhe der Mittellinie Belgiens Kapitän Vincent Kompany derart penetrant, dass dieser einen Fehlpass fabrizierte. Der Rest ging rasend schnell. Pass zu Messi, Drehung rechts, Drehung links, Pass zu Angel di Maria, der will Pablo Zabaleta schicken, Jan Vertonghen fälscht ab in den Lauf von Gonzalo Higuain, Direktabnahme, Tor.

Die 1:0-Pausenführung hielt bis zum Schluss und brachte im fünften Spiel den fünften Turniersieg mit einem Tor Differenz für Argentinien, weil das diszipliniert arbeitende Defensivkollektiv den belgischen Kreativkünstlern keine Räume bot für ihr

schnelles Kombinationsspiel. Wie in der ersten Halbzeit gegen die tief stehenden Algerier verhedderten sich Eden Hazard oder Kevin de Bruyne im dichten Abwehrgestrüpp und fanden fast keine Lücken. Es fehlte an Tempo, Risiko und Kreativität. Und trotzdem boten sich gegen die zwar schnell hinter dem Ball versammelten, aber keineswegs fehlerfrei agierenden Argentinier Torchancen, sogar für Innenverteidiger van Buyten, der ab der 80. Minute mitstürmen durfte. Allein, es half nichts, sodass Marc Wilmots in seinem 15. Pflichtspiel erstmals eine Niederlage kommentieren musste. »Wir können stolz sein auf unser Team«, betonte Belgiens Coach, »aber wir waren nicht, absolut nicht, von den Argentiniern beeindruckt. Es ist ein gewöhnliches Team.« Mit einer Ausnahme …

Ausgebremst: Der Belgier Axel Witsel (links) blockt Lionel Messi.

Der entscheidende Mann: Mit seinem ersten Turnier-Tor sicherte Gonzalo Higuain der »Albiceleste« den Einzug ins Halbfinale.

5. Juli in Brasilia
Argentinien – Belgien 1:0 (1:0)

Eingewechselt: 33. Perez für di Maria, 71. Palacio für Lavezzi, 81. Gago für Higuain – 59. Lukaku für Origi, 60. Mertens für Mirallas, 75. Chadli für Hazard

Tor: 1:0 Higuain (8.)

Gelbe Karten: Biglia – Hazard, Alderweireld

Schiedsrichter: Rizzoli (Italien)

Zuschauer: 68 551

147

Niederlande – Costa Rica 4:3 i. E.

Tim Krul – der erfolgreiche Plan C

Als erster erreicht Dirk Kuijt den Helden, er springt Tim Krul in die Arme. Dann sind die Kollegen da und nehmen den Torwart in ihre Mitte. Wenig später steht Krul in den Katakomben der Arena Fonte Nova zu Salvador und sagt: »Du sitzt draußen – und in der Verlängerung fängt es plötzlich an zu kribbeln, und dann musst du das Team vom Viertel- ins Halbfinale bringen. Für mich geht ein Kindheitstraum in Erfüllung.«

Dieser Weltmeisterschaft der Joker haben Krul und Louis van Gaal an diesem Samstagabend eine Pointe verabreicht, die man sich kaum besser hätte ausdenken können. Es ist das 25. Elfmeterschießen in der WM-Historie, und zum ersten Mal wird eigens dafür ein Keeper eingewechselt. Als die letzte Minute der Verlängerung zwischen den drückend überlegenen Niederländern und den sich hingebungsvoll wehrenden Costa Ricanern läuft, nimmt der Bondscoach seinen Stammkeeper Jasper Cillessen vom Feld und bringt Krul. Der 26-Jährige hat bei seinem Arbeitgeber Newcastle United keine außergewöhnliche Quote bei gehaltenen Elfmetern, aber für diesen besonderen Moment hat ihn van Gaal auserkoren. »Wir im Trainerstab haben alle gefunden, dass Tim mit seiner großen Reichweite der beste Keeper wäre, um Elfmeter zu halten«, sagt van Gaal später und genießt seine Volte. »Wir haben Costa Ricas Elfmeter aus dem Griechenland-Spiel studiert und trainiert. Ich bin stolz, dass alles so geklappt hat.«

Krul baut sich vor den Schützen des Gegners auf, er redet auf sie ein, er fuchtelt mit den Armen. Der usbekische Schiedsrichter Ravshan Irmatov, der mit seinem neunten WM-Einsatz einen Rekord aufstellt, lässt ihn lange gewähren, ehe er ihn vorm dritten Schützen Costa Ricas schließlich doch ermahnt. Kruls Masche verfängt. Costa Rica tritt beim Elfmeterschießen bis auf eine Änderung exakt in der Reihenfolge des Griechenland-Spiels an, aber dem zweiten Schützen, Bryan Ruiz, und dem fünften, Michael Umana, versagen die Nerven – beide scheitern an Krul. Draußen reißt auch Stammkeeper Cillessen den Arm hoch, nachdem er nach der Auswechslung zunächst eine Trinkflasche weggekickt hat. »Im ersten Moment«, verrät der Schlussmann von Ajax Amsterdam später, »war ich verärgert.« Er ist im Unterschied zu Krul nicht eingeweiht in van Gaals Plan, er hält seine Vorder-

Gut gebrüllt: Tim Krul hielt zwei Elfmeter und avancierte zum niederländischen Helden.

Augen zu und durch: Dirk Kuijt (hinten) im Duell mit Costa Ricas Verteidiger Johnny Acosta.

VIERTELFINALE

Immer einen Fuß dazwischen: Yeltsin Tejeda (links) und Costa Rica machten es Memphis Depay und den Niederlanden sehr schwer.

Rudelbildung in Orange: Die Niederländer feiern Tim Krul und den Einzug ins Halbfinale.

leute in der 117. Minute mit seinem rechten Schienbein, das einen Schuss aus Nahdistanz von Marcos Urena abwehrt, überhaupt im Spiel – und muss doch weichen.

Krul steigt zum Matchwinner auf, sein Geheimnis klingt simpel: »Du musst beim Elfmeter einfach so lange wie möglich stehen bleiben.« Dass er die Gegenspieler einzuschüchtern versucht, nehmen ihm die tapferen Mittelamerikaner nicht übel. »So etwas«, sagt Junior Diaz, »gehört einfach dazu.« Drei Aluminiumtreffer überstehen Diaz und Co. in torlosen 120 Minuten, sie kassieren in fünf Auftritten bei diesem Turnier insgesamt nur einen Gegentreffer aus dem Spiel heraus. »Es war ein brillantes Spiel«, bilanziert Trainer Jorge Luis Pinto, »wir waren großartig.« In der Tat. Vor ihrem abermals mit sensationellen Reflexen glänzenden Schlussmann Keylor Navas bringen die Außenseiter ihr 5-4-1 fast zur Perfektion, sie verschieben, sie stellen die Niederländer 13-mal gekonnt ins Abseits und die Räume zu, sie werfen alles, was sie an Herz und Leidenschaft haben, auf den Platz. Erst Krul bezwingt sie. Und in der Heimat bejubelt die Tageszeitung *De Volkskrant* »das Meisterstück von van Gaal«. Plan A hat nicht funktioniert, Plan B – mit dem eingewechselten Klaas Jan Huntelaar in der Schlussphase im Sturmzentrum – auch nicht. Plan C geht auf.

5. Juli in Salvador
Niederlande – Costa Rica 4:3 i. E. (0:0)

Eingewechselt: 76. Lens für Depay, 106. Huntelaar für Martins Indi, 120./+1 Krul für Cillessen – 66. Urena für Campbell, 79. Myrie für Gamboa, 97. Cubero für Tejeda

Elfmeterschießen: 0:1 Borges, 1:1 van Persie, Krul hält gegen Ruiz, 2:1 Robben, 2:2 Gonzalez, 3:2 Sneijder, 3:3 Bolanos, 4:3 Kuijt, Krul hält gegen Umana

Gelbe Karten: Martins Indi, Huntelaar – Junior Diaz, Umana, Gonzalez, Acosta

Schiedsrichter: Irmatov (Usbekistan)

Zuschauer: 51 179

149

Rainer Holzschuh:
»Wie so oft bei großen Turnieren ...«

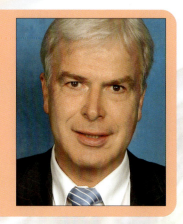

Vier »Große« des Welt-Fußballs gegen vier »Kleinere«: Unter diesem Motto schien das Viertelfinale eine klare Angelegenheit zu werden. Doch das Turnier zeigte bisher, dass Tradition keinen Respekt mehr erzeugt, dass konditionsstarke Kampfbereitschaft den Weltstars das Leben schwer macht. Teams wie Nigeria, Chile, Kolumbien und vor allem Costa Rica verfügen nur peripher oder ganz und gar nicht über weithin bekannte Namen. Viele ihrer Stützpfeiler spielen bei international unbedeutenden Klubs. Selbst die Belgier mit ihren perspektivisch glänzenden Talenten und die Schweizer gelten noch nicht als ausgereift. Im Viertelfinale heizten sie alle aber den arrivierten Gegnern mit ihren vielen Superstars kräftig ein. Letztlich setzten sich die Favoriten zwar durch, aber mit welch hauchdünnem Vorsprung! Die Niederländer benötigten gar die Fußball-Götter im Elfmeterschießen, um sich ins Ziel zu retten.

Der entscheidende Mann betritt den Platz: Tim Krul (Mitte) kommt für Jasper Cillessen.

Nach dem nie gefährdeten 4:0 über zerfallende Portugiesen erwartete ein ganzes Volk den problemlosen Durchmarsch der deutschen Nationalmannschaft bis ins Finale. Die folgenden drei Aufgaben mit positivem Ausgang, aber stetig sinkendem spielerischem Glanz, ließen Skepsis und die Sehnsucht nach Kombinationsfußball wachsen. Der Bundestrainer stand mit seinen Personalien hart in öffentlicher Kritik; eine Nation atmete hörbar auf, als gegen Frankreich Philipp Lahm wegen Verletzungsausfällen wieder in seine Ursprungsrolle auf der rechten Seite schlüpfen musste – ja am Ende des Tages schlüpfen durfte. Das erfreuliche Ergebnis: keine Statik mehr auf dem Wege nach vorne, eine breitere Spielanlage bildete den Schlüssel zum Erfolg über wahrlich nicht schlechte Franzosen. Die für Löw wohl schwierigste Entscheidung, auf Abwehrchef Mertesacker zu verzichten, war ebenso ein Volltreffer wie Lahms Versetzung aus der Schaltzentrale. Es war sicherlich nicht alles perfekt über die 90 Minuten, Ungenauigkeiten verdarben manch gute Ansätze. Aber der verdiente 1:0-Erfolg zeigte einmal mehr, dass die Mannschaft lernfähig ist und sich kämpferisch, läuferisch, taktisch, mental steigern kann. Wie so oft bei großen Turnieren.

Ganz im Gegensatz zum kommenden Gegner. Gastgeber Brasilien zeigte sich in keinem einzigen Auftritt dem unermesslichen Druck gewachsen, der im eigenen Land auf dem Rekordweltmeister lastete. Zwar nahm die »Selecao« den bisher so erfrischend unkomplizierten Kolumbianern mit einer ungeheuren Aggressivität und Laufbereitschaft lange Zeit

Mats Hummels und Manuel Neuer waren zwei der Garanten für den Einzug der deutschen Mannschaft ins Halbfinale. David Luiz und Gonzalo Higuain trugen mit ihren Toren ebenfalls entscheidend dazu bei, dass ihre Teams unter die letzten vier kamen. Shootingstar James erzielte zwar sein sechstes Turnier-Tor, aber für Kolumbien war dennoch Endstation.

die Möglichkeit, ein gepflegtes Kombinationsspiel aufzuziehen. Aber selbst nach dem frühen Führungstreffer blieb das »jogo bonito«, das schöne Spiel, im Nirwana verborgen. Vereinzelte Sturm- und-Drang-Phasen erzwangen lediglich zwei Tore durch Standardsituationen. Da fightete sich ein Team mit viel Enthusiasmus mehr als glücklich durchs Turnier, das seine wirklichen Maßstäbe nie zu erreichen vermochte. Vom 22-jährigen Neymar und seiner Lust und Laune abhängig zu sein, kann eine Fußball-Nation wie Brasilien mit ihrer beeindruckenden Historie an Weltstars niemals zufriedenstellen. Denn keiner der in Europas Nobelklubs verstreuten Edelkicker nahm das Zepter in die Hand, keiner zeigte sich als Dreh- und Angelpunkt, um Wunderknabe Neymar zu entlasten. Dass dieser Neymar dann auch noch krankenhausreif getreten wurde, dämpfte die fast ausufernde Euphorie. Seine schwere Verletzung muss gleichzeitig als Mahnruf dienen für die FIFA, alle ihre akkreditierten Schiedsrichter darauf zu trimmen, fahrlässig in Kauf genommene oder gar vorsätzliche Verletzungen des Gegners viel konsequenter zu bestrafen, um die Gesundheit aller Akteure als höchstes Gut eines Spiels nachhaltig zu schützen.

Dass es Neymars argentinisches Pendant Lionel Messi ohne allzu deftige Blessuren ins Halbfinale schaffte, war ein erfreulicher Aspekt. Aber Messi heute ist nicht mehr der Messi von früher. So unbekümmert genial wie in den Jahren zuvor trumpfte er trotz einiger Sololäufe längst nicht auf. Was auch auf die Teamleistung Einfluss nahm: Mit fünf Siegen zwar, aber fünfmal mit nur einem Tor Unterschied und meist mit einigem Glück hievten sich die Südamerikaner ins Halbfinale. Der nominell schwierigste Gegner Belgien schied nach einem unerwartet schwachen Auftritt sang- und klanglos aus. Ausgerechnet im wichtigsten Spiel seit dem Amtsantritt von Marc Wilmots als Trainer präsentierte sich der Geheimfavorit uninspiriert, ideenlos, langatmig im Aufbau wie nie zuvor.

Holland erlebte einen Tag zum Fürchten. Costa Rica, von drei Ex-Weltmeistern in der Gruppenphase noch unterschätzt, mauerte sich taktisch geschickt ein und überließ Arjen Robben und Co. nur gegen Ende ein paar bruchstückhafte Chancen. Louis van Gaals Schachzug mit dem Torwartwechsel zum Elfmeterschießen war dann der Volltreffer des Tages; auch wenn Tim Krul mit verwirrenden Gesten jegliches Fair Play vermissen ließ. Ein souveräner Schiedsrichter hätte ihm längst Gelb zeigen müssen!

KOMMENTAR
Viertelfinale

Im Laufduell: Philipp Lahm (rechts) gegen den Franzosen Antoine Griezmann.

| Brasilien – Deutschland | 1:7 (0:5) |
| Niederlande - Argentinien | i.E. 2:4 |

Pechvogel: Ron Vlaar scheiterte mit dem ersten Elfmeter und leitete somit das Aus der Niederlande ein (kleines Bild).
Auch von zwei Brasilianern nicht zu stoppen: Sami Khedira (Mitte) überragte im Halbfinale und erzielte einen Treffer (großes Bild).

HALB-FINALE

Unglaublich! Unfassbar! Oder einfach nur: der blanke Wahnsinn! In einem in vieler Hinsicht historischen Halbfinale zerstörte die deutsche Nationalelf die Träume von Gastgeber Brasilien vom sechsten Titel. Miroslav Klose avancierte mit nun 16 Treffern zum besten WM-Torschützen, der berauschende 7:1-Triumph über die »Selecao« geht ebenfalls als Rekord in die Geschichtsbücher ein. Zu Recht sangen die DFB-Fans im Estadio Mineirao zu Belo Horizonte: »So ein Tag, so wunderschön wie heute.«
Ach ja, das zweite Halbfinale: Argentinien bezwang nach einem taktisch geprägten, äußerst defensiv ausgerichteten Spiel die Niederlande humorlos nach Elfmeterschießen.

Brasilien – Deutschland 1:7

Ein historischer Triumph – und ein historisches Desaster

Manuel Neuer machte sich, wie schon nach dem 1:0-Viertelfinalsieg gegen Frankreich vier Tage zuvor in Rio de Janeiro, zum Fanbesuch in die deutsche Kurve auf, Bastian Schweinsteiger, den Oberkörper frei, wieder an seiner Seite. Der deutsche Torwart hatte seinen grünen Arbeitsdress am Mittelkreis abgelegt, er trug nur noch ein leuchtend grünes Muskelshirt und streckte beide Fäuste, beiderseits den Bizeps dick gewölbt, in diese Juli-Nacht von Belo Horizonte. Neuer stimmte ein in den Chor der begeisterten deutschen Fans, die ihm entgegenschmetterten: »Olé! Olé!« Und dann: »Manu für Deutschland!«
Wieder einmal hatte die deutsche Nummer 1 mit mehreren fantastischen Reaktionen gegen Oscar, Ramires und Paulinho das DFB-Team vor einem Gegentreffer bewahrt – ohne dass es überhaupt noch dringend nötig gewesen wäre. Denn zu diesem Zeitpunkt, kurz nach der Pause, führte die DFB-Auswahl schon mit 5:0 Toren. Ja, noch einmal zum Realisieren, zum Begreifen, zum Verstehen des Unfassbaren: mit 5:0. Mit 5:0 gegen Brasilien in Brasilien. Schon zur Halbzeit, schon nach 29 Minuten – im WM-Halbfinale 2014. An diesem 8. Juli in Belo Horizonte wurde Fußball- und WM-Geschichte geschrieben von Joachim Löw und seiner mitreißenden Mannschaft, aber auch von einer bedauernswert schlechten Delegation des fünfmaligen Weltmeisters, der seine enthusiastischen Fans zu Hause mit dem erneuten Gewinn der »Copa do Mundo« beglücken wollte. Dieses ambitionierte Bestreben missriet zu einer der schlimmsten Stunden in der großen Geschichte des brasilianischen Fußballs. Wenn einst die 1:2-Niederlage gegen Uruguay, erlitten im alles entscheidenden Spiel um die WM-Krone am 16. Juli 1950, ein lange währendes Trauma in diesem stolzen und ehrgeizigen

Sieben deutsche Paukenschläge: Thomas Müller, Miroslav Klose, Toni Kroos (2) und Sami Khedira sorgen für den 5:0-Pausenstand (Bilder links), ehe André Schürrle mit seinen Treffern nach dem Seitenwechsel auf 7:0 erhöht (rechte Seite oben). Am Ende steht ein unfassbares 7:1 für Deutschland auf der Anzeigetafel, die deutschen Fans träumen vom vierten Stern, während Brasilien in Scham versinkt (rechte Seite unten).

HALBFINALE

Fußballland ausgelöst hatte und als »Maracanazo«, als Schock vom Maracana, eine ewige Begrifflichkeit erhielt, so wird dieses 1:7-Debakel im Estadio Mineirao von Belo Horizonte die aktiv, eher passiv Beteiligten der »Selecao« und ihren Trainer Luiz Felipe Scolari für immer beschatten. »Das Leben geht weiter, auch mein Leben geht weiter«, sagte der Coach hinterher, »aber ich werde als der Trainer in die Geschichte eingehen, der Brasiliens schlimmste Niederlage zu verantworten hat.« Es ist ein schmachvolles Kapitel in diesen Annalen. Brasilien hatte sein »Mineiraozo«. Geschichte wiederholte sich an diesem Abend, nach 64 Jahren, in einer für die Erben eines Garrincha, Pelé, Zico oder Romario höchst schrecklichen Ausprägung.

Als »die lauteste Stille der Fußballgeschichte« hat der uruguayische Autor Eduardo Galeano den Schockmoment von 1950 beschrieben, als Uruguays Rechtsaußen Alcides Ghiggia damals in der 79. Minute zum 2:1 gegen Brasilien einschoss. Mindestens ähn-

Stürmer im Olymp:
Miroslav Klose traf zum 2:0 und ist nun alleiniger WM-Rekord-Torschütze

lich oder gar gleich sprach- und lautlos reagierten die 58 141 Zuschauer, die vielen gelbgewandeten Brasilianer, die wenigen weißgekleideten Deutschen, nachdem kurz vor 17.30 Uhr Ortszeit, 22.30 Uhr MESZ und in der 29. Spielminute das Unvorstellbare-Unfassbare-Unglaubliche passiert war: Sami Khedira hatte nach Mesut Özils Querpass das fünfte Tor gegen Brasilien erzielt, spielend und spielerisch leicht. Von der 23. bis zu dieser 29. Spielminute waren der deutschen WM-Delegation vier Tore gelungen, innerhalb von sieben Minuten. Zuvor, schon in der elften Minute, hatte Thomas Müller nach einer wieder einmal präzisen Eckballflanke von Toni Kroos völlig frei an der Fünfmeterlinie den Ball ins brasilianische Netz gelenkt und damit seinen fünften Turniertreffer markiert, 1:0 für Deutschland, 0:1 gegen Brasilien.

»Anschließend sind wir panisch geworden«, analysierte Scolari sachlich und mit viel Lob für den großartigen Gegner, der die eklatanten Schwächen dieses renommierten Gegners »gnadenlos« ausnutzte, wie Kroos sagte. Der Ideengeber mit der Nummer 18 im deutschen Team, in dieser Begegnung Zweifach-Torschütze, zum 3:0 und zum 4:0 innerhalb von drei Zeigerumdrehungen, fand die wilde und wirre Kombo um seinen Münchner Klubkollegen Dante »relativ offen« in ihrer konfusen defensiven Anordnung und »sehr anfällig für Konter«, die auf Keeper Julio Cesar wie die Wellen des Atlantik am Strand des deutschen Teamquartiers Campo Bahia bei hohem Seegang zurollten und alles hinwegschwemmten. »Sie waren nicht voll da«, sagte Kroos, »keiner von ihnen wollte den Ball, in der ersten Halbzeit hatte man das Gefühl, da hat bei ihnen ein bisschen die Angst mitgespielt.« Ein bisschen? Ein netter Kerl, dieser Kroos, es war das lähmende Entsetzen, das die Brasilianer ergriffen hatte.

Das Desaster für die sowieso spielerisch und ohne ihren Superstar Neymar noch viel mehr limitierte Heim-

155

mannschaft und der Triumph für das Gastteam aus Deutschland deuteten sich ganz früh an. »Schon vor dem 1:0 hatten wir gute Möglichkeiten«, sagte Kroos richtig, »und in dieser einen Phase haben wir das Spiel entschieden.« Verheerend und vernichtend für die Brasilianer, glanzvoll und glorreich für die eigenen schwarz-rot-goldenen Farben. »Dieses Ergebnis ist herausragend«, befand Neuer und schaute wie immer über die Köpfe hinweg, irgendwie bereits südwestlich Richtung Rio de Janeiro, wo fünf Tage später das große Finale dieser Weltmeisterschaft stattfinden würde. Also riet der Torwart, längst kraft Leistung und Persönlichkeit zum Führungsspieler aufgestiegen, zu verschärfter Aufmerksamkeit. »Wir dürfen uns von dem Ergebnis nicht blenden lassen«, betonte er. »Wir stehen im Finale, viele Mannschaften würden gerne mit uns tauschen, wir freuen uns darüber, wissen aber, dass wir trotz-

Spielmacher tröstet Chef: Bastian Schweinsteiger und Brasiliens Coach Luiz Felipe Scolari nach dem Schlusspfiff

Alle für Neymar: David Luiz präsentiert vor dem Anpfiff das Trikot des verletzten Superstars. Da waren die Brasilianer noch voller Hoffnung …

Die deutschen Spieler in der Einzelanalyse

		Ballkontakte	Pässe	Passbilanz %	Laufstrecke in km	Zweikampfquote %	Torschüsse	Fouls	
1	Manuel NEUER (TW)	59	28	82	5,8	100	0	0	
4	Benedikt HÖWEDES	52	31	68	11,4	20	0	4	
5	Mats HUMMELS bis 46.	25	16	69	5,2	100	0	0	
6	Sami KHEDIRA bis 76.	55	45	87	10,0	44	2	1	
7	Bastian SCHWEINSTEIGER	72	60	93	12,6	62	0	1	
8	Mesut ÖZIL	55	49	88	11,4	25	2	0	
11	Miroslav KLOSE bis 58.	26	19	53	6,9	36	3	3	
13	Thomas MÜLLER	62	35	74	11,4	55	2	2	
16	Philipp LAHM (K)	65	48	90	10,7	83	0	0	
18	Toni KROOS	83	71	93	11,7	50	3	1	
20	Jerome BOATENG	61	54	80	10,8	0	0	0	
17	Per MERTESACKER ab 46.	30	24	88	5,2	100	0	0	
9	André SCHÜRRLE ab 58.	28	21	86	4,0	0	2	1	
14	Julian DRAXLER ab 76.	9	8	100	2,3	0	0	1	

Match-Daten

Brasilien		Deutschland
1	Tore	7
18	Torschüsse gesamt	14
13	Torschüsse aufs Tor	12
11	begangene Fouls	14
381	erfolgreiche Pässe	428
86 %	Passquote	84 %
47 %	Ballbesitz	53 %
48 %	Zweikampfquote	52 %
1	Gelbe Karten	0
0	Rote Karten	0
3	Abseits	0
7	Ecken	5
109 km	Laufstrecke	120 km

HALBFINALE

dem noch nichts erreicht haben.« Noch dieses eine Spiel, dieser eine Schritt bis zur Verewigung unter den Legenden des internationalen und des deutschen Fußballs, 1954, 1974, 1990 – und nun Weltmeister 2014? »Wir müssen die Ruhe bewahren«, mahnte Neuer, »wir dürfen nicht anfangen zu glauben, dass wir irgendwelche Vorteile haben wegen dieses Ergebnisses.«

Einzigartig war es dennoch. Für die »Selecao« bedeutete diese 1:7-Demütigung die höchste Niederlage in ihrer Länderspielbilanz, in der WM-Statistik des DFB ragt nur ein Resultat mit größerer Plus-Differenz heraus, das 8:0 gegen Saudi-Arabien 2002. Damals, am 1. Juni 2002, startete Miroslav Klose seine WM-Karriere, die zwölf Jahre und knapp sechs Wochen später legendär wurde. Sein Flachschuss zum 2:0 gegen Brasilien erhob ihn zum alleinigen Spitzenreiter der ewigen WM-Torschützenliste, es war sein 16. Treffer bei seiner vierten WM-Teilnahme, zum vierten Mal schoss er damit die Seinen ins Halbfinale. Auch damit hat er bisher in aller Welt noch nie Dagewesenes geschafft. Und wie 2002 zu Beginn erreichte er nun zum Abschluss seiner großen WM-Rundtour das Endspiel. Der Auftrag, den er sich persönlich erteilt hatte, war erfüllt, Ronaldo von der Spitze der Schützen-Hitparade verdrängt. »Hier ein Tor zu machen, ist für mich wichtig«, gestand Klose, sonst die personifizierte Bescheidenheit, jetzt der ambitionierte Torjäger. Er wollte nach dieser Brasilien-WM »da oben alleine sein«. Viel wichtiger jedoch war ihm das Gesamtwerk. Das Finale, der WM-Titel. Kann es einen gelungeneren Abtritt von der großen Fußball-Bühne geben? Am besten vergoldet mit einem weiteren, womöglich dem Siegtreffer im Finale? »Ob Tor oder nicht«, sagte Klose, »wichtig ist, dass wir im Anschluss das Ding in der Hand halten.« Er meinte den Goldpokal, die Trophäe, die er seit 2002 verfolgte und vor und mit ihm Generationen seit 1990.

Auch wenn dieser 7:1-Sensationssieg gegen die vermeintliche Weltmacht des Fußballs, Brasilien, schon ein historisches Großereignis war, so musste da noch Wesentliches erledigt werden. »Eintrag in die Geschichtsbücher?«, konterte Müller diese Frage, »ja, herzlichen Glückwunsch.« Er meinte: Das entscheidende Kapitel musste erst noch zu Ende geschrieben werden.

---

8. Juli in Belo Horizonte
Brasilien – Deutschland 1:7 (0:5)

Eingewechselt: 46. Ramires für Hulk, 46. Paulinho für Fernandinho, 69. Willian für Fred – 46. Mertesacker für Hummels, 58. Schürrle für Klose, 76. Draxler für Khedira

Tore: 0:1 Müller (11.), 0:2 Klose (23.), 0:3 Kroos (24.), 0:4 Kroos (26.), 0:5 Khedira (29.), 0:6 Schürrle (69.), 0:7 Schürrle (79.), 1:7 Oscar (90.)

Gelbe Karte: Dante

Schiedsrichter: Rodriguez (Mexiko)

Zuschauer: 58 141

Frust und Freude: Während die deutschen Spieler den Sensationssieg feiern, muss Bundestrainer Joachim Löw den Bayern-Profi Dante aufrichten (kleines Bild, rechts).

Pressestimmen

»Was jetzt, Brasilien? Brasilien geht im Torhagel Deutschlands unter und sieht seinen Traum vom Titel zu Hause sterben.«
ZERO HORA (BRASILIEN)

»Beschämende Leistung. Brasilien wurde von Deutschland massakriert.«
O GLOBO (BRASILIEN)

»Das Mineirao ist Bühne für eine historische Schande. Die Selecao erlebt das größte Massaker in ihrer Historie.«
ESTADO DE MINAS (BRASILIEN)

»Brasilien hat sich nicht darauf beschränkt, eine Chance zu vergeben, Weltmeister im eigenen Land zu werden. Schlimmer noch. Es schaute nur zu, wie die Deutschen Fußball spielten. Eine schmerzvolle Tracht Prügel im Mineirao.«
CORREIO BRAZILIENSE (BRASILIEN)

»Das Desaster. Deutschland fügt Brasilien eine historische Niederlage zu. Auf eigenem Boden wurde die Selecao erniedrigt. Nach Niederlagen in zwei Halbfinals hat Deutschland nach 2002 wieder ein Endspiel erreicht. Dem rostresistenten Miroslav Klose gelang gegen eine apathische brasilianische Abwehr sein 16. WM-Tor.«
L'EQUIPE (FRANKREICH)

»Ein Abend des Albtraums in Belo Horizonte. Plötzlich, kurz vor Schluss, begannen die verbliebenen rund 50 000 Zuschauer, der Nationalmannschaft zu applaudieren. Es war eine surreale Szene in einem Spiel, das längst das Feld der Vernunft verlassen hatte.«
LE MONDE (FRANKREICH)

»Brasiliens Höllen-Nacht: Deutschland schlägt die Gastgeber 7:1 (Ja, SIEBEN!) in der größten Demütigung, die eine WM jemals erlebt hat.«
DAILY MAIL (ENGLAND)

»Deutschland verprügelt Brasilien im tollsten WM-Spiel aller Zeiten. Brasiliens WM-Karneval endet in völliger Verzweiflung und Demütigung, nachdem die Deutschen Amok liefen.«
DAILY MIRROR (ENGLAND)

»Entzweigerissen in 179 Sekunden. Es war wie bei einer Party, bei der plötzlich die Musik aufhört, das Licht angeht und die Polizei durch die Tür kommt. Auf Jahre hinaus werden wir uns an die unglaublichste Kapitulation in der Geschichte dieses Turniers erinnern.«
THE SUN (ENGLAND)

»Deutschland vernichtet Brasilien. Die unvergessene Niederlage der Brasilianer bei der WM 1950 im Maracana-Stadion gegen Uruguay war ein Witz im Vergleich zum 1:7.«
EL PAIS (SPANIEN)

»Brasilien erleidet ein historisches Debakel. Zum Spiel der Deutschen fehlen die Worte. Es war wunderbar, präzise und schnell.«
EL MUNDO (SPANIEN)

»Historische Demütigung für Brasilien! Das Spiel gegen Deutschland wird zum Massaker. Ohne Neymar und Thiago Silva erleidet die Selecao eine Blamage ohnegleichen. Noch nie war ein WM-Halbfinale mit sechs Toren Unterschied zu Ende gegangen.«
GAZZETTA DELLO SPORT (ITALIEN)

»In Belo Horizonte hat sich eines der eklatantesten Matches in der Fußballgeschichte ereignet. Die Deutschen vernichten gnadenlos die Brasilianer, zerstören den WM-Traum der Selecao mit einem beispiellosen Resultat. Tor auch für Klose, der zum besten WM-Torschützen avancierte.«
TUTTOSPORT (ITALIEN)

»Deutschland erniedrigt Brasilien. Deutschland machte am Dienstagabend Gehacktes aus Brasilien, um mal eben mit 7:1 (!) zu gewinnen.«
DE TELEGRAAF (NIEDERLANDE)

»Deutsche Schocktherapie. Die brasilianischen Spieler wirkten wie Clowns aus einem Wanderzirkus. Dante erlebte ein Inferno. Im Boxen hätte der Ringrichter den Kampf bald abgebrochen.«
SPORT EXPRESS (RUSSLAND)

»Deine Augen sehen es, aber der Verstand kann es nicht fassen. Deutschland gegen Brasilien 7:1.«
SOWJETSKI SPORT (RUSSLAND)

HALBFINALE

Stimmen zum Spiel

Joachim Löw (Bundestrainer): »Es war wichtig, dieser Leidenschaft und diesen Emotionen von Brasilien mit Ruhe, mit Abgeklärtheit zu begegnen, natürlich auch mit Mut und mit unserer eigenen Stärke. Die waren dann nach diesen Toren geschockt, und dann hatten wir auch leichtes Spiel. Es haben alle ihre Aufgabe wahnsinnig gut und konzentriert erfüllt. Wir haben gut nach vorne gespielt, klasse kombiniert.«

Luiz Felipe Scolari (Nationaltrainer Brasilien): »Wir bitten um Vergebung bei der Bevölkerung, bitte entschuldigt diesen Fehler. Ich bin verantwortlich für das, was die Mannschaft auf dem Feld geboten hat und trage auch die Verantwortung für das Ergebnis. Es tut mir leid, dass wir unser Ziel nicht erreicht haben. Es ist nicht normal, vier Tore in sechs Minuten zu kassieren, aber es passiert.«

Wolfgang Niersbach (DFB-Präsident): »Es war ein historischer Tag für den deutschen Fußball und den Fußball in der Welt. Es ist eine unglaubliche Leistung, mit Worten gar nicht auszudrücken. Das Wort sensationell reicht nicht, auch märchenhaft ist zu schwach. Fünf Tore in 19 Minuten – auf der Ehrentribüne haben mich die Leute nur angeguckt. Das war Fußball wie von einem anderen Stern. Ich freue mich so für Trainer und Mannschaft. Es ist so begeisternd gewesen, aber ich sehe ja auch die internen Abläufe, wie die miteinander umgehen, diese Disziplin, aber auch die Lockerheit, da stimmt alles.«

Thomas Müller: »Das war natürlich nicht unbedingt zu erwarten. Da sieht man, wie unterschiedlich Spiele laufen können. Da nehme ich gern wieder unser geliebtes Algerien-Spiel. Brasilien hat anders agiert, wir hatten schnelle Ballgewinne, dann waren die Räume größer als gegen defensiv ausgerichtete Mannschaften. Das haben wir bis Mitte der ersten Halbzeit ausgenutzt. Irgendwann bist du als Gegner dann gebrochen. Aber wir sind noch nicht am Ziel. Wir werden noch einmal Vollgas geben, um unser Leben ackern und dann das Ding holen. Wir müssen die Kirche im Dorf lassen. Wie man uns nach Algerien kaputt geredet hat, wird man uns jetzt in den Himmel loben. Das ist der falsche Ansatz. Wir sind einfach ein richtig gutes Team.«

Miroslav Klose: »Es ist jetzt natürlich schwer nach so einem Spiel. Wir haben super angefangen. Dass wir super harmonieren, das merkt man auch im Training. Wir sind einfach eine Einheit, auch die Spieler auf der Bank gehen immer mit. Wir analysieren die Gegner gut. Es ist wichtig, dass unsere Standards fruchten. Das hat man beim 1:0 wieder gesehen. Der Toni bringt den Ball jedes Mal dahin, wo er hinmuss, und das ist einfach eine große Stärke. Da müssen wir weiter dran arbeiten. Das Tor zu machen, war für mich wichtig.«

Toni Kroos: »Wir haben ein tolles Spiel gemacht. Wir haben sie am Anfang fast überrannt, dann hat man ihnen die Verunsicherung angemerkt. Wir sind gleich gut ins Spiel gekommen und hatten dann Chancen im Fünf-Minuten-Takt. Wir haben ein unglaubliches Spiel gemacht – Respekt, aber ein Spiel wartet noch.«

Julio Cesar: »Es ist einfach nicht zu erklären. Wir müssen anerkennen, dass Deutschland einfach sehr gut gespielt hat. Die Deutschen waren einfach stark, nach dem ersten Tor sind wir zusammengebrochen, das hat keiner verstanden. Wir gehen jetzt nach Hause und werden unsere Familien umarmen. Herzlichen Glückwunsch an Deutschland. Aber wir sind eine starke Mannschaft, ich bin mir sicher, dass die Spieler wieder aufstehen werden.«

David Luiz: »Ich wollte nur meinem Volk Freude bereiten. Allen, die so viel zu leiden haben. Ich möchte mich bei allen Brasilianern entschuldigen.«

Alejandro Sabella (Nationaltrainer Argentinien): »Ich habe nur die erste Halbzeit gesehen. Aber Deutschland ist eine echte Macht. Ein solches Ergebnis zwischen zwei großen Fußball-Nationen ist absolut nicht normal. Unglaublich. Wir haben schon zweimal die WM gewonnen und erwarten den dritten Titel.«

Franz Beckenbauer: »Joachim Löw hat aus unseren Einzelspielern eine Mannschaft gemacht, in der jeder für den anderen da ist. Gegen Brasilien ist alles perfekt gelaufen. Die Tore Nummer zwei, drei und vier kurz hintereinander, das war perfekt. Aber das hat man sich erspielt, erarbeitet. Bei den Brasilianern war das Gegenteil der Fall. Es war ein einziges Durcheinander. Ein Hühnerhaufen ist dagegen geordnet.«

Diego Maradona: »Ich hätte nicht gedacht, dass Deutschland so mächtig, so plattmachend, so überzeugend sein würde. Sie schienen wie zwei Brasilien zusammen. Deutschland schaffte es, dass der Ball nur deutsch war.«

In Bedrängnis: Der brasilianische Angreifer Fred wird von Toni Kroos attackiert.

In die Knie gegangen: David Luiz (rechts) und Luiz Gustavo können das Debakel nicht fassen.

159

Hoch das Bein: Robin van Persie (vorne) mühte sich nach Kräften, hatte aber gegen Martin Demichelis nur wenig zu bestellen.

Niederlande – Argentinien 2:4 i. E.

Romero – der undankbare Zögling von van Gaal

Man trifft sich im Leben immer zweimal. So lautet ein geflügeltes Wort. Es trifft auf alle Lebensbereiche zu, auch und gerade auf den Profifußball. Der Trainer der Niederlande und der Torwart des Gegners sind sich zweimal begegnet. Der erste Kontakt fand vor Jahren in Alkmaar statt, das Wiedersehen folgte an einem ungemütlichen und regnerischen Abend in Sao Paulo und sorgte für eine Pointe bei dieser Weltmeisterschaft.

»Van Gaal war meine Rettung«, erzählte Sergio Romero hinterher die Geschichte der besonderen Beziehung zu Louis van Gaal. Als er einst nach Europa kam, steckte der Argentinier in einem seelischen Tief. Erste Station in Übersee, Alkmaar in der niederländischen Provinz, Anlaufschwierigkeiten und Heimweh. Der Coach damals war ein gewisser Mijnheer van Gaal. Dieser kümmerte sich um seinen Spieler, kommunizierte auf Spanisch mit ihm und baute ihn auf. Die Quittung erhielt der Bondscoach beim Halbfinale der »Elftal« gegen Argenti-

Superstar an der Leine: Dirk Kuijt (rechts) und seine Teamkollegen gestatteten Lionel Messi keine nennenswerte Aktion.

HALBFINALE

Fast hätte es geklingelt: Kurz vor Ende der regulären Spielzeit hat Arjen Robben (rechts) die Riesenchance, doch Javier Mascherano blockt den Schuss.

nien: Romero, dem er so viel Gutes getan hatte, tat ihm weh. Der 27-Jährige avancierte im Elfmeterschießen zum Helden, hielt die Strafstöße von Ron Vlaar und Wesley Sneijder, brachte so mit zwei Paraden sein Team ins Endspiel und verbaute seinem Förderer den weiteren Erfolgsweg, der im Maracanã hätte enden sollen.

»Und ich habe Romero beigebracht, wie man Elfmeter pariert.« Ein Satz, der kurz nach dem Ende der nur am Schluss dramatischen und spannenden Partie fiel. Es sei nur ein Spaß gewesen, korrigierte van Gaal, der so zitiert worden war, später diese Aussage. Wahr sei nur, »dass Alkmaar der erste Klub Romeros in Europa und ich dort Trainer war«.

Im finalen Elfmeter-Wettstreit kulminierte das Geschehen, das zuvor ziemlich ereignislos abgelaufen war. Torlos nach 120 Minuten Sicherheitsfußball. Die Defensivreihen dominierten auf beiden Seiten, hielten die Superstars in Schach, die sich nicht so in Szene setzen

---

9. Juli in Sao Paulo
Niederlande – Argentinien 2:4 i. E. (0:0)

Eingewechselt: 46. Janmaat für Martins Indi, 62. Clasie für de Jong, 96. Huntelaar für van Persie – 81. Palacio für Perez, 82. Aguero für Higuain, 101. Maxi Rodriguez für Lavezzi

Elfmeterschießen: Romero hält gegen Vlaar, 0:1 Messi, 1:1 Robben, 1:2 Garay, Romero hält gegen Sneijder, 1:3 Aguero, 2:3 Kuijt, 2:4 Maxi Rodriguez

Gelbe Karten: Martins Indi, Huntelaar – Demichelis

Schiedsrichter: Cakir (Türkei)

Zuschauer: 63 267

konnten. Lionel Messi bei den Südamerikanern noch weniger als Arjen Robben bei den Europäern. Ein Gonzalo Higuain ging genauso unter wie ein Robin van Persie, nach dem glanzvollen Auftakt gegen Spanien nur noch ein Schatten seiner selbst und zu Recht ausgewechselt. Als tragischer Held wird Ron Vlaar dabei in die Geschichte eingehen. Als Abwehrchef hatte er geglänzt, als erster Schütze vom Punkt versagt. »Scheiße« fühle er sich, gestand der Profi von Aston Villa, der mit sich rang und nach Worten der Erklärung und des Bedauerns suchte: »Es ist sehr schade, dass hier alles so endet.«

Diesmal hatten die Niederländer, zuletzt im Viertelfinale gegen Costa Rica noch auf der glücklichen Seite, die Niete in der Elfmeter-Lotterie gezogen. Dabei hatte »Magier« van Gaal auf eine Wiederholung seines Tricks verzichtet. Dreimal hatte er bereits ausgewechselt, sodass ein Tausch der Torwarte Jasper Cillessen und Tim Krul nicht mehr möglich war. Mit dem indisponierten van Persie hatte er zudem seinen Schützen Nummer eins auf die Bank beordert. Mit Vlaar als dem Starter bei dem entscheidenden Spezialwettbewerb tat er zudem einen Fehlgriff, von vielen als einzige falsche Entscheidung beim Turnier in Brasilien bewertet.

Van Gaal spielte den Argentiniern in die Karten, die sich mit ihrem Minimalisten-Stil durchsetzten. Dreimal hatte ihnen ein 1:0-Erfolg gereicht, nun kamen sie mit Zielsicherheit und Nervenstärke beim Showdown vom Punkt weiter. Zum fünften Mal in der Geschichte zog der zweimalige Weltmeister in ein WM-Finale ein.

Als verdient stufte Javier Mascherano, der Anführer der »Gauchos« und trotz eines Messi der wichtigste Mann, den Sieg ein. »Wir hatten die besseren Chancen und haben intelligenter gespielt.«

162

HALBFINALE

Elfmeter-Held Sergio Romero: Argentiniens Keeper pariert nach dem Schuss von Ron Vlaar auch den von Wesley Sneijder.

Großchance: Der eingewechselte Rodrigo Palacio (Mitte) taucht frei vor Jasper Cillessen auf, kann den Torwart der Niederlande aber nicht überwinden.

In Buenos Aires starteten derweil die Siegesfeiern. Tausende trafen sich am Obelisken und machten die Nacht zum Tag, der Finaleinzug fiel ja auch ausgerechnet auf den Unabhängigkeitstag des Landes. Die begeisterten Fans trugen Pappfiguren ihrer Heiligen Messi und Diego Maradona sowie Masken des Papstes Franziskus durch die Straßen. Zur Feier des Tages ließen sie sich noch etwas Besonderes einfallen: Repliken der berühmten Cristo-Figur auf dem Corcovado in Rio, was die Überlegenheit gegenüber dem brasilianischen Fußball demonstrieren sollte. Endstation Maracana: Die »Albiceleste« im Finale gegen Deutschland, die »Selecao« dagegen gescheitert.

Gewonnen haben auch die Niederländer. Eine »fantastische Vorstellung« bescheinigte Boss van Gaal seinem überraschend starken Kollektiv: »Niemand hat uns zugetraut, dass wir so weit kommen.« Am Ende hat es wieder mal nicht gereicht. Die niederländische Leitfigur Robben sprach denn auch von der großen Enttäuschung, fand indes im gleichen Atemzug anerkennende Worte für seine Mitstreiter: »Ich bin stolz auf die Mannschaft.« Und Robben lieferte auch das Foto des Tages. Nach dem Schlusspfiff ging er zur Tribüne, zu Ehefrau Bernadien und Sohn Luka. Dieser weinte hemmungslos. Papa Arjen tröstete ihn wie zuvor schon die gescheiterten Kollegen.

Rainer Holzschuh:
»Ein Märchen als Glanzpunkt in der Realität«

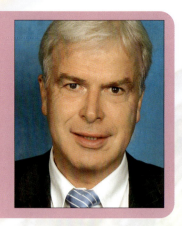

Was für eine Fußball-Welt! Was für eine Darbietung an Fußball-Kunst! Ein Märchen! Ein nie für möglich gehaltenes 7:1 über Brasilien! Ausgerechnet Brasilien, der Rekordweltmeister! Das Synonym für grenzenlose Ästhetik im Spiel mit dem Ball! Dazu gegen eine Heimkulisse von 50000 ekstatischen Fans im Stadion!

Ein Märchen? Nein, das Schaubild einer perfekten Demonstration, wie elf blendend aufeinander abgestimmte Spieler, eine in sich stimmige Mannschaft in die Gänge fand. Wie sie alle Tugenden des Fußballs beherzigten. Sich von Minute zu Minute in einen Rausch steigerten. Rasenschach in höchster Geschwindigkeit und zeitweiser Vollendung boten. Zur Krönung auch im Torabschluss Technik mit Präzision verbanden. Alles zusammen zumindest über eine volle Halbzeit lang, bis die Gewissheit eines nie gefährdeten Sieges die Konzentration senkte und – vielleicht im Unterbewusstsein – den Brasilianern in der zweiten Hälfte ein in der Luft liegendes zweistelliges Debakel ersparte. Da ist im Verlauf des Turniers – nicht unüblich für ein deutsches Team – eine Einheit zusammengewachsen, die die Mängel der vorhergehenden Spiele erkannt und ihre Lehren daraus gezogen hat. Die auf mentale Art Probleme mit Verletzungen und Formkrisen, mit ungewohnten Positionen und schwierigen äußeren Bedingungen meisterte. Mit dem Glanzpunkt des 7:1! Keiner fiel ab, jeder erfüllte mehr als seine Aufgabe.

Miroslav Klose avancierte zum alleinigen WM-Rekordschützen mit seinem 16. Treffer seit 2002. Thomas Müller schaffte wie 2010 sein fünftes Tor bis zum Halbfinale. Und André Schürrle wurde als Einwechselspieler bereits viermal fündig.

Wobei man nicht verschweigen sollte, dass die Brasilianer in den ersten 45 Minuten – beinahe wie angewurzelt – Spalier standen. Die Angriffswellen, die Löws Truppe anfangs überrumpeln sollten, entblößten erschreckend eine Defensive, die mit dem

Die magische Nacht von Belo Horizonte spülte sieben Spieler der deutschen Mannschaft in die Elf des Halbfinales. Vom Finalgegner Argentinien schafften es Elfmeter-Held Sergio Romero, Marcos Rojo und Javier Mascherano. Der niederländische Stopper Ron Vlaar traf zwar beim Elfmeterschießen nicht, bremste aber während der vorherigen 120 Minuten nicht nur Lionel Messi aus.

KOMMENTAR
Halbfinale

Wort Abwehr nicht mehr zu definieren war. Die Ausfälle des jungen, aber verletzten Nationalhelden Neymar wie des gelbgesperrten Kapitäns Thiago Silva mögen zwar psychologisch einen denkbar schlechten Einfluss auf die Stimmung im Team gegeben haben. Doch das gesamte Turnier, mit Ausnahme des leichten 4:1 über ein völlig instabiles Kamerun in der Gruppenphase, deckte bereits vorher die Schwächen der Brasilianer auf: ein riesiges Leistungsgefälle, eine enttäuschende Offensive, eine poröse Defensive. Keine Annäherung an das »jogo bonito«, dem im Lande so inniglich ersehnten schönen Spiel. Nur Kampfgeist alleine in die Waagschale zu werfen, nur sich vom Publikum tragen zu lassen, reicht längst nicht mehr für internationale Ansprüche. Erst recht nicht für Brasilianer.

Jogi Löw dagegen hat alle Kritiken nach den spielerischen Querschlägen gegen Algerien mit den sukzessiven Steigerungen gegen Frankreich und Brasilien eindrucksvoll gekontert.

Das erste Halbfinale bescherte dem deutschen Fußball eine Sternstunde, die die DFB-Auswahl zum absoluten Favoriten für das Finale ausrief. Denn diesem denkbar sehenswerten Spektakel folgte im Duell Argentinien gegen die Niederlande ein Gestochere und Rumgeschiebe, das eines WM-Halbfinales mehr als unwürdig war. Kaum eine vernünftige Kombination, kaum eine Torszene auf beiden Seiten charakterisieren das reine Ergebnisdenken und verdarben den Zuschauern jedweden Spaß. Kampfgeist mag noch als positives Argument dienen, taktisches Zerstören blieb als Hauptziel zweier Teams, die sich zwei Stunden lang gegenseitig quälten, dem Gegner keinen Raum und damit keine Chancen zu gewähren. Robben sah sich ständig eingekesselt, Messi nicht minder. Wenn reine Kampfmaschinen die Oberhand gewinnen, dann verliert der Fußball viel von seiner Faszination. Im Elfmeterschießen den Gewinner zu ermitteln, passte zu diesem Auftritt.

Einigkeit und Recht und Freiheit: Beim inbrünstigen Mitsingen der Nationalhymne – wahlweise ergriffen schweigend (Khedira, Boateng, Özil) – ahnten die deutschen Spieler um Kapitän Philipp Lahm (links) noch nicht, dass das Halbfinale gegen Brasilien zu einem Spaziergang werden würde.

165

Ratlosigkeit in Kanariengelb: Die brasilianischen Spieler schieben nach der erneuten Pleite kollektiv Frust. Freude in Blau: Daley Blind (links) und Georginio Wijnaldum trafen je einmal (kleines Bild).

SPIEL UM PLATZ 3

Wiedergutmachung für das Halbfinal-Debakel gegen die Deutschen lautete das Motto der Brasilianer vor dem Spiel um Platz drei. Der verletzte Superstar Neymar saß zur moralischen Unterstützung auf der Bank. Doch es setzte die nächste deutliche Pleite für die »Selecao«. Und so ging die WM im eigenen Land, die Brasilien hätte glücklich machen und den sechsten Titel bringen sollen, als große Enttäuschung in die Geschichte ein. Die Niederlande bestätigten dagegen im letzten Spiel unter Louis van Gaal den starken Eindruck, den sie bis dahin bei dem Turnier hinterlassen hatten.

Brasilien – Niederlande 0:3

Blind ins Verderben

Das Spiel um Platz 3, euphemistisch auch das »kleine Finale« genannt: Die beteiligten Akteure freuen sich drauf wie auf einen Zahnarztbesuch. Ein Match, in dem es um gar nichts mehr geht. Das war dieses Mal nicht anders. Aber doch war es am Ende so wichtig. Für den Sieger, die Niederlande, der zwar mit dem 3:0-Sieg nicht die Halbfinaltränen von Robben junior trocknen konnte, der aber immerhin einen guten letzten Eindruck hinterließ. Und noch viel wertvoller war dieser Abend für Brasilien. Denn diese erneute Klatsche und die Art und Weise, wie rannte, den Europäern Räume bot, in die zum Beispiel Arjen Robben nach zwei Minuten dankbar hineinsprintete. Im übertragenen Sinne dann auch blind, wie der Schiedsrichter das anschließende Foul von Thiago Silva bewertete. Der Kapitän riss Robben um, dafür hätte es die Rote Karte und Freistoß geben müssen. Stattdessen entschied der Unparteiische, Djamel Haimoudi aus Algerien, auf Gelbe Karte und Elfmeter. Glück für den Abwehrchef, Pech für Brasilien. Robin van Persie verwandelte zum 1:0. Daley Blind traf schließlich zum 2:0, Brasiliens Abwehr war da, nach 16 Minuten, immer noch im Deutschland-Modus.

Das Spiel war entschieden, und so hatte man in der Folge viel Zeit, über den brasilianischen Fußball

Gruppenbild mit Bronzemedaille: Die Niederlande beim offiziellen Siegerfoto nach dem Spiel.

sie zustande kam, wird auch dem letzten Schönredner dabei helfen, das 1:7 gegen Deutschland nicht als einmaligen Betriebsunfall abzutun und im Idealfall daraus Konsequenzen zur Wiederbelebung der »Selecao« zu entwickeln.

Blind – das war das Motto der ersten Halbzeit. Umgangssprachlich blind, wie Brasilien mit einem chaotischen und unorganisierten Pressing ins Verderben nachzudenken. Das Problem dürfte sein, dass diese Mannschaft keine Identität mehr hat. Man hat ihr den Stecker gezogen, nicht erst mit dem 1:7 gegen Deutschland. Wo früher ein Pelé, ein Zico, ein Socrates oder beim letzten WM-Titel 2002 noch ein Rivaldo zauberten, grätscht heute ein Luiz Gustavo. Ein guter Spieler, klar, aber Brasilien, dieses verrückte Fußballvolk, will kein »Dirty Dancing«, es

SPIEL UM PLATZ 3

Der Anfang von Brasiliens erneutem Ende: Thiago Silva (rechts) foult den durchgebrochenen Arjen Robben. Den anschließenden Elfmeter verwandelt Robin van Persie zum 1:0.

sehnt sich nach Künstlern und Tricksern, die, wie so viele Fans, das Kicken am Strand gelernt haben. Hinzu kam bei dieser WM ein Trainer, Luiz Felipe Scolari, der, wenn er denn einen Plan gehabt hätte, ihn seinem Team nicht verraten hat.

Vielleicht kennen Sie den Witz: Ein Mann bittet eine gute Fee darum, ewig leben zu dürfen. Das,

so die Fee, könne sie nun wirklich nicht erfüllen. Gut, aber dann, so der Wunsch, wolle er wenigstens erst sterben, wenn die Niederlande mal Weltmeister geworden seien. Darauf die Fee: »Du bist aber raffiniert.« Wenn sie nicht aufpassen, erzählt man sich in 20 Jahren diesen Witz über die »Selecao« und deren Warten auf den sechsten WM-Titel.

12. Juli in Brasilia
Brasilien – Niederlande 0:3 (0:2)

Eingewechselt: 46. Fernandinho für Luiz Gustavo, 57. Hernanes für Paulinho, 73. Hulk für Ramires – 70. Janmaat für Blind, 90. Veltman für Clasie, 90./13 Vorm für Cillessen

Gelbe Karten: Thiago Silva, Oscar, Fernandinho – Robben, de Guzman

Tore: 0:1 van Persie (3., FE), 0:2 Blind (16.), 0:3 Wijnaldum (90./+1)

Schiedsrichter: Haimoudi (Algerien)

Zuschauer: 68 034

Aufstellung:
Cillessen
de Vrij, Vlaar, Martins Indi
Kuijt, Clasie, Wijnaldum, Blind
Robben, de Guzman, van Persie

Willian
Luiz Gustavo, Jo, Oscar, Ramires
Maxwell, David Luiz, Thiago Silva, Maicon
Julio Cesar

Ließ sich nicht beirren: Der vierte deutsche WM-Titel war auch das Verdienst von Bundestrainer Joachim Löw. Für Lionel Messi (kleines Foto) blieb als Trost die (nicht ganz nachvollziehbare) Auszeichnung zum besten Spieler des Turniers.

FINALE

4. Juli 1954, Stade de Suisse Wankdorf – »Aus dem Hintergrund müsste Rahn schießen – Rahn schießt – Tooooor! Tooooor! Tooooor! Tooooor!«

7. Juli 1974, Olympiastadion München – »Bonhof! Müller! Und 2:1!«

8. Juli 1990, Olympiastadion Rom – »Brehme gegen den Elfmetertöter Goycochea. Jaaaaaaaaa! Tor für Deutschland! 1:0! Alles wie gehabt. Mit rechts flach ins linke Eck.«

13. Juli 2014, Estadio do Maracana/Rio de Janeiro – »Der kommt an. Mach ihn! Er macht ihn!«

Als sich argentinische und deutsche Fans schon auf ein finales Elfmeterschießen eingestellt hatten, war er zur Stelle: Mario Götze. Ballannahme mit der Brust, ein Schuss mit links – drin das Ding! Deutschland – Weltmeister – zum vierten Mal!

Deutschland – Argentinien 1:0 n.V.

Der vierte Stern strahlt über Deutschland

Von der magischen Nacht im Maracana bleibt eine Momentaufnahme haften, die die gesamte Schönheit dieses Sports sowie die in ihm wohnende Grausamkeit in einer Szene vereint. Es ist der ungläubige Blick von Mario Götze nach seinem magischen Tor. Und der Kameraschwenk auf das gesenkte Haupt von Lionel Messi. Dieser wunderbare argentinische Ballvirtuose ahnte in diesem Moment bereits, dass seine sportlich enttäuschende und von Verletzungen durchzogene Saison mit dem FC Barcelona kein Happy End für ihn bereithalten sollte. Und dass der 27-Jährige seinen Lebenstraum wohl erneut würde aufschieben müssen. Womöglich sogar auf unbestimmte Zeit.

Nur allzu gerne wollte Messi, der viermalige Weltfußballer, der dreimalige Champions-League-Sieger, der Olympiasieger, in der heiligen Stätte des südamerikanischen Erzfeindes seine einzigartige Karriere krönen. Der Kapitän der »Albiceleste« hatte, um mit Argentiniens Fußballgott Diego Armando Maradona gleichzuziehen, sogar dessen Jahrhunderttor aus dem Weltturnier 1986 kopiert. Was jetzt noch fehlte, war die wichtigste Trophäe im Weltfußball. »Ich würde alle meine Rekorde hergeben, um Weltmeister zu werden«, hatte Barcelonas erfolgreichster Torjäger vor jenem Finale gestanden, in das er sein Team als Kapitän mit vier Vorrundentoren und einem Treffer im Elfmeterschießen gegen die Niederlande beim Halbfinalsieg gegen Holland geführt hatte. Doch nun, in jener 113. Minute, schien der schöne Traum erneut zu zerplatzen. Wieder an einer deutschen Elf, an der sich der zweimalige Weltmeister bereits 2006 und 2010 erfolglos abgearbeitet hatte, jeweils im Viertelfinale. Und vollzogen durch einen Geniestreich, wie er eigentlich nur außergewöhnlichen Begabungen vom Schlage eines Messi vorbehalten ist. Aber nicht einer bei diesem Turnier so unsichtbaren Gestalt wie Götze.

Der Matchwinner war nicht zu halten: Argentiniens Ezequiel Garay (großes Foto) schaute nur verdutzt drein, als Mario Götze zur Entscheidung einnetzte. Thomas Müller hatte anfangs auch Probleme, den jubelnden Kollegen einzufangen.

Kurz vor dem Ende der regulären Spielzeit hatte Deutschlands Nationalcoach Joachim Löw entschieden, den am Ende seiner Kräfte angelangten Miroslav Klose vom Feld zu nehmen und Mario Götze auf selbige zu schicken, »weil ich das Gefühl hatte, Mario kann etwas Entscheidendes machen und das Ding zu Ende bringen«, erzählte der Bundestrainer: »Zeig' der Welt, dass du besser bist als Messi.« Und Götze tat, wie ihm aufgetragen. Der Münchner hatte gesehen, wie Toni Kroos den uncr-

Die deutschen Spieler in der Einzelanalyse

		Ballkontakte	Pässe	Passbilanz %	Laufstrecke in km	Zweikampfquote %	Torschüsse	Fouls	
1	Manuel NEUER (TW)	53	22	82	7,0	100	0	0	
4	Benedikt HÖWEDES	82	53	89	14,1	25	1	2	
5	Mats HUMMELS	75	55	95	13,0	64	0	1	
7	Bastian SCHWEINSTEIGER	124	105	90	15,3	69	0	2	
8	Mesut ÖZIL bis 120.	84	58	84	14,1	23	1	2	
11	Miroslav KLOSE bis 88.	32	16	62	8,9	43	1	3	
13	Thomas MÜLLER	81	59	78	15,2	55	0	3	
16	Philipp LAHM (K)	131	103	88	13,7	100	0	0	
18	Toni KROOS	124	107	84	14,3	40	3	4	
20	Jerome BOATENG	96	77	84	13,7	83	0	0	
23	Christoph KRAMER bis 31.	13	10	90	4,1	100	0	0	
9	André SCHÜRRLE ab 31.	77	55	87	11,2	33	2	2	
19	Mario GÖTZE ab 88.	22	16	81	5,4	40	2	1	
17	Per MERTESACKER ab 120.	1	0	0	0,4	100	0	0	

Match-Daten

Deutschland		Argentinien
1	Tore	0
10	Torschüsse gesamt	10
7	Torschüsse aufs Tor	2
20	begangene Fouls	16
641	erfolgreiche Pässe	329
86 %	Passquote	77 %
64 %	Ballbesitz	36 %
54 %	Zweikampfquote	46 %
2	Gelbe Karten	2
0	Rote Karten	0
3	Abseits	2
5	Ecken	3
112 km	Laufstrecke	103 km

müdlichen André Schürrle über jene linke Seite auf die Reise schickte, über die der deutsche Edeljoker zuvor unzählige Male vergeblich probiert hatte, das engmaschige Abwehrnetz der Argentinier zu durchdringen. Diesmal jedoch kamen weder Javier Mascherano noch Pablo Zabaleta hinter Schürrle her, um ihn an einer Flanke zu hindern. Götze startete in den freien Raum, der Rest war technisch einfach wunderschön. Er ließ den Ball von der Brust tropfen, drehte sich leicht in der Luft und trat ihn in einer fließenden Bewegung mit dem linken Vollspann an Keeper Sergio Romero vorbei ins Tor. Messi eröffnete sich sogar in der allerletzten Aktion des Spiels die Chance, die bittere Pointe zu verhindern und Götzes magischen Moment zu kontern. Es gab noch einmal Freistoß, in der 122. Minute, 25 Meter entfernt vom deutschen Tor in halblinker Position, von Neuer aus betrachtet. Messi stemmte die Arme in die Hüften, strich sich noch einmal mit den Fingern durchs Haar und fuhr sich mit der Hand über den Mund. Dann lief er an und trat gegen den Ball, so wie er es schon unzählige Male in seiner Karriere, zuletzt bei seinem wunderbaren Freistoßtor gegen Nigeria, erfolgreich getan hatte. Doch diesmal gehorchte ihm der Brazuca nicht und sauste in hohem Bogen über das Tor. Wenige Augenblicke später war das Spiel vorbei. Deutschland war Weltmeister durch einen 1:0-Sieg, der einem Abnutzungskampf zweier leidenschaftlicher Teams auf Augenhöhe glich und eher glücklich daherkam. Doch die Grausamkeiten waren für Messi damit noch nicht vorbei. Anstatt auf- und davonzulaufen oder sich im hintersten Winkel des Stadions zu verkriechen,

FINALE

13. Juli in Rio de Janeiro
Deutschland – Argentinien 1:0 (0:0) n. V.

Eingewechselt: 32. Schürrle für Kramer, 88. Götze für Klose, 120. Mertesacker für Özil – 46. Aguero für Lavezzi, 78. Palacio für Higuain, 86. Gago für Perez

Gelbe Karten: Schweinsteiger, Höwedes – Mascherano, Aguero

Tor: 1:0 Götze (113.)

Schiedsrichter: Rizzoli (Italien)

Zuschauer: 74 738

Romero – Zabaleta, Demichelis, Garay, Rojo – Mascherano, Biglia – Lavezzi, Messi, Perez – Higuain

Özil, Klose, Müller – Kroos, Schweinsteiger, Kramer – Höwedes, Hummels, Boateng, Lahm – Neuer

stapfte er apathisch und mit leerem Blick auf die Ehrentribüne hinauf, um zwei Trophäen entgegen zu nehmen, auf die er liebend gerne verzichtet hätte: die Silbermedaille am blauen Band; und die Trophäe für den besten Spieler des Turniers. Den heiß ersehnten Goldpokal indes, den küssten die anderen: die Deutschen, die als erste Europäer auf dem amerikanischen Kontinent triumphierten.

Über jeden deutschen Spieler dieser goldenen Generation, von denen fünf (Neuer, Boateng, Hummels, Höwedes, Özil) 2009 die U-21-EM gewonnen hatten, und die im Goldschnipselregen glückselig und freudetrunken die Trophäe liebkoste, in den Himmel reckte und Bundeskanzlerin Angela Merkel herzte, ließe sich eine eigene Abhandlung schreiben. Über Manuel Neuer, den neuen teutonischen Torwarttitan, der zum besten Keeper des Turniers gewählt wurde und den Cesar Luis Menotti, der argentinische Weltmeistercoach von 1978, gar zum »besten Torwart aller Zeiten« erkor.

Oder der sich im Finale über das Feld schleppende Mats Hummels, der bei diesem Turnier seinen Frieden mit Joachim Löw machte und nicht nur wegen seiner beiden Tore zu einem der besten Innenverteidiger des Planeten aufstieg und seine Leistung mit dem Titel krönte. Natürlich muss man Philipp Lahm erwähnen, den Kapitän, der nach endlosen Positionsdebatten und womöglich auch auf Drängen einiger einflussreicher Führungskräfte innerhalb des Teams auf die rechte Verteidigerposition zurückkehrte und dort mit einer Selbstverständlichkeit seinen Job versah, die rund um den Globus ihresgleichen sucht. Mit seinen 30 Lenzen darf sich der Münchner nun drittjüngster deutscher Weltmeister-Kapitän nennen, nach Beckenbauer (28) und Matthäus (29).

173

Stimmen zum Spiel

Joachim Löw (Bundestrainer): »Ich habe Mario Götze gesagt: Zeig' der Welt, dass du besser bist als Messi. Wir waren 55 Tage zusammen, haben dieses ganze Projekt aber eigentlich schon vor zehn Jahren gestartet. Wenn irgendjemand diese Krönung verdient hat, dann diese Mannschaft. Dieses tiefe Glücksgefühl wird für alle Ewigkeit bleiben.«

Alejandro Sabella (Nationaltrainer Argentinien): »Es war ein ausgeglichenes Spiel. Wir hatten sehr gute Chancen, waren aber nicht effektiv genug. Deutschland hat einen Tag mehr Zeit gehabt. Ich bin stolz. Ich möchte meine Spieler beglückwünschen. Sie haben sich für die Farben Argentiniens aufgeopfert.«

Horst Eckel (Weltmeister 1954): »Die Zeit war einfach reif, dass Deutschland wieder Weltmeister wird. Ein toller Erfolg für Jogi Löw und unsere Nationalelf.«

Bernd Hölzenbein (Weltmeister 1974): »Die DFB-Elf war die mit Abstand beste Mannschaft des Turniers. Allein das 7:1 gegen Brasilien war weltmeisterlich. Von diesem Spiel wird man noch in 30 Jahren reden.«

Thomas Häßler (Weltmeister 1990): »Ich hoffte sehr, dass diese goldene Generation uns 90er-Weltmeister beerbt. Dieses Team ist fußballerisch extrem stark. Vor allem, wenn man bedenkt, welche Spieler fehlten, wie Reus, Gündogan, die Bender-Zwillinge. Wir werden auch künftig zur Weltspitze zählen.«

Wolfgang Niersbach (DFB-Präsident): »Es war ähnlich spannend wie vor 24 Jahren. So ein Moment, das ist pures Glück, pure Freude und vor allen Dingen Stolz auch auf die Mannschaft und den Trainer. Es standen heute fünf Spieler auf dem Platz, die 2009 U21-Europameister geworden sind. Und wir wissen heute schon, dass weitere tolle Spieler nachrücken.«

Philipp Lahm: »Unglaublich, was wir heute wieder geleistet haben. Ob wir die besten Einzelspieler haben oder was auch immer, ist vollkommen egal, man muss die beste Mannschaft haben.«

Manuel Neuer: »Es ist unglaublich. Es ist ein großartiges Erlebnis. Ganz Deutschland ist Weltmeister.«

Bastian Schweinsteiger: »Danke an ganz Deutschland für die Unterstützung. Wir haben das gespürt hier, wie ihr hinter gestanden habt..«

André Schürrle: »Ich wusste gar nicht, was ich tun sollte, als der Schiri abgepfiffen hat. Mir sind einfach nur die Tränen gekommen bei den ganzen Gefühlen.«

Mats Hummels: »Weltmeister wird man nur, wenn man als Mannschaft agiert. Das haben wir allen die ganze Zeit klarmachen wollen, und das haben wir geschafft, auch wenn uns im Finale das Quäntchen Glück beigestanden hat, als wir schon ein bisschen auf das Elfmeterschießen gewartet haben.«

Christoph Kramer: »An viel kann ich mich nicht erinnern, aber das ist auch egal jetzt.«

Mario Götze: »Beim Tor ging alles ganz schnell, und dann war der Ball auch schon drin.«

Pierre Littbarski (Weltmeister 1990): »Das ist die absolute Krönung. Die Argentinier haben uns alles abverlangt, machen einen Fehler und ausgerechnet der viel gescholtene Götze macht dann das Tor – genial.«

Markus Babbel (Europameister 1996): »Das war ein außergewöhnliches Endspiel, besonders das Tempo in der ersten Halbzeit, so schnell konnte man gar nicht gucken, da war sie schon fast wieder vorbei. Insgesamt stand das Spiel die ganze Zeit Spitz auf Knopf nach beiden Seiten.«

Silvia Neid (Frauen-Bundestrainerin): »Das ist eine großartige Leistung, ich freue mich sehr für Jogi Löw und sein Trainerteam. Man hat immer gespürt, dass die Mannschaft unbedingt den Titel wollte.«

FINALE

Riskierte erneut Kopf und Kragen: Torhüter Manuel Neuer verteidigte sein Revier furchtlos und robust gegen Gonzalo Higuain (links). Mats Hummels musste nicht eingreifen.

Auch Sami Khedira hat seine eigene Geschichte. Nach einem Kreuzbandriss inmitten der vorigen Saison drohte der Madrilene die WM zu verpassen. Doch mit seinem unbändigen Ehrgeiz und absoluter Professionalität kämpfte sich der ehemalige Stuttgarter rechtzeitig zu den Finalspielen auf europäischer und globaler Ebene zurück und gewann die Champions League und den Weltmeistertitel.

Oder Thomas Müller. Beim Weltturnier 2010 in Südafrika holte sich der Münchner mit fünf Treffern den Titel des Torschützenkönigs, dieses Mal schaffte er die gleiche Trefferzahl, verpasste den Gewinn des Goldenen Schuhs aber um Haaresbreite, weil der Kolumbianer James einmal häufiger traf.

Miroslav Klose, mit 36 Jahren liebevoll der »Opa« des Kaders genannt und der als einziger der deutschen Elf schon in einem WM-Finale gestanden hatte (und verlor, 2002), hatte sich schon vor dem Finale in die Geschichtsbücher eingetragen. Seine 16 WM-Turniertore sind Allzeit-Bestwert.

Und letztlich Bastian Schweinsteiger, der Regent im Mittelfeld in diesem Finale, der sich auch nicht von einem Cut unter dem Auge, den er sich nach einem Ellbogenschlag in der Verlängerung zugezogen hatte, unterkriegen ließ. Der Münchner sorgte bei der achten Finalteilnahme eines DFB-Teams durch sein strategisches Geschick, seine Dominanz und Präsenz maßgeblich dafür, dass sich die deutsche Elf, die bei Weltmeisterschaften seit 2002 immer im Halbfinale stand, nach 1954, 1974 und 1990 nun den vierten Stern auf die linke Brustseite heften darf.

Sein Meisterstück vollbrachte indes jener Mann, der das deutsche Team gegen die »Albiceleste« zum 112. Mal seit seinem Debüt als verantwortlicher

FINALE

Bundestrainer im August 2006 betreute: Joachim Löw. Bei seiner zweiten WM-Endrunde als Cheftrainer ist es dem von der Öffentlichkeit zunehmend kritisierten Fußballlehrer gelungen, seine Idee vom Fußball ein wenig beiseite zu schieben, sich den nicht einfachen Gegebenheiten anzupassen und mit Pragmatismus zu coachen. Löws Mannschaft, zuvor als eine Truppe von Schöngeistern verschrien, der nach den verlorenen Final- und Halbfinalspielen der letzten Jahre die Titelgier abgesprochen wurde, präsentiert sich als geschlossene, lernwillige und disziplinierte Einheit. Und eine, die ernster, reifer, vernünftiger und zielbewusster auftrat. »Das ist unbeschreiblich und nicht in Worte zu fassen, wie im Traum«, brachte Mario Götze, der bei der Zeremonie das Trikot des verletzten Marco Reus in die Höhe hielt, die Stimmung in der Mannschaft auf den Punkt. »Ich bin einfach nur stolz auf die Mannschaft und das, was hier in Brasilien passiert ist.«

Hätte liebend gerne seine kompletten Titel gegen diesen *einen* getauscht: Lionel Messi probierte viel, gebracht hat es letztendlich nichts; spätestens bei Manuel Neuer (kleines Foto) war Endstation angesagt.

Spuren eines aufopferungsvollen Einsatzes: Bastian Schweinsteiger ließ sich auch von einem Cut unter dem rechten Auge die Feierlaune nicht verderben.

Pressestimmen

»WELTMEISTER – Drama mit Happy End: In der Verlängerung gegen Argentinien holt sich Deutschland zum vierten Mal den Titel. (...) Götze entscheidet den rassigen Schlagabtausch (...) Kalte Dusche für Messi.«
KICKER

»Der vierte Stern geht auf.«
SÜDDEUTSCHE ZEITUNG ONLINE

»Erlöser Götze – Deutschland ist Weltmeister« FAZ ONLINE

»Uns wurde die Hoffnung gestohlen – ein nationaler Schlag. Die Nationalelf verlor das Finale in der Verlängerung durch ein hervorragendes Tor Götzes, und Deutschland hat uns wieder wie 1990 besiegt. Argentinien hat ein sehr ehrenhaftes Spiel gezeigt. Der italienische Schiedsrichter hat in der zweiten Halbzeit ein klares Elfmeterfoul an Higuain nicht gepfiffen. Trotz des Schmerzes muss man den Jungs Applaus spenden.«
OLÉ (ARGENTINIEN)

»Ein Schlag direkt ins Herz. Messi war ohne Zweifel der Mann, der für die WM-Qualifikation eines Teams sorgte, das mehr Zweifel als Sicherheit erweckte. Gegen die Niederlande und Deutschland erschien er aber nicht mit den beiden Spielen, die die Welt erwartete, um ihn als König anzuerkennen.«
LA NACION (ARGENTINIEN)

»Deutschland erhielt seinen vierten WM-Titel, und Argentinien ging ohne Pokal aus, aber mit stolzgeschwellter Brust und erhobenem Kopf.«
CLARIN (ARGENTINIEN)

»I land of Göt – Super Mario ist der Finalheld«
THE SUN ONLINE (ENGLAND)

»Deutschland ist Weltmeister – Super Mario trifft in der 113. Minute. Das Tor von Götze geht in die Geschichte ein.«
DAILY MAIL ONLINE (ENGLAND)

»Mit Brasilien im Herzen ist Deutschland Vierfach-Weltmeister. Vize in Rio de Janeiro – Argentinien weint vor Schmerzen und erleidet sein eigenes Maracanazo, um es ewig zu beklagen. Sag mir, wie Ihr Euch fühlt, Hermanos.«
LANCE (BRASILIEN)

»Deutschland benötigte für seinen vierten WM-Titel 120 Minuten, viel Schweiß und die Treffsicherheit eines Götze, der in der WM bis dahin kaum in Erscheinung getreten war. Argentinien hatte eine stabile Abwehr, aber es fehlte das Schießpulver im Angriff.«
EL PAIS (SPANIEN)

»Messi kann den Titelgewinn der Deutschen nicht verhindern. Das Löw-Team erhält den verdienten Lohn für seine geleistete Arbeit.«
EL MUNDO (SPANIEN)

»Götze macht den Iniesta. Das Finale war hart umkämpft, ausgeglichen und mitreißend. Argentinien war nicht schlechter als Deutschland, hatte gute Torchancen, konnte aber Messi nicht finden.«
AS (SPANIEN)

»Vierter WM-Titel für Deutschland, es entscheidet die Magie des Bayern-Angreifers Götze, vorgelegt von Schürrle. Zwei Jungs, die von der Bank kommen und zeigen, wie stark der deutsche Kader ist und wie verdient dieser Erfolg einer wahren Mannschaft am Ende war. Eine Mannschaft, die seit Jahren zusammenspielt und jetzt die Früchte erntet.«
GAZZETTA DELLO SPORT (ITALIEN)

»Triumph für Deutschland. Mario Götze entscheidet die WM in Brasilien. Eine spannende und umkämpfte Partie in Rio de Janeiro, aber am Ende triumphieren die Deutschen über ein zu limitiertes Argentinien, das zu abhängig von einem nicht wieder zu erkennenden Messi ist, der komplett aus dem Spiel war. Am Ende erobert Deutschland den Pokal: erfahrener, bestimmter, deutscher. Alles in allem die stärkste Mannschaft.«
CORRIERE DELLO SPORT (ITALIEN)

Jubeltraube: Erst nach dem Schlusspfiff fiel das deutsche Bollwerk vor Glück wie ein Kartenhaus in sich zusammen.

FINALE

Raue Schale, weicher Kern: Manager Oliver Bierhoff (großes Foto) und WM-Rekordtorjäger Miroslav Klose (rechts neben Toni Kroos) ließen ihren (Glücks-)Gefühlen freien Lauf.

»Es ist Deutschland! Der vierte Stern, Argentinien in der Verlängerung geschlagen. Der Titel gehört der Mannschaft, die den wohl besten Fußball bei dieser WM gezeigt hat.« TUTTOSPORT (ITALIEN)

»Die Party in Rio ist deutsch. Für den Fußball ist es ein historischer Tag: der erste Triumph eines europäischen Teams in Südamerika. Es hat das stärkste Team gewonnen. Daran gibt es keinen Zweifel. Das Team hat im Finale nicht sein bestes Spiel gezeigt, aber wieder einmal Charakter und Persönlichkeit gezeigt.« LA REPUBBLICA (ITALIEN)

»Vier-Sterne-Deutschland! Das 20. WM-Finale war ein grandioses Spektakel zwischen zwei Teams, die alles gegeben haben, um eine Entscheidung herbeizuführen. (…) Als beste Mannschaft im Turnierverlauf hat Deutschland es geschafft, dem Schicksal die Stirn zu bieten, um das erste europäisches Team zu werden, das in Südamerika einen WM-Titel gewinnt.« LE FIGARO (FRANKREICH)

»Letzlich ist es Deutschland. Die Schlacht der Taktiken war eng, aber die Deutschen wollten ihre nicht ändern. In der Überzeugung, dass sich die kollektive Stärke gegen die Künste eines einzelnen Mannes durchsetzen wird.« LIBERATION (FRANKREICH)

»In einem Nerven aufreibenden WM-Finale war Deutschland am längeren Hebel.« DE TELEGRAAF (NIEDERLANDE)

»Als immer mehr Deutschland zu den Favoriten zählten, erfasste ein gewisser Optimismus eine notorisch skeptische Nation. Und das explodierte in etwas, was man sehr selten sieht seit dem Zweiten Weltkrieg: eine Welle deutschen Stolzes.« WASHINGTON POST (USA)

»Es hatte mehr Drehungen und Wendungen und fast so viel Blut wie ein Schwergewichtskampf. Aber letztlich gab einer der Kleinsten Deutschland den so lange ersehnten Titel.« LOS ANGELES TIMES (USA)

Rainer Holzschuh: »Deutschland und der Fußball der Zukunft«

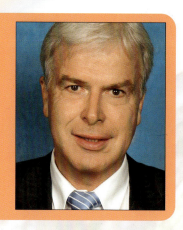

Die 20. Fußball-WM wird in die Annalen eingehen. Als die wohl spannendste, aber nicht sportlich wertvollste; die emotionalste, aber sicher nicht die erfolgreichste; die umsatzstärkste, aber nicht ertragreichste. Aber sie wird gerade uns Deutschen unvergessen bleiben dank einer Leistungssteigerung, die am Ende zum gefeierten Titelgewinn, dem bereits vierten in der Geschichte des DFB nach 1954, 1974 und 1990 führte. Diese deutsche Mannschaft war mit einem starken 4:0-Erfolg über die überschätzten Portugiesen in das Turnier gestartet. Es folgten: drei holprige Pflichtergebnisse gegen Ghana, die USA und Algerien auf der Suche nach der wirklichen Leistungsstärke. Mit einem deutlich verbesserten Auftritt beim Sieg im Viertelfinale gegen Frankreich und einem märchenhaften 7:1 über Gastgeber Brasilien war sie in das Finale eingezogen, um dort im aufreibenden Kampf gegen Argentinien der Komplexität aller fußballerischen wie auch mentalen Eigenschaften gegenüber der Robustheit der Südamerikaner zum knappen Triumph zu verhelfen. Erstmals hat ein europäisches Team auf dem amerikanischen Kontinent den WM-Titel gewonnen.

Jogi Löw – mitsamt seiner Crew – krönte damit eine Arbeit, die ihn bisher stets haarscharf am ganz großen Erfolg scheitern ließ. Jetzt gilt er als der weltbeste Trainer, begleitet von einer Mannschaft, die Erfahrung mit Begeisterung, Konzentration mit technischer Brillanz und taktischer Raffinesse geschickt zusammenführte. Verletzungsbedingte Ausfälle sowie Formschwäche einzelner Akteure brachten Löw nicht aus seinem Konzept. Er war flexibel genug, interne Mängel vom langsamen Spiel in die Breite und Rückpassgeschiebe mit kurzem Drehen an Stellschrauben hin zu offensivem Hochgeschwindigkeits-Fußball zu verändern und damit der Eleganz und Effizienz einen entscheidenden Schub zu geben. Spieler wie Manuel Neuer, Philipp Lahm, Bastian Schweinsteiger, Mats Hummels, Toni Kroos, Jerome Boateng oder Thomas Müller aus der Generation der Hochbegabten faszinierten die ganze Fußball-Welt. Miroslav Klose stellte mit nun insgesamt 16 WM-Toren einen neuen Weltrekord auf; und auch die anderen – mancher durchaus umstritten wie der kurzfristig nominierte Benedikt Höwedes, der erst spät in Normalform spielende Mesut Özil und Final-Held Mario Götze – steigerten sich zu würdigen Weltmeistern. Argentinien hatte sich ausschließlich mit knappen Ergebnissen durchgearbeitet, dank einer starken Defensive, kaum durch eine überzeugende Offensive. Im Finale zeigten Lionel Messi und Co. dann eine starke Leistung, um am Ende dem variableren Auftreten der Deutschen Tribut zollen zu müssen.

Man hatte gespannt gewartet auf die Endrunde im Lande des »jogo bonito«, des schönen Spiels. Die vor jedem sportlichen Großereignis üblich gewordenen Horrormeldungen verspäteter Bautermine, die Schreckensbilder von Demonstrationen einer verarmten Bevölkerung gegen die ausufernden Milliardenkosten verstummten mit dem ersten Anstoß. Wenn auch das Geschehen auf dem Rasen zu selten sportlichen Glanz widerspiegelte, so entschädigten die Zutaten mit wunderbarer Emotionalität auf den Rängen, farbenfroher Vitalität, dem Lachen und Singen, das die rauschenden Nächte des Sommermärchens 2006 noch zu übertrumpfen schien: südamerikanische Folklore, die jeden Besucher mitriss!

Wenn doch nur der fußballerische Effekt sich ähnlich hätte mitreißen lassen! Angefangen bei Schiedsrichtern, die völlig verunsichert keine klaren Maßgaben vermittelten und durch erstaunliche Fehler manche Spiele (vor-)entschieden. Die FIFA muss bei der WM 2018 ausschließlich nach Leistung, nicht nach Proporzdenken nominieren. Auch zum

Der vierte Titel ist da. Das schlägt sich auch im Dream Team nieder. In Manuel Neuer, Philipp Lahm, Jerome Boateng, Mats Hummels, Bastian Schweinsteiger, Thomas Müller und André Schürrle stehen sieben deutsche Weltmeister in der Elf des Turniers. Komplettiert wird sie von Javier Mascherano, Arjen Robben, Neymar und James aus Kolumbien, der großen WM-Entdeckung.

KOMMENTAR
Finale

Da ist das Ding: Thomas Müller (Mitte) präsentiert den Welt-Pokal, Jerome Boateng (links) und Per Mertesacker assistieren voller Freude.

Schutz der Gesundheit aller Spieler muss noch strikter auf überharte Attacken reagiert werden. Besonders den Superstars, beispielhaft bei Neymars schwerer Verletzung, galten brutale Fouls, um ihre Wirkung einzuengen.

Dennoch verwunderte die mangelnde Effektivität vieler Topleute, die ihre Überstrapazierung bei Spitzenvereinen kaum zu verkraften schienen. Cristiano Ronaldo fand nie zu seiner Form. Lionel Messi blieb lange hinter seinen Möglichkeiten. Neymar scheiterte auch an der Bürde des Drucks. Der Exzentriker Mario Balotelli wurde von eigenen Kameraden geschnitten, Xavi, Andres Iniesta, Diego Costa gingen in der Tristesse der Spanier mit unter. Wayne Rooney fand erneut nicht in den WM-Rhythmus, dazu stellte sich »Beißer« Luis Suarez selber ins Abseits. Neben den Deutschen oder dem Niederländer Arjen Robben glänzten überraschend Spieler der Außenseiter: James von Kolumbien nicht nur wegen seines »Tors des Turniers«, die Keeper Guillermo Ochoa aus Mexiko, Tim Howard aus den USA, Keylor Navas von Costa Rica sowie sein stürmender Landsmann Joel Campbell.

Die »Kleinen« scheinen »erwachsener« zu werden. Entsprechend imponierten Teams, die niemand auf der Rechnung hatte: Besonders Costa Rica schuf die Sensation mit dem Gruppensieg gegen die Ex-Weltmeister Italien, England und Uruguay. Schlichtweg verblüfften beide Auftaktniederlagen des Titelverteidigers Spanien, die ebenso das vorzeitige Aus bedeuteten wie Portugals ungeordnetes Auftreten. Dennoch erreichten vier aus dem Favoritenkreis das Halbfinale, zwei ehemalige Weltmeister das Finale. Dabei entschieden nur Nuancen die meisten K.-o.-Spiele, stets mit einigen Glückskörnern durchsetzt: Acht der 16 Begegnungen benötigten eine Verlängerung, vier gar ein Elfmeterschießen, und weitere vier wurden hauchdünn mit nur einem Tor Unterschied entschieden. Lediglich das berauschende 7:1 Deutschlands über den Gastgeber bot eine Lehrstunde. Das doppelte brasilianische Debakel am Turnierende offenbarte mangelnde taktische und mentale Klasse eines erschreckend fehlgeleiteten Ensembles.

Tempofußball und Willensstärke dominierten die meisten Partien. Aus einer kompakten Abwehr heraus wurden trotz Hitze und Luftfeuchtigkeit überfallartige Konter gefahren – was wiederum für eine sehr intensive Vorbereitung spricht. »Umschaltspiel« bildete das Zauberwort, das 4-2-3-1 hat ebenso seine verbreitete Bedeutung verloren wie das spanische »Tiki-Taka«. Das vielfache Grundschema des 4-4-2 oder 3-4-3 veränderte sich blitzartig zum defensiven 5-3-2 bis hin zum 5-4-1 mit dicht zusammenstehenden Ketten, um nach Ballgewinn blitzschnell und variabel zu attackieren. Argentinien bevorzugte im Finale eine defensive, aber variable 4-4-2-Grundausrichtung, Deutschland die gewohnte Mischung aus Viererkette und ständigen Rochaden in Mittelfeld und Angriff. Keiner beharrte auf Grundordnung und festem Raum, selbst Klose ging bis in den eigenen Strafraum zurück. Der Fußball des Weltmeisters! Der Fußball der Zukunft! Die WM 2014 ist Geschichte, die Blicke richten sich auf Russland 2018!

Die Spiele der Qualifikation

Eins von 36 deutschen Toren in der WM-Qualifikation: Marco Reus (rechts) trifft zum 1:0 beim 2:1-Sieg am 11. September 2012 in Wien gegen Österreich.

EUROPA

13 Teilnehmer
Die 53 UEFA-Mitglieder wurden auf acht Sechser- und eine Fünfergruppe verteilt. Die neun Gruppensieger qualifizierten sich direkt für die WM 2014. Die acht besten Gruppenzweiten spielten in Play-offs vier weitere WM-Teilnehmer aus. Zur Ermittlung der besten Gruppenzweiten wurden die Ergebnisse gegen die sechstplatzierten Teams nicht berücksichtigt.

Gruppenphase

Gruppe A

7. 9. 12	Kroatien – Mazedonien	1:0
7. 9. 12	Wales – Belgien	0:2
8. 9. 12	Schottland – Serbien	0:0
11. 9. 12	Serbien – Wales	6:1
11. 9. 12	Belgien – Kroatien	1:1
11. 9. 12	Schottland – Mazedonien	1:1
12. 10. 12	Mazedonien – Kroatien	1:2
12. 10. 12	Serbien – Belgien	0:3
12. 10. 12	Wales – Schottland	2:1
16. 10. 12	Kroatien – Wales	2:0
16. 10. 12	Mazedonien – Serbien	1:0
16. 10. 12	Belgien – Schottland	2:0
22. 3. 13	Kroatien – Serbien	2:0
22. 3. 13	Mazedonien – Belgien	0:2
22. 3. 13	Schottland – Wales	1:2
26. 3. 13	Serbien – Schottland	2:0
26. 3. 13	Belgien – Mazedonien	1:0
26. 3. 13	Wales – Kroatien	1:2
7. 6. 13	Kroatien – Schottland	0:1
7. 6. 13	Belgien – Serbien	2:1
6. 9. 13	Mazedonien – Wales	2:1
6. 9. 13	Serbien – Kroatien	1:1
6. 9. 13	Schottland – Belgien	0:2
10. 9. 13	Mazedonien – Schottland	1:2
10. 9. 13	Wales – Serbien	0:3
11. 10. 13	Serbien – Belgien	0:1
11. 10. 13	Wales – Mazedonien	1:0
15. 10. 13	Serbien – Mazedonien	5:1
15. 10. 13	Belgien – Wales	1:1
15. 10. 13	Schottland – Kroatien	2:0

1.	Belgien	10	18:4	26
2.	Kroatien	10	12:9	17
3.	Serbien	10	18:11	14
4.	Schottland	10	8:12	11
5.	Wales	10	9:20	10
6.	Mazedonien	10	7:16	7

Gruppe B

7. 9. 12	Malta – Armenien	0:1
7. 9. 12	Bulgarien – Italien	2:2
8. 9. 12	Dänemark – Tschechien	0:0
11. 9. 12	Bulgarien – Armenien	1:0
11. 9. 12	Italien – Malta	2:0
12. 10. 12	Tschechien – Malta	3:1
12. 10. 12	Armenien – Italien	1:3
12. 10. 12	Bulgarien – Dänemark	1:1
16. 10. 12	Tschechien – Bulgarien	0:0
16. 10. 12	Italien – Dänemark	3:1
22. 3. 13	Bulgarien – Malta	6:0
22. 3. 13	Tschechien – Dänemark	0:3
26. 3. 13	Armenien – Tschechien	0:3
26. 3. 13	Dänemark – Bulgarien	1:1
26. 3. 13	Malta – Italien	0:2
7. 6. 13	Armenien – Malta	0:1
7. 6. 13	Tschechien – Italien	0:0
11. 6. 13	Dänemark – Armenien	0:4
6. 9. 13	Tschechien – Armenien	1:2
6. 9. 13	Malta – Dänemark	1:2
6. 9. 13	Italien – Bulgarien	1:0
10. 9. 13	Armenien – Dänemark	0:1
10. 9. 13	Malta – Bulgarien	1:2
10. 9. 13	Italien – Tschechien	2:1
11. 10. 13	Armenien – Bulgarien	2:1
11. 10. 13	Malta – Tschechien	1:4
11. 10. 13	Dänemark – Italien	2:2
15. 10. 13	Bulgarien – Tschechien	0:1
15. 10. 13	Dänemark – Malta	6:0
15. 10. 13	Italien – Armenien	2:2

1.	Italien	10	19:9	22
2.	Dänemark	10	17:12	16
3.	Tschechien	10	13:9	15
4.	Bulgarien	10	14:9	13
5.	Armenien	10	12:13	13
6.	Malta	10	5:28	3

Gruppe C

7. 9. 12	Kasachstan – Irland	1:2

7.9.12 in Hannover
Deutschland – Färöer 3:0
DEUTSCHLAND: Neuer – Lahm, Mertesacker, Hummels, Badstuber – Khedira – Müller (68. Schürrle), Götze (87. Draxler), Özil, Reus – Klose (75. Podolski) – Trainer: Löw
FÄRÖER: Nielsen – Naes, Faerö, Baldvinsson, Justinussen – Benjaminsen, Hansson – Udsen (46. S. Olsen), Holst, Samuelsen (65. Elttör) – Edmundsson (85. K. Olsen) – Trainer: L. Olsen
Tore: 1:0 Götze (28.), 2:0 Özil (54.), 3:0 Özil (71.) – Schiedsrichter: Madden (Schottland) – Zuschauer: 32 769

11. 9. 12	Schweden – Kasachstan	2:0

11.9.12 in Wien
Österreich – Deutschland 1:2
ÖSTERREICH: Almer – Garics, Prödl, Pogatetz, Fuchs – Baumgartlinger (85. Janko), Kavlak – Arnautovic, Junuzovic, Ivanschitz (75. Jantscher) – Harnik (55. Burgstaller) – Trainer: Koller
DEUTSCHLAND: Neuer – Lahm, Hummels, Badstuber, Schmelzer – Khedira, Kroos – Müller, Özil, Reus (46. Götze) – Klose (75. Podolski) – Trainer: Löw
Tore: 0:1 Reus (44.), 0:2 Özil (52., FE), 1:2 Junuzovic (57.) – Schiedsrichter: Kuipers (Niederlande) – Zuschauer: 47 000 (ausverkauft)

12. 10. 12	Färöer – Schweden	1:2
12. 10. 12	Kasachstan – Österreich	0:0

12.10.12 in Dublin
Irland – Deutschland 1:6
IRLAND: K. Westwood – Coleman, O'Shea, O'Dea, Ward – Fahey (51. Long) – Andrews, J. McCarthy – McGeady (69. Keogh), Cox (84. Brady) – Walters – Trainer: Löw
DEUTSCHLAND: Neuer – Boateng, Mertesacker, Badstuber, Schmelzer – Khedira (46. Kroos), Schweinsteiger – Müller, Özil, Reus (66. Podolski) – Klose (72. Schürrle) – Trainer: Trapattoni
Tore: 0:1 Reus (32.), 0:2 Reus (40.), 0:3 Özil (55., FE), 0:4 Klose (58.), 0:5 Kroos (61.), 0:6 Kroos (83.), 1:6 Keogh (90./+2) – Schiedsrichter: Rizzoli (Italien) – Zuschauer: 49 850 (ausverkauft)

16. 10. 12	Färöer – Irland	1:4
16. 10. 12	Österreich – Kasachstan	4:0

16.10.12 in Berlin
Deutschland – Schweden 4:4
DEUTSCHLAND: Neuer – Boateng, Mertesacker, Badstuber, Lahm – Schweinsteiger – Kroos – Müller (67. Götze), Özil, Reus (88. Podolski) – Klose – Trainer: Löw
SCHWEDEN: Isaksson – Lustig, Granqvist, J. Olsson, Safari – Wernbloom (46. Källström), Elm – Larsson (78. Sana), Holmén (46. Kacaniklic) – Ibrahimovic – Elmander – Trainer: Hamrén
Tore: 1:0 Klose (8.), 2:0 Klose (15.), 3:0 Mertesacker (39.), 4:0 Özil (55.), 4:1 Ibrahimovic (62.), 4:2 Lustig (64.), 4:3 Elmander (76.), 4:4 Elm (90./+3) – Schiedsrichter: Proença (Portugal) – Zuschauer: 72 369

22.3.13 in Astana
Kasachstan – Deutschland 0:3
KASACHSTAN: Sidelnikov – Gorman, Logvinenko, Dmitrenko, Kirov – Nurdauletov, Baizhanov (36. Korobkin) – Dzholchiev, Khayrullin (65. Konysbaev), Schmidtgal – Ostapenko (82. Geteriyev) – Trainer: Beranek
DEUTSCHLAND: Neuer – Lahm, Mertesacker, Höwedes, Schmelzer – Khedira (82. Gündogan), Schweinsteiger – Müller (82. Schürrle), Özil, Draxler (19. Podolski) – Götze – Trainer: Löw
Tore: 0:1 Müller (20.), 0:2 Götze (22.), 0:3 Müller (74.) – Schiedsrichter: Kakos (Griechenland) – Zuschauer: 29 300

22. 3. 13	Österreich – Färöer	6:0
22. 3. 13	Schweden – Irland	0:0
26. 3. 13	Irland – Österreich	2:2

26.3.13 in Nürnberg
Deutschland – Kasachstan 4:1
DEUTSCHLAND: Neuer – Lahm, Mertesacker, Boateng, Schmelzer – Khedira, Gündogan – Müller, Özil, Reus (90. Jansen) – Götze – Trainer: Löw
KASACHSTAN: Sidelnikov – Gorman, Dmitrenko, Mukhtarov, Kirov – Nurdauletov (46. Dzholchiev) – Konysbaev (78. Shomko), Korobkin, Engel, Schmidtgal – Ostapenko (64. Kukeyev) – Trainer: Beranek
Tore: 1:0 Reus (23.), 2:0 Götze (27.), 3:0 Gündogan (31.), 3:1 Schmidtgal (46.), 4:1 Reus (90.) – Schiedsrichter: Özkahya (Türkei) – Zuschauer: 43 520 (ausverkauft)

7. 6. 13	Irland – Färöer	3:0
7. 6. 13	Österreich – Schweden	2:1
11. 6. 13	Schweden – Färöer	2:0
6. 9. 13	Kasachstan – Färöer	2:1
6. 9. 13	Irland – Schweden	1:2

182

STATISTIK

6.9.13 in München
Deutschland – Österreich 3:0
DEUTSCHLAND: Neuer – Lahm, Mertesacker, Boateng, Schmelzer (46. Höwedes) – Khedira, Kroos – Müller, Özil, Reus (90./+2 Draxler) – Klose (82. Bender) – Trainer: Löw
ÖSTERREICH: Almer – Garics (78. Klein), Dragovic, Pogatetz, Fuchs – Kavlak, Alaba – Arnautovic (67. Sabitzer), Ivanschitz (67. Burgstaller) – Weimann – Harnik – Trainer: Koller
Tore: 1:0 Klose (33.), 2:0 Kroos (51.), 3:0 Müller (88.) – Schiedsrichter: Mazic (Serbien) – Zuschauer: 68 000 (ausverkauft)

10. 9. 13 Kasachstan – Schweden 0:1
10. 9. 13 Österreich – Irland 1:0

10.9.13 in Torshavn
Färöer – Deutschland 0:3
FÄRÖER: Nielsen – J. Davidsen, Gregersen, Baldvinsson, V. Davidsen – Udsen (68. Mouritsen), Benjaminsen, S. Olsen, Justinussen – Holst (76. Hansson) – Edmundsson (68. Klettskard) – Trainer: L. Olsen
DEUTSCHLAND: Neuer – Lahm, Mertesacker, Boateng, Schmelzer – Khedira, Kroos – Müller (84. Sam), Özil, Draxler (75. Schürrle) – Klose (79. Kruse) – Trainer: Löw
Tore: 0:1 Mertesacker (22.), 0:2 Özil (74., FE), 0:3 Müller (84.) – Rote Karte: Gregersen (73., Notbremse) – Schiedsrichter: Mazeika (Litauen) – Zuschauer: 4118

11. 10. 13 Färöer – Kasachstan 1:1

11.10.13 in Köln
Deutschland – Irland 3:0
DEUTSCHLAND: Neuer – Lahm, Mertesacker, Boateng, Jansen – Khedira (82. Kruse), Schweinsteiger – Müller (88. Sam), Kroos, Schürrle (86. Götze) – Özil – Trainer: Löw
IRLAND: Forde – Coleman, Clark, Delaney, Kelly – Gibson, Wilson – Whelan, Doyle – J. McCarthy – Stokes – Interimstrainer: King
Tore: 1:0 Khedira (12.), 2:0 Schürrle (58.), 3:0 Özil (90./+1) – Schiedsrichter: Gumienny (Belgien) – Zuschauer: 46 237 (ausverkauft)

11. 10. 13 Schweden – Österreich 2:1
15. 10. 13 Färöer – Österreich 0:3

15.10.13 in Solna
Schweden – Deutschland 3:5
SCHWEDEN: Wiland – Bengtsson, Nilsson, Antonsson, M. Olsson – Elm (58. Svensson), Källström – Larsson, Kacaniklic (73. Durmaz) – Toivonen (84. Wernbloom) – Hysén – Trainer: Hamrén
DEUTSCHLAND: Neuer – Lahm, Boateng, Hummels, Jansen – Schweinsteiger, Kroos – Müller (46. Götze), Özil (82. Draxler), Schürrle – Kruse (75. Höwedes) – Trainer: Löw
Tore: 1:0 Hysén (6.), 2:0 Kacaniklic (42.), 2:1 Özil (45.), 2:2 Götze (53.), 2:3 Schürrle (57.), 2:4 Schürrle (66.), 3:4 Hysén (69.), 3:5 Schürrle (76.) – Schiedsrichter: Collum (Schottland) – Zuschauer: 49 251

15. 10. 13 Irland – Kasachstan 3:1

1. Deutschland	10	36:10	28
2. Schweden	10	19:14	20
3. Österreich	10	20:10	17
4. Irland	10	16:17	14
5. Kasachstan	10	6:21	5
6. Färöer	10	4:29	1

Gruppe D

7. 9. 12	Estland – Rumänien	0:2
7. 9. 12	Niederlande – Türkei	2:0
7. 9. 12	Andorra – Ungarn	0:5
7. 9. 12	Rumänien – Andorra	4:0
11. 9. 12	Türkei – Estland	3:0
11. 9. 12	Ungarn – Niederlande	1:4
12. 10. 12	Türkei – Rumänien	0:1
12. 10. 12	Niederlande – Andorra	3:0
12. 10. 12	Estland – Ungarn	0:1
16. 10. 12	Andorra – Estland	0:1
16. 10. 12	Rumänien – Niederlande	1:4
16. 10. 12	Ungarn – Türkei	3:1
22. 3. 13	Andorra – Türkei	0:2
22. 3. 13	Niederlande – Estland	3:0

22. 3. 13	Ungarn – Rumänien	2:2
26. 3. 13	Estland – Andorra	2:0
26. 3. 13	Türkei – Ungarn	1:1
26. 3. 13	Niederlande – Rumänien	4:0
6. 9. 13	Rumänien – Ungarn	3:0
6. 9. 13	Türkei – Andorra	5:0
6. 9. 13	Estland – Niederlande	2:2
10. 9. 13	Rumänien – Türkei	0:2
10. 9. 13	Andorra – Niederlande	0:2
10. 9. 13	Ungarn – Estland	5:1
11. 10. 13	Andorra – Rumänien	0:4
11. 10. 13	Estland – Türkei	0:2
11. 10. 13	Niederlande – Ungarn	8:1
15. 10. 13	Türkei – Niederlande	0:2
15. 10. 13	Rumänien – Estland	2:0
15. 10. 13	Ungarn – Andorra	2:0

1. Niederlande	10	34:5	28
2. Rumänien	10	19:12	19
3. Ungarn	10	21:20	17
4. Türkei	10	16:9	16
5. Estland	10	6:20	7
6. Andorra	10	0:30	0

Gruppe E

7.9.12 in Ljubljana
Slowenien – Schweiz 0:2
SLOWENIEN: J. Handanovic – Brecko, Suler, Cesar, Jokic – Kirm, Radosavljevic (80. Kurtic), Bacinovic, Birsa (61. Ilicic) – Dedic (55. Ljubijankic), Matavz – Trainer: Stojanovic
SCHWEIZ: Benaglio – Lichtsteiner, Djourou, von Bergen, Rodriguez – Shaqiri (75. Dzemaili), Behrami, Inler, Barnetta – Xhaka (85. Fernandes), Derdiyok – Trainer: Hitzfeld
Tore: 0:1 Xhaka (20.), 0:2 Inler (51.) – Gelb-Rote Karte: Barnetta (75.) – Schiedsrichter: Tagliavento (Italien) – Zuschauer: 13 213

7. 9. 12	Albanien – Zypern	3:1
7. 9. 12	Island – Norwegen	2:0
11. 9. 12	Zypern – Island	1:0
11. 9. 12	Norwegen – Slowenien	2:1

11.9.12 in Luzern
Schweiz – Albanien 2:0
SCHWEIZ: Benaglio – Lichtsteiner, Djourou, von Bergen, Rodriguez – Behrami (73. Dzemaili), Inler – Shaqiri, Xhaka (90. Drmic), Stocker (79. Mehmedi) – Derdiyok – Trainer: Hitzfeld
ALBANIEN: Ujkani – Dallku, Cana, Mavraj, Lila – Vila (55. Roshi), Bulku, Kukeli (72. Hyka), Agolli – Meha – Bogdani (55. Cani) – Trainer: de Biasi
Tore: 1:0 Shaqiri (23.), 2:0 Inler (68., FE) – Schiedsrichter: Hategan (Rumänien) – Zuschauer: 16 500

12. 10. 12 Albanien – Island 1:2

12.10.12 in Bern
Schweiz – Norwegen 1:1
SCHWEIZ: Benaglio – Lichtsteiner, Djourou, von Bergen, Rodriguez – Behrami (90./+2 Dzemaili), Inler – Shaqiri, Xhaka, Barnetta (71. Gavranovic) – Derdiyok – Trainer: Hitzfeld
NORWEGEN: Jarstein – Ruud, Forren, Hangeland, Riise – Nordtveit, Braaten, Jenssen (80. Eikrem), Henriksen, Elyounoussi (90./+2 Parr) – Soderlund (64. King) – Trainer: Olsen
Tore: 1:0 Gavranovic (79.), 1:1 Hangeland (81.) – Schiedsrichter: Fernandez Borbalan (Spanien) – Zuschauer: 30 712

12. 10. 12 Slowenien – Zypern 2:1
16. 10. 12 Zypern – Norwegen 1:3

16.10.12 in Reykjavik
Island – Schweiz 0:2
ISLAND: Halldorsson – Steinsson, Arnason, Sigurdsson, Skulason – Gislason (70. Gudmundsson), Jonsson (81. Baldvinsson), Hallfredsson, Bjarnason – Sigurdsson, Finnbogason – Trainer: Lagerbäck
SCHWEIZ: Benaglio – Lichtsteiner, Djourou, von Bergen, Rodriguez – Barnetta (90./+2 Klose), Inler, Behrami, Shaqiri (80. Dzemaili) – Xhaka – Gavranovic (83. Mehmedi) – Trainer: Hitzfeld
Tore: 0:1 Barnetta (66.), 0:2 Gavranovic (79.) – Schiedsrichter: Kelly (Irland) – Zuschauer: 8369

16. 10. 12	Albanien – Slowenien	1:0
22. 3. 13	Slowenien – Island	1:2
22. 3. 13	Norwegen – Albanien	0:1

23.3.13 in Nikosia
Zypern – Schweiz 0:0
ZYPERN: Georgallidis – Theofilou, Dossa Junior, E. Charalambous, Solomou (54. Efrem) – Makridis, Dobrasinovic, Charalambidis (74. Alexandrou), Laban – M. Nicolaou, Christofi (90./+3 Sotiriou) – Trainer: Nioplias
SCHWEIZ: Sommer – Lichtsteiner, von Bergen, Djourou (51. Senderos), Rodriguez – Shaqiri, Behrami (76. Derdiyok), Inler, Emeghara (46. Xhaka) – Stocker, Seferovic – Trainer i.V.: Pont
Schiedsrichter: Gräfe (Berlin) – Zuschauer: 2045

7. 6. 13 Albanien – Norwegen 1:1
7. 6. 13 Island – Slowenien 2:4

8.6.13 in Genf
Schweiz – Zypern 1:0
SCHWEIZ: Benaglio – Lichtsteiner, Djourou, von Bergen, Rodriguez – Shaqiri, Inler, Behrami (67. Dzemaili), Stocker (77. Barnetta) – Gavranovic, Drmic (73. Seferovic) – Trainer i.V.: Pont
ZYPERN: Georgallidis – Theofilou (90./+3 Dobrasinovic), A. Charalambous, Merkis, E. Charalambous – Laban, Makridis, M. Nicolaou – Aloneftis (61. Kyriakou), Sotiriou, Alexandrou – Trainer: Nioplias
Tor: 1:0 Seferovic (90.) – Schiedsrichter: M. Mazzoleni (Italien) – Zuschauer: 16 900

6. 9. 13 Norwegen – Zypern 2:0

6.9.13 in Bern
Schweiz – Island 4:4
SCHWEIZ: Benaglio – Lichtsteiner, von Bergen, Schär, Rodriguez – Behrami, Dzemaili – Shaqiri (89. Klose), Xhaka (76. Drmic), Stocker (78. Barnetta) – Seferovic – Trainer: Hitzfeld
ISLAND: Halldorsson – B. Saevarsson (82. Skulason), Sigurdsson, Arnason, Skulason – Gunnarsson, Danielsson (46. Gudjohnsen) – Bjarnason, Sigurdsson, Gudmundsson – Sigthorsson – Trainer: Lagerbäck
Tore: 0:1 Gudmundsson (3.), 1:1 Lichtsteiner (15.), 2:1 Schär (27.), 3:1 Lichtsteiner (30.), 4:1 Dzemaili (54., FE), 4:2 Sigthorsson (56.), 4:3 Gudmundsson (68.), 4:4 Gudmundsson (90.) – Schiedsrichter: Karasev (Russland) – Zuschauer: 26 000

6. 9. 13 Slowenien – Albanien 1:0

10.9.13 in Oslo
Norwegen – Schweiz 0:2
NORWEGEN: Jarstein – Ruud, Björdal, Hangeland, Högli (69. Elabdellaoui) – Braaten, Eikrem (64. Jenssen), Nordtveit, Johansen, Elyounoussi – Pedersen (22. King) – Trainer: Olsen
SCHWEIZ: Benaglio – Lichtsteiner, Schär, von Bergen, Rodriguez – Behrami, Inler – Shaqiri (90. Dzemaili), Xhaka (90./+4 Senderos), Stocker (74. Fernandes) – Seferovic – Trainer: Hitzfeld
Tore: 0:1 Schär (12.), 0:2 Schär (51.) – Schiedsrichter: Webb (England) – Zuschauer: 16 631

10. 9. 13 Zypern – Slowenien 0:2
10. 9. 13 Island – Albanien 2:1

11.10.13 in Tirana
Albanien – Schweiz 1:2
ALBANIEN: Berisha – Lila, Cana, Mavraj, Agolli – Abrashi (64. Hyka), Bulku, Kace, Gashi (55. Roshi), Rama (85. Mehmeti) – Salihi – Trainer: de Biasi
SCHWEIZ: Benaglio – Lang, Schär, von Bergen, Rodriguez – Shaqiri (54. Mehmedi), Behrami, Inler, Stocker (68. Fernandes) – Xhaka – Seferovic (89. Dzemaili) – Trainer: Hitzfeld
Tore: 0:1 Shaqiri (48.), 0:2 Lang (79.), 1:2 Salihi (89.) – Schiedsrichter: Proenca (Portugal) – Zuschauer: 14 000

11. 10. 13 Slowenien – Norwegen 3:0
11. 10. 13 Island – Zypern 2:0
15. 10. 13 Zypern – Albanien 0:0

15.10.13 in Bern
Schweiz – Slowenien 1:0
SCHWEIZ: Sommer – Lang, Djourou, Senderos, Ziegler – Inler, Dzemaili – Xhaka, Mehmedi (87. Fernandes), Barnetta (71. Kasami) – Seferovic (71. Derdiyok) – Trainer: Hitzfeld
SLOWENIEN: Handanovic – Brecko, Ilic, Cesar, Struna – Mertelj (78. Ljubijankic), Kurtic – Pecnik (43. Matavz), Kampl (86. Lazarevic), Kirm – Novakovic – Trainer: Katanec
Tor: 1:0 Xhaka (74.) – Schiedsrichter: Kuipers (Niederlande) – Zuschauer: 22 014

15. 10. 13 Norwegen – Island 1:1

1.	Schweiz	10	17:6	24
2.	Island	10	17:15	17
3.	Slowenien	10	14:11	15
4.	Norwegen	10	10:13	12
5.	Albanien	10	9:11	11
6.	Zypern	10	4:15	5

Gruppe F

7. 9. 12	Russland – Nordirland	2:0
7. 9. 12	Aserbaidschan – Israel	1:1
7. 9. 12	Luxemburg – Portugal	1:2
11. 9. 12	Israel – Russland	0:4
11. 9. 12	Nordirland – Luxemburg	1:1
11. 9. 12	Portugal – Aserbaidschan	3:0
12.10. 12	Russland – Portugal	1:0
12.10. 12	Luxemburg – Israel	0:6
16.10. 12	Russland – Aserbaidschan	1:0
16.10. 12	Israel – Luxemburg	3:0
16.10. 12	Portugal – Nordirland	1:1
14. 11. 12	Nordirland – Aserbaidschan	1:1
22. 3. 13	Israel – Portugal	3:3
22. 3. 13	Luxemburg – Aserbaidschan	0:0
26. 3. 13	Aserbaidschan – Portugal	0:2
26. 3. 13	Nordirland – Israel	0:2
7. 6. 13	Aserbaidschan – Luxemburg	1:1
7. 6. 13	Portugal – Russland	1:0
14. 8. 13	Nordirland – Russland	1:0
6. 9. 13	Russland – Luxemburg	4:1
6. 9. 13	Nordirland – Portugal	2:4
7. 9. 13	Israel – Aserbaidschan	1:1
10. 9. 13	Russland – Israel	3:1
10. 9. 13	Luxemburg – Nordirland	3:2
11. 10. 13	Aserbaidschan – Nordirland	2:0
11. 10. 13	Luxemburg – Russland	0:4
11. 10. 13	Portugal – Israel	1:1
15. 10. 13	Aserbaidschan – Russland	1:1
15. 10. 13	Israel – Nordirland	1:1
15. 10. 13	Portugal – Luxemburg	3:0

1.	Russland	10	20:5	22
2.	Portugal	10	20:9	21
3.	Israel	10	19:14	14
4.	Aserbaidschan	10	7:11	9
5.	Nordirland	10	9:17	7
6.	Luxemburg	10	7:26	6

Gruppe G

7. 9. 12	Liechtenstein – Bosnien-Herzegowina	1:8
7. 9. 12	Litauen – Slowakei	1:1
7. 9. 12	Lettland – Griechenland	1:2
11. 9. 12	Bosnien-Herzegowina – Lettland	4:1
11. 9. 12	Slowakei – Liechtenstein	2:0
11. 9. 12	Griechenland – Litauen	2:0
12.10. 12	Liechtenstein – Litauen	0:2
12.10. 12	Slowakei – Lettland	2:1
12.10. 12	Griechenland – Bosnien-Herzegowina	0:0
16. 10. 12	Lettland – Liechtenstein	2:0
16. 10. 12	Bosnien-Herzegowina – Litauen	3:0
16. 10. 12	Slowakei – Griechenland	0:1
22. 3. 13	Liechtenstein – Lettland	1:1
22. 3. 13	Slowakei – Litauen	1:1
22. 3. 13	Bosnien-Herzegowina – Griechenland	3:1
7. 6. 13	Lettland – Bosnien-Herzegowina	0:5
7. 6. 13	Liechtenstein – Slowakei	1:1
7. 6. 13	Litauen – Griechenland	0:1
6. 9. 13	Lettland – Litauen	2:1
6. 9. 13	Bosnien-Herzegowina – Slowakei	0:1
6. 9. 13	Liechtenstein – Griechenland	0:1
10. 9. 13	Litauen – Liechtenstein	2:0
10. 9. 13	Slowakei – Bosnien-Herzegowina	1:2
10. 9. 13	Griechenland – Lettland	1:0
11. 10. 13	Litauen – Lettland	2:1
11. 10. 13	Bosnien-Herzegowina – Liechtenstein	4:1
11. 10. 13	Griechenland – Slowakei	1:0
15. 10. 13	Litauen – Bosnien-Herzegowina	0:1
15. 10. 13	Griechenland – Liechtenstein	2:0
15. 10. 13	Lettland – Slowakei	2:2

1.	Bosnien-Herzegowina	10	30:6	25
2.	Griechenland	10	12:4	25
3.	Slowakei	10	11:10	13
4.	Litauen	10	9:11	11
5.	Lettland	10	10:20	8
6.	Liechtenstein	10	4:25	2

Gruppe H

7. 9. 12	Montenegro – Polen	2:2
7. 9. 12	Moldawien – England	0:5
11. 9. 12	San Marino – Montenegro	0:6
11. 9. 12	Polen – Moldawien	2:0
11. 9. 12	England – Ukraine	1:1
12. 10. 12	Moldawien – Ukraine	0:0
12. 10. 12	England – San Marino	5:0
16. 10. 12	Ukraine – Montenegro	0:1
16. 10. 12	San Marino – Moldawien	0:2
17. 10. 12	Polen – England	1:1
14. 11. 12	Montenegro – San Marino	3:0
22. 3. 13	Moldawien – Montenegro	0:1
22. 3. 13	Polen – Ukraine	1:3
22. 3. 13	San Marino – England	0:8
26. 3. 13	Ukraine – Moldawien	2:1
26. 3. 13	Polen – San Marino	5:0
26. 3. 13	Montenegro – England	1:1
7. 6. 13	Moldawien – Polen	1:1
7. 6. 13	Montenegro – Ukraine	0:4
6. 9. 13	Ukraine – San Marino	9:0
6. 9. 13	Polen – Montenegro	1:1
6. 9. 13	England – Moldawien	4:0
10. 9. 13	Ukraine – England	0:0
10. 9. 13	San Marino – Polen	1:5
11. 10. 13	Moldawien – San Marino	3:0
11. 10. 13	Ukraine – Polen	1:0
11. 10. 13	England – Montenegro	4:1
15. 10. 13	San Marino – Ukraine	0:8
15. 10. 13	England – Polen	2:0
15. 10. 13	Montenegro – Moldawien	2:5

1.	England	10	31:4	22
2.	Ukraine	10	28:4	21
3.	Montenegro	10	18:17	15
4.	Polen	10	18:12	13
5.	Moldawien	10	12:17	11
6.	San Marino	10	1:54	0

Gruppe I

7. 9. 12	Georgien – Weißrussland	1:0
7. 9. 12	Finnland – Frankreich	0:1
11. 9. 12	Georgien – Spanien	0:1
11. 9. 12	Frankreich – Weißrussland	3:1
12. 10. 12	Finnland – Georgien	1:1
12. 10. 12	Weißrussland – Spanien	0:4
16. 10. 12	Weißrussland – Georgien	2:0
16. 10. 12	Spanien – Frankreich	1:1
22. 3. 13	Spanien – Finnland	1:1
22. 3. 13	Frankreich – Georgien	3:1
26. 3. 13	Frankreich – Spanien	0:1
7. 6. 13	Finnland – Weißrussland	1:0
11. 6. 13	Weißrussland – Finnland	1:1
6. 9. 13	Georgien – Frankreich	0:0
6. 9. 13	Finnland – Spanien	0:2
10. 9. 13	Georgien – Finnland	0:1
10. 9. 13	Weißrussland – Frankreich	2:4
11. 10. 13	Spanien – Weißrussland	2:1
15. 10. 13	Spanien – Georgien	2:0
15. 10. 13	Frankreich – Finnland	3:0

1.	Spanien	8	14:3	20
2.	Frankreich	8	15:6	17
3.	Finnland	8	5:9	9
4.	Georgien	8	3:10	5
5.	Weißrussland	8	7:16	4

Play-offs

Dänemark nahm als schlechtester Gruppenzweiter nicht an den Play-offs teil.

15. 11. 13	Island – Kroatien	0:0
19. 11. 13	Kroatien – Island	2:0
15. 11. 13	Portugal – Schweden	1:0
19. 11. 13	Schweden – Portugal	2:3
15. 11. 13	Ukraine – Frankreich	2:0
19. 11. 13	Frankreich – Ukraine	3:0
15. 11. 13	Griechenland – Rumänien	3:1
19. 11. 13	Rumänien – Griechenland	1:1

Erzielte das erste und das letzte Tor der Schweizer in der Qualifikation: Granit Xhaka

STATISTIK

AFRIKA

5 Teilnehmer

52 der 53 CAF-Mitglieder meldeten für die WM-Qualifikation. Die 1. Runde wurde von den 24 in der Weltrangliste am niedrigsten platzierten Teams in Hin- und Rückspielen bestritten. Die zwölf Sieger wurden mit den 28 bestplatzierten Teams auf zehn Vierergruppen verteilt. Die zehn Gruppensieger der 2. Runde ermittelten anschließend in Hin- und Rückspielen die fünf WM-Teilnehmer.

1. Runde

11. 11. 11	Dschibuti – Namibia	0:4
15. 11. 11	Namibia – Dschibuti	4:0
11. 11. 11	Komoren – Mosambik	0:1
15. 11. 11	Mosambik – Komoren	4:1
11. 11. 11	Eritrea – Ruanda	1:1
15. 11. 11	Ruanda – Eritrea	3:1
11. 11. 11	Seychellen – Kenia	0:3
15. 11. 11	Kenia – Seychellen	4:0
11. 11. 11	Swasiland – DR Kongo	1:3
15. 11. 11	DR Kongo – Swasiland	5:1
11. 11. 11	Tschad – Tansania	1:2
15. 11. 11	Tansania – Tschad	0:1
11. 11. 11	Äquatorial-Guinea – Madagaskar	2:0
15. 11. 11	Madagaskar – Äquatorial-Guinea	2:1
11. 11. 11	Sao Tomé und Principe – Kongo	0:5
15. 11. 11	Kongo – Sao Tomé und Principe	1:1
11. 11. 11	Guinea-Bissau – Togo	1:1
15. 11. 11	Togo – Guinea-Bissau	1:0
11. 11. 11	Lesotho – Burundi	1:0
15. 11. 11	Burundi – Lesotho	2:2
12. 11. 11	Somalia – Äthiopien	0:0
16. 11. 11	Äthiopien – Somalia	5:0

Da sich Mauritius nach der Auslosung zurückzog, kam Liberia ohne Spiel in die 2. Runde.

Führte die »Elefanten« zum dritten Mal nacheinander zu einer WM-Endrunde: Superstar Didier Drogba

2. Runde

Gruppe A

2. 6. 12	Zentralafrikanische Rep. – Botsuana	2:0
3. 6. 12	Südafrika – Äthiopien	1:1
9. 6. 12	Botsuana – Südafrika	1:1
10. 6. 12	Äthiopien – Zentralafrikanische Rep.	2:0
23. 3. 13	Südafrika – Zentralafrikanische Rep.	2:0
24. 3. 13	Äthiopien – Botsuana	1:0
8. 6. 13	Botsuana – Äthiopien	3:0 gewertet
8. 6. 13	Zentralafrikanische Rep. – Südafrika	0:3
15. 6. 13	Botsuana – Zentralafrikanische Rep.	3:2
16. 6. 13	Äthiopien – Südafrika	2:1
7. 9. 13	Südafrika – Botsuana	4:1
7. 9. 13	Zentralafrikanische Rep. – Äthiopien	1:2

1.	Äthiopien	6	8:6	13
2.	Südafrika	6	12:5	11
3.	Botsuana	6	8:10	7
4.	Zentralafrikanische Republik	6	5:12	3

Gruppe B

2. 6. 12	Sierra Leone – Kap Verde	2:1
2. 6. 12	Tunesien – Äquatorial-Guinea	3:1
9. 6. 12	Äquatorial-Guinea – Sierra Leone	2:2
9. 6. 12	Kap Verde – Tunesien	1:2
23. 3. 13	Tunesien – Sierra Leone	2:1
24. 3. 13	Aquatorial-Guinea – Kap Verde	0:3 gewertet
8. 6. 13	Sierra Leone – Tunesien	2:2
8. 6. 13	Kap Verde – Äquatorial-Guinea	3:0 gewertet
15. 6. 13	Kap Verde – Sierra Leone	1:0
16. 6. 13	Äquatorial-Guinea – Tunesien	1:1
7. 9. 13	Sierra Leone – Äquatorial-Guinea	3:2
7. 9. 13	Tunesien – Kap Verde	3:0 gewertet

1.	Tunesien	6	13:6	14
2.	Kap Verde	6	9:7	9
3.	Sierra Leone	6	10:10	8
4.	Äquatorial-Guinea	6	6:15	2

Gruppe C

2. 6. 12	Gambia – Marokko	1:1
2. 6. 12	Elfenbeinküste – Tansania	2:0
9. 6. 12	Marokko – Elfenbeinküste	2:2
10. 6. 12	Tansania – Gambia	2:1
23. 3. 13	Elfenbeinküste – Gambia	3:0
24. 3. 13	Tansania – Marokko	3:1
8. 6. 13	Gambia – Elfenbeinküste	0:3
8. 6. 13	Marokko – Tansania	2:1
15. 6. 13	Marokko – Gambia	2:0
16. 6. 13	Tansania – Elfenbeinküste	2:4
7. 9. 13	Gambia – Tansania	2:0
7. 9. 13	Elfenbeinküste – Marokko	1:1

1.	Elfenbeinküste	6	15:5	14
2.	Marokko	6	9:8	9
3.	Tansania	6	8:12	6
4.	Gambia	6	4:11	4

Gruppe D

1. 6. 12	Ghana – Lesotho	7:0
2. 6. 12	Sudan – Sambia	0:3 gewertet
9. 6. 12	Sambia – Ghana	1:0
10. 6. 12	Lesotho – Sudan	0:0
24. 3. 13	Lesotho – Sambia	1:1
24. 3. 13	Ghana – Sudan	4:0
7. 9. 13	Sudan – Ghana	1:3
8. 6. 13	Sambia – Lesotho	4:0
15. 6. 13	Sambia – Sudan	1:1
16. 6. 13	Lesotho – Ghana	0:2
6. 9. 13	Ghana – Sambia	2:1
8. 9. 13	Sudan – Lesotho	2:3

1.	Ghana	6	18:3	15
2.	Sambia	6	11:4	11
3.	Lesotho	6	4:16	5
4.	Sudan	6	4:14	2

Gruppe E

2. 6. 12	Burkina Faso – Kongo	0:3 gewertet
3. 6. 12	Niger – Gabun	3:0 gewertet
9. 6. 12	Gabun – Burkina Faso	1:0
9. 6. 12	Kongo – Niger	1:0
23. 3. 13	Kongo – Gabun	1:0
23. 3. 13	Burkina Faso – Niger	4:0
8. 6. 13	Gabun – Kongo	0:0
9. 6. 13	Niger – Burkina Faso	0:1
15. 6. 13	Kongo – Burkina Faso	0:1
15. 6. 13	Gabun – Niger	4:1
7. 9. 13	Burkina Faso – Gabun	1:0
7. 9. 13	Niger – Kongo	2:2

1.	Burkina Faso	6	7:4	12
2.	Kongo	6	7:3	11
3.	Gabun	6	5:6	7
4.	Niger	6	6:12	4

Gruppe F

2. 6. 12	Kenia – Malawi	0:0
3. 6. 12	Nigeria – Namibia	1:0
9. 6. 12	Malawi – Nigeria	1:1
9. 6. 12	Namibia – Kenia	1:0
23. 3. 13	Namibia – Malawi	0:1
23. 3. 13	Nigeria – Kenia	1:1
5. 6. 13	Malawi – Namibia	0:0
5. 6. 13	Kenia – Nigeria	0:1
12. 6. 13	Malawi – Kenia	2:2
12. 6. 13	Namibia – Nigeria	1:1
7. 9. 13	Nigeria – Malawi	2:0
8. 9. 13	Kenia – Namibia	1:0

1.	Nigeria	6	7:3	12
2.	Malawi	6	4:5	7
3.	Kenia	6	4:5	6
4.	Namibia	6	2:4	5

Gruppe G

1. 6. 12	Ägypten – Mosambik	2:0
3. 6. 12	Simbabwe – Guinea	0:1
10. 6. 12	Mosambik – Simbabwe	0:0
10. 6. 12	Guinea – Ägypten	2:3
24. 3. 13	Mosambik – Guinea	0:0
26. 3. 13	Ägypten – Simbabwe	2:1
9. 6. 13	Simbabwe – Ägypten	2:4
9. 6. 13	Guinea – Mosambik	6:1
16. 6. 13	Mosambik – Ägypten	0:1
16. 6. 13	Guinea – Simbabwe	1:0
8. 9. 13	Simbabwe – Mosambik	1:1
10. 9. 13	Ägypten – Guinea	4:2

1.	Ägypten	6	16:7	18
2.	Guinea	6	12:8	10
3.	Mosambik	6	2:10	3
4.	Simbabwe	6	4:9	2

Gruppe H

2. 6. 12	Algerien – Ruanda	4:0
3. 6. 12	Benin – Mali	1:0
10. 6. 12	Ruanda – Benin	1:1
10. 6. 12	Mali – Algerien	2:1
24. 3. 13	Ruanda – Mali	1:2
26. 3. 13	Algerien – Benin	3:1
9. 6. 13	Benin – Algerien	1:3
9. 6. 13	Mali – Ruanda	1:1
16. 6. 13	Ruanda – Algerien	0:1
16. 6. 13	Mali – Benin	2:2
8. 9. 13	Benin – Ruanda	2:0
10. 9. 13	Algerien – Mali	1:0

1.	Algerien	6	13:4	15
2.	Mali	6	7:7	8
3.	Benin	6	8:9	8
4.	Ruanda	6	3:11	2

185

Gruppe I

2. 6. 12	Kamerun – DR Kongo	1:0
3. 6. 12	Togo – Libyen	1:1
10. 6. 12	DR Kongo – Togo	2:0
10. 6. 12	Libyen – Kamerun	2:1
23. 3. 13	Kamerun – Togo	2:1
24. 3. 13	DR Kongo – Libyen	0:0
7. 6. 13	Libyen – DR Kongo	0:0
9. 6. 13	Togo – Kamerun	0:3 gewertet
14. 6. 13	Libyen – Togo	2:0
16. 6. 13	DR Kongo – Kamerun	0:0
8. 9. 13	Kamerun – Libyen	1:0
8. 9. 13	Togo – DR Kongo	2:1

1. Kamerun	6	8:3	13
2. Libyen	6	5:3	9
3. DR Kongo	6	3:3	6
4. Togo	6	4:11	4

Gruppe J

2. 6. 12	Senegal – Liberia	3:1
3. 6. 12	Angola – Uganda	1:1
9. 6. 12	Uganda – Senegal	1:1
10. 6. 12	Liberia – Angola	0:0
23. 3. 13	Senegal – Angola	1:1
24. 3. 13	Liberia – Uganda	2:0
8. 6. 13	Uganda – Liberia	1:0
8. 6. 13	Angola – Senegal	1:1
15. 6. 13	Uganda – Angola	2:1
16. 6. 13	Liberia – Senegal	0:2
7. 9. 13	Angola – Liberia	4:1
7. 9. 13	Senegal – Uganda	1:0

1. Senegal	6	9:4	12
2. Uganda	6	5:6	8
3. Angola	6	8:6	7
4. Liberia	6	4:10	4

3. Runde

12. 10. 13	Burkina Faso – Algerien	3:2
19. 11. 13	Algerien – Burkina Faso	1:0
12. 10. 13	Elfenbeinküste – Senegal	3:1
16. 11. 13	Senegal – Elfenbeinküste	1:1
13. 10. 13	Äthiopien – Nigeria	1:2
16. 11. 13	Nigeria – Äthiopien	2:0
13. 10. 13	Tunesien – Kamerun	0:0
17. 11. 13	Kamerun – Tunesien	4:1
15. 10. 13	Ghana – Ägypten	6:1
19. 11. 13	Ägypten – Ghana	2:1

SÜDAMERIKA

6 Teilnehmer (inklusive Brasilien)
Die verbleibenden neun CONMEBOL-Mitglieder ermittelten in einer Ligarunde vier direkte WM-Teilnehmer. Das fünftplatzierte Team musste Play-offs gegen den Fünften aus Asien bestreiten.

7. 10. 11	Uruguay – Bolivien	4:2
7. 10. 11	Ecuador – Venezuela	2:0
8. 10. 11	Argentinien – Chile	4:1
8. 10. 11	Peru – Paraguay	2:0
11. 10. 11	Bolivien – Kolumbien	1:2
12. 10. 11	Paraguay – Uruguay	1:1
12. 10. 11	Chile – Peru	4:2
12. 10. 11	Venezuela – Argentinien	1:0
11. 11. 11	Argentinien – Bolivien	1:1
11. 11. 11	Uruguay – Chile	4:0
12. 11. 11	Paraguay – Ecuador	2:1
12. 11. 11	Kolumbien – Venezuela	1:1
15. 11. 11	Kolumbien – Argentinien	1:2
15. 11. 11	Ecuador – Peru	2:0
16. 11. 11	Chile – Paraguay	2:0
16. 11. 11	Venezuela – Bolivien	1:0
2. 6. 12	Uruguay – Venezuela	1:1
2. 6. 12	Bolivien – Chile	0:2
3. 6. 12	Argentinien – Ecuador	4:0
4. 6. 12	Peru – Kolumbien	0:1
9. 6. 12	Bolivien – Paraguay	3:1
10. 6. 12	Venezuela – Chile	0:2
10. 6. 12	Uruguay – Peru	4:2
10. 6. 12	Ecuador – Kolumbien	1:0
7. 9. 12	Kolumbien – Uruguay	4:0
7. 9. 12	Ecuador – Bolivien	1:0
8. 9. 12	Argentinien – Paraguay	3:1
8. 9. 12	Peru – Venezuela	2:1
11. 9. 12	Chile – Kolumbien	1:3
11. 9. 12	Uruguay – Ecuador	1:1
12. 9. 12	Paraguay – Venezuela	0:2
12. 9. 12	Peru – Argentinien	1:1
12. 10. 12	Bolivien – Peru	1:1
12. 10. 12	Kolumbien – Paraguay	2:0
12. 10. 12	Ecuador – Chile	3:1
13. 10. 12	Argentinien – Uruguay	3:0
16. 10. 12	Bolivien – Uruguay	4:1
17. 10. 12	Paraguay – Peru	1:0
17. 10. 12	Venezuela – Ecuador	1:1
17. 10. 12	Chile – Argentinien	1:2
22. 3. 13	Kolumbien – Bolivien	5:0
22. 3. 13	Uruguay – Paraguay	1:1
23. 3. 13	Argentinien – Venezuela	3:0
23. 3. 13	Peru – Chile	1:0
26. 3. 13	Bolivien – Argentinien	1:1
26. 3. 13	Ecuador – Paraguay	4:1
27. 3. 13	Chile – Uruguay	2:0
27. 3. 13	Venezuela – Kolumbien	1:0
7. 6. 13	Bolivien – Venezuela	1:1
8. 6. 13	Argentinien – Kolumbien	0:0
8. 6. 13	Paraguay – Chile	1:2
8. 6. 13	Peru – Ecuador	1:0
11. 6. 13	Kolumbien – Peru	2:0
11. 6. 13	Ecuador – Argentinien	1:1
12. 6. 13	Venezuela – Uruguay	0:1
12. 6. 13	Chile – Bolivien	3:1
7. 9. 13	Kolumbien – Ecuador	1:0
7. 9. 13	Paraguay – Bolivien	4:0
7. 9. 13	Chile – Venezuela	3:0
7. 9. 13	Peru – Uruguay	1:2
10. 9. 13	Bolivien – Ecuador	1:1
11. 9. 13	Uruguay – Kolumbien	2:0
11. 9. 13	Venezuela – Peru	3:2
11. 9. 13	Paraguay – Argentinien	2:5
11. 10. 13	Ecuador – Uruguay	1:0
11. 10. 13	Kolumbien – Chile	3:3
11. 10. 13	Venezuela – Paraguay	1:1
12. 10. 13	Argentinien – Peru	3:1
16. 10. 13	Uruguay – Argentinien	3:2
16. 10. 13	Paraguay – Kolumbien	1:2
16. 10. 13	Chile – Ecuador	2:1
16. 10. 13	Peru – Bolivien	1:1

1. Argentinien	16	35:15	32
2. Kolumbien	16	27:13	30
3. Chile	16	29:25	28
4. Ecuador	16	20:16	25
5. Uruguay	16	25:25	25
6. Venezuela	16	14:20	20
7. Peru	16	17:26	15
8. Bolivien	16	17:30	12
9. Paraguay	16	17:31	12

Play-offs

13. 11. 13	Jordanien – Uruguay	0:5
21. 11. 13	Uruguay – Jordanien	0:0

Nord- und Mittelamerika

4 Teilnehmer
Alle 35 Mitglieder nahmen an der WM-Qualifikation teil, die in vier Runden ausgetragen wurde.
1. Runde: K.-o.-Runde der zehn in der Weltrangliste am niedrigsten platzierten Teams
2. Runde: sechs Vierergruppen mit den fünf Erstrundensiegern und 19 weitere Teams
3. Runde: drei Vierergruppen mit den sechs Zweitrundensiegern sowie den USA, Mexiko, Honduras, Jamaika, Costa Rica und Kuba
4. Runde: Die Gruppensieger und -zweiten ermittelten drei direkte Teilnehmer an der WM 2014. Der Vierte bestritt gegen den Sieger der Ozeaniengruppe Play-offs.

1. Runde

16. 6. 11	Montserrat – Belize		2:5
18. 7. 11	Belize – Montserrat		3:1
2. 7. 11	Turks- & Caicos-Inseln – Bahamas		0:4
9. 7. 11	Bahamas – Turks- & Caicos-Inseln		6:0
3. 7. 11	US-Jungferninseln – Brit. Jungferninseln		2:0
10. 7. 11	Brit. Jungferninseln – US-Jungferninseln		1:2
8. 7. 11	Anguilla – Dominikanische Republik		0:2
10. 7. 11	Dominikanische Republik – Anguilla		4:0
9. 7. 11	Aruba – St. Lucia		4:2
12. 7. 11	St. Lucia – Aruba	n. V. 4:2, Elfm.	5:4

2. Runde

Gruppe A

2. 9. 11	Surinam – Cayman-Inseln	1:0
3. 9. 11	El Salvador – Dominikanische Rep.	3:2
6. 9. 11	Dominikanische Rep. – Surinam	1:1
7. 9. 11	Cayman-Inseln – El Salvador	1:4
7. 10. 11	Dominikanische Rep. – El Salvador	1:2
8. 10. 11	Cayman-Inseln – Surinam	0:1
11. 10. 11	Surinam – Dominikanische Rep.	1:3
12. 10. 11	El Salvador – Cayman-Inseln	4:0
11. 11. 11	Dominikanische Rep. – Cayman-Inseln	4:0
12. 11. 11	Surinam – El Salvador	1:3
15. 11. 11	Cayman-Inseln – Dominikanische Rep.	1:1
16. 11. 11	El Salvador – Surinam	4:0

1. El Salvador	6	20:5	18
2. Dominikanische Rep.	6	12:8	8
3. Surinam	6	5:11	7
4. Cayman-Inseln	6	2:15	1

Gruppe B

2. 9. 11	Trinidad & Tobago – Bermuda	1:0
3. 9. 11	Guyana – Barbados	2:0
6. 9. 11	Barbados – Trinidad & Tobago	0:2
9. 9. 11	Guyana – Bermuda	2:1
7. 10. 11	Barbados – Guyana	0:2
8. 10. 11	Bermuda – Trinidad & Tobago	2:1
11. 10. 11	Trinidad & Tobago – Barbados	4:0
12. 10. 11	Bermuda – Guyana	1:1
11. 11. 11	Bermuda – Barbados	2:1
12. 11. 11	Guyana – Trinidad & Tobago	2:1
15. 11. 11	Barbados – Bermuda	1:2
15. 11. 11	Trinidad & Tobago – Guyana	2:0

1. Guyana	6	9:5	13
2. Trinidad & Tobago	6	11:4	12
3. Bermuda	6	8:7	10
4. Barbados	6	2:14	0

Gruppe C

3. 9. 11	Dominica – Nicaragua	0:2
7. 9. 11	Nicaragua – Panama	1:2
8. 10. 11	Dominica – Panama	0:5
12. 10. 11	Panama – Nicaragua	5:1
12. 11. 11	Nicaragua – Dominica	1:0
16. 11. 11	Panama – Dominica	3:0

1. Panama	4	15:2	12
2. Nicaragua	4	5:7	6
3. Dominica	4	0:11	0
4. Bahamas nach der Auslosung zurückgezogen			

Gruppe D

3. 9. 11	St. Kitts & Nevis – Puerto Rico	0:0
3. 9. 11	Kanada – St. Lucia	4:1
7. 9. 11	St. Lucia – St. Kitts & Nevis	2:4
7. 9. 11	Puerto Rico – Kanada	0:3
8. 10. 11	St. Lucia – Kanada	0:7
8. 10. 11	Puerto Rico – St. Kitts & Nevis	1:1
12. 10. 11	Kanada – Puerto Rico	0:0
12. 10. 11	St. Kitts & Nevis – St. Lucia	1:1
12. 11. 11	St. Lucia – Puerto Rico	0:4
12. 11. 11	St. Kitts & Nevis – Kanada	0:0
15. 11. 11	Puerto Rico – St. Lucia	3:0
16. 11. 11	Kanada – St. Kitts & Nevis	4:0

1. Kanada	6	18:1	14
2. Puerto Rico	6	8:4	9
3. St. Kitts & Nevis	6	6:8	7
4. St. Lucia	6	4:23	4

Gruppe E

2. 9. 11	Grenada – Belize	0:3
3. 9. 11	Guatemala – St. Vincent/Grenadines	4:0
7. 9. 11	Belize – Guatemala	1:2
18. 9. 11	St. Vincent/Grenadines – Grenada	2:1
7. 10. 11	St. Vincent/Grenadines – Guatemala	0:3
7. 10. 11	Belize – Grenada	1:4
12. 10. 11	Guatemala – Belize	3:1
15. 10. 11	Grenada – St. Vincent/Grenadines	3:1
11. 11. 11	Belize – St. Vincent/Grenadines	1:1
12. 11. 11	Guatemala – Grenada	3:0
15. 11. 11	Grenada – Guatemala	1:4
15. 11. 11	St. Vincent/Grenadines – Belize	0:2

STATISTIK

1. Guatemala	6	19:3	18
2. Belize	6	9:10	7
3. St. Vincent/Grenadines	6	4:12	5
4. Grenada	6	7:14	4

Gruppe F

2. 9. 11	Haiti – US-Jungferninseln	6:0
3. 9. 11	Antigua & Barbuda – Curacao	5:2
6. 9. 11	US-Jungferninseln – Antigua & Barbuda	1:8
7. 9. 11	Curacao – Haiti	2:4
7. 10. 11	US-Jungferninseln – Haiti	0:7
8. 10. 11	Curacao – Antigua & Barbuda	0:1
11. 10. 11	Haiti – Curacao	2:2
12. 10. 11	Antigua & Barbuda – US-Jungferninseln	10:0
11. 11. 11	US-Jungferninseln – Curacao	0:3
12. 11. 11	Antigua & Barbuda – Haiti	1:0
15. 11. 11	Haiti – Antigua & Barbuda	2:1
16. 11. 11	Curacao – US-Jungferninseln	6:1

1. Antigua & Barbuda	6	26:5	15
2. Haiti	6	21:6	13
3. Curacao	6	15:13	7
4. US-Jungferninseln	6	2:40	0

3. Runde

Gruppe 1

9. 6. 12	USA – Antigua & Barbuda	3:1
9. 6. 12	Jamaika – Guatemala	2:1
13. 6. 12	Antigua & Barbuda – Jamaika	0:0
13. 6. 12	Guatemala – USA	1:1
8. 9. 12	Jamaika – USA	2:1
8. 9. 12	Guatemala – Antigua & Barbuda	3:1
12. 9. 12	Antigua & Barbuda – Guatemala	0:1
12. 9. 12	USA – Jamaika	1:0
13. 10. 12	Antigua & Barbuda – USA	1:2
13. 10. 12	Guatemala – Jamaika	2:1
17. 10. 12	USA – Guatemala	3:1
17. 10. 12	Jamaika – Antigua & Barbuda	4:1

1. USA	6	11:6	13
2. Jamaika	6	9:6	10
3. Guatemala	6	9:8	10
4. Antigua & Barbuda	6	4:13	1

Gruppe 2

9. 6. 12	Mexiko – Guyana	3:1
9. 6. 12	Costa Rica – El Salvador	2:2
13. 6. 12	Guyana – Costa Rica	0:4
13. 6. 12	El Salvador – Mexiko	1:2
8. 9. 12	El Salvador – Guyana	2:2
8. 9. 12	Costa Rica – Mexiko	0:2
12. 9. 12	Guyana – El Salvador	2:3
12. 9. 12	Mexiko – Costa Rica	1:0
13. 10. 12	Guyana – Mexiko	0:5
13. 10. 12	El Salvador – Costa Rica	0:1
17. 10. 12	Mexiko – El Salvador	2:0
17. 10. 12	Costa Rica – Guyana	7:0

1. Mexiko	6	15:2	18
2. Costa Rica	6	14:5	10
3. El Salvador	6	8:11	5
4. Guyana	6	5:24	1

Gruppe 3

8. 6. 12	Kuba – Kanada	0:1
9. 6. 12	Honduras – Panama	0:2
13. 6. 12	Kanada – Honduras	0:0
13. 6. 12	Panama – Kuba	1:0
7. 9. 12	Kuba – Honduras	0:3
8. 9. 12	Kanada – Panama	1:0
12. 9. 12	Panama – Kanada	2:0
12. 9. 12	Honduras – Kuba	1:0
13. 10. 12	Kanada – Kuba	3:0
13. 10. 12	Panama – Honduras	0:0
16. 10. 12	Kuba – Panama	1:1
16. 10. 12	Honduras – Kanada	8:1

1. Honduras	6	12:3	11
2. Panama	6	6:2	11
3. Kanada	6	6:10	10
4. Kuba	6	1:10	1

4. Runde

6. 2. 13	Honduras – USA	2:1
7. 2. 13	Panama – Costa Rica	2:2
7. 2. 13	Mexiko – Jamaika	0:0
22. 3. 13	Honduras – Mexiko	2:2
23. 3. 13	Jamaika – Panama	1:1
23. 3. 13	USA – Costa Rica	1:0
27. 3. 13	Panama – Honduras	2:0
27. 3. 13	Costa Rica – Jamaika	2:0
27. 3. 13	Mexiko – USA	0:0
5. 6. 13	Jamaika – Mexiko	0:1
8. 6. 13	Jamaika – USA	1:2
8. 6. 13	Costa Rica – Honduras	1:0
8. 6. 13	Panama – Mexiko	0:0
12. 6. 13	Mexiko – Costa Rica	0:0
12. 6. 13	Honduras – Jamaika	2:0
12. 6. 13	USA – Panama	2:0
19. 6. 13	USA – Honduras	1:0
19. 6. 13	Costa Rica – Panama	2:0
7. 9. 13	Mexiko – Honduras	1:2
7. 9. 13	Costa Rica – USA	3:1
7. 9. 13	Panama – Jamaika	0:0
11. 9. 13	Jamaika – Costa Rica	1:1
11. 9. 13	USA – Mexiko	2:0
11. 9. 13	Honduras – Panama	2:2
11. 10. 13	Honduras – Costa Rica	1:0
12. 10. 13	USA – Jamaika	2:0
12. 10. 13	Mexiko – Panama	2:1
16. 10. 13	Costa Rica – Mexiko	2:1
16. 10. 13	Panama – USA	2:3
16. 10. 13	Jamaika – Honduras	2:2

1. USA	10	15:8	22
2. Costa Rica	10	13:7	18
3. Honduras	10	13:12	15
4. Mexiko	10	7:9	11
5. Panama	10	10:14	8
6. Jamaika	10	5:13	5

Play-offs

| 13. 11. 13 | Mexiko – Neuseeland | 5:1 |
| 20. 11. 13 | Neuseeland – Mexiko | 2:4 |

Asien

4 Teilnehmer

43 der 46 AFC-Mitglieder hatten gemeldet und stiegen gemäß Platzierung in der Weltrangliste zu unterschiedlichen Zeitpunkten in die Qualifikation ein, die in der 1. und 2. Runde im K.-o.-System ausgespielt wurde. Japan, Südkorea, Australien, Nordkorea und Bahrain hatten bis zur 3. Runde, die in fünf Vierergruppen ausgetragen wurde, ein Freilos. Die Sieger und Zweiten jeder Gruppe qualifizierten sich für die 4. Runde, die aus zwei Fünfergruppen bestand. Die Sieger und Zweiten beider Gruppen qualifizierten sich direkt für die WM 2014, die beiden Gruppendritten ermittelten den Teilnehmer an den Play-offs gegen den Fünften aus Südamerika.

1. Runde

29. 6. 11	Kambodscha – Laos	4:2
3. 7. 11	Laos – Kambodscha	n. V. 6:2
29. 6. 11	Nepal – Osttimor	2:1
2. 7. 11	Osttimor – Nepal	0:5
29. 6. 11	Sri Lanka – Philippinen	1:1
3. 7. 11	Philippinen – Sri Lanka	4:0
29. 6. 11	Mongolei – Myanmar	1:0
3. 7. 11	Myanmar – Mongolei	2:0
29. 6. 11	Afghanistan – Palästina	0:2
3. 7. 11	Palästina – Afghanistan	1:1
29. 6. 11	Bangladesch – Pakistan	3:0
3. 7. 11	Pakistan – Bangladesch	0:0
29. 6. 11	Vietnam – Macau	6:0
3. 7. 11	Macau – Vietnam	1:7
29. 6. 11	Malaysia – Taiwan	2:1
3. 7. 11	Taiwan – Malaysia	3:2

2. Runde

23. 7. 11	China – Laos	7:2
28. 7. 11	Laos – China	1:6
23. 7. 11	Thailand – Palästina	1:0
28. 7. 11	Palästina – Thailand	2:2
23. 7. 11	Singapur – Malaysia	5:3
28. 7. 11	Malaysia – Singapur	1:1
23. 7. 11	Turkmenistan – Indonesien	1:1
28. 7. 11	Indonesien – Turkmenistan	4:3
23. 7. 11	Usbekistan – Kirgisien	4:0
28. 7. 11	Kirgisien – Usbekistan	0:3
23. 7. 11	Libanon – Bangladesch	4:0
28. 7. 11	Bangladesch – Libanon	2:0
23. 7. 11	Iran – Malediven	4:0
28. 7. 11	Malediven – Iran	0:1
23. 7. 11	Oman – Myanmar	2:0
28. 7. 11	Myanmar – Oman	0:2
23. 7. 11	Jordanien – Nepal	9:0
28. 7. 11	Nepal – Jordanien	1:1
23. 7. 11	Ver. Arab. Emirate – Indien	3:0
28. 7. 11	Indien – Ver. Arab. Emirate	2:2
23. 7. 11	Irak – Jemen	2:0
28. 7. 11	Jemen – Irak	0:0
23. 7. 11	Syrien – Tadschikistan	0:3 gewertet
28. 7. 11	Tadschikistan – Syrien	3:0 gewertet
23. 7. 11	Katar – Vietnam	3:0
28. 7. 11	Vietnam – Katar	2:1
23. 7. 11	Kuwait – Philippinen	3:0
28. 7. 11	Philippinen – Kuwait	1:2
23. 7. 11	Saudi-Arabien – Hongkong	3:0
28. 7. 11	Hongkong – Saudi-Arabien	0:5

Zum zweiten Mal als Trainer bei einer WM: Jürgen Klinsmann betreute nach Deutschland 2006 diesmal die USA.

187

3. Runde

Gruppe A

2. 9. 11	China – Singapur			2:1
2. 9. 11	Irak – Jordanien			0:2
6. 9. 11	Singapur – Irak			0:2
6. 9. 11	Jordanien – China			2:1
11. 10. 11	Singapur – Jordanien			0:3
11. 10. 11	China – Irak			0:1
11. 11. 11	Irak – China			1:0
11. 11. 11	Jordanien – Singapur			2:0
15. 11. 11	Singapur – China			0:4
15. 11. 11	Jordanien – Irak			1:3
29. 2. 12	China – Jordanien			3:1
29. 2. 12	Irak – Singapur			7:1

1.	Irak	6	14:4	15
2.	Jordanien	6	11:7	12
3.	China	6	10:6	9
4.	Singapur	6	2:20	0

Gruppe B

2. 9. 11	Südkorea – Libanon			6:0
2. 9. 11	Ver. Arab. Emirate – Kuwait			2:3
6. 9. 11	Libanon – Ver. Arab. Emirate			3:1
6. 9. 11	Kuwait – Südkorea			1:1
11. 10. 11	Südkorea – Ver. Arab. Emirate			2:1
11. 10. 11	Libanon – Kuwait			2:2
11. 11. 11	Ver. Arab. Emirate – Südkorea			0:2
11. 11. 11	Kuwait – Libanon			0:1
15. 11. 11	Libanon – Südkorea			2:1
15. 11. 11	Kuwait – Ver. Arab. Emirate			2:1
29. 2. 12	Südkorea – Kuwait			2:0
29. 2. 12	Ver. Arab. Emirate – Libanon			4:2

1.	Südkorea	6	14:4	13
2.	Libanon	6	10:14	10
3.	Kuwait	6	8:9	8
4.	Vereinigte Arabische Emirate	6	9:14	3

Gruppe C

2. 9. 11	Japan – Nordkorea			1:0
2. 9. 11	Tadschikistan – Usbekistan			0:1
6. 9. 11	Nordkorea – Tadschikistan			1:0
6. 9. 11	Usbekistan – Japan			1:1
11. 10. 11	Nordkorea – Usbekistan			0:1
11. 10. 11	Japan – Tadschikistan			8:0
11. 11. 11	Tadschikistan – Japan			0:4
11. 11. 11	Usbekistan – Nordkorea			1:0
15. 11. 11	Nordkorea – Japan			1:0
15. 11. 11	Usbekistan – Tadschikistan			3:0
29. 2. 12	Tadschikistan – Nordkorea			1:1
29. 2. 12	Japan – Usbekistan			0:1

1.	Usbekistan	6	8:1	16
2.	Japan	6	14:3	10
3.	Nordkorea	6	3:4	7
4.	Tadschikistan	6	1:18	1

Gruppe D

2. 9. 11	Australien – Thailand			2:1
2. 9. 11	Oman – Saudi-Arabien			0:0
6. 9. 11	Thailand – Oman			3:0
6. 9. 11	Saudi-Arabien – Australien			1:3
11. 10. 11	Australien – Oman			3:0
11. 10. 11	Thailand – Saudi-Arabien			0:0
11. 11. 11	Oman – Australien			1:0
11. 11. 11	Saudi-Arabien – Thailand			3:0
15. 11. 11	Thailand – Australien			0:1
15. 11. 11	Saudi-Arabien – Oman			0:0
29. 2. 12	Australien – Saudi-Arabien			4:2
29. 2. 12	Oman – Thailand			2:0

1.	Australien	6	13:5	15
2.	Oman	6	3:6	8
3.	Saudi-Arabien	6	6:7	6
4.	Thailand	6	4:8	4

Gruppe E

2. 9. 11	Iran – Indonesien			3:0
2. 9. 11	Bahrain – Katar			0:0
6. 9. 11	Indonesien – Bahrain			0:2
6. 9. 11	Katar – Iran			1:1
11. 10. 11	Indonesien – Katar			2:3
11. 10. 11	Iran – Bahrain			6:0
11. 11. 11	Bahrain – Iran			1:1
11. 11. 11	Katar – Indonesien			4:0
15. 11. 11	Indonesien – Iran			1:4
15. 11. 11	Katar – Bahrain			0:0
29. 2. 12	Iran – Katar			2:2
29. 2. 12	Bahrain – Indonesien			10:0

1.	Iran	6	17:5	12
2.	Katar	6	10:5	10
3.	Bahrain	6	13:7	9
4.	Indonesien	6	3:26	0

4. Runde

Gruppe 1

3. 6. 12	Usbekistan – Iran			0:1
3. 6. 12	Libanon – Katar			0:1
8. 6. 12	Libanon – Usbekistan			1:1
8. 6. 12	Katar – Südkorea			1:4
12. 6. 12	Südkorea – Libanon			3:0
12. 6. 12	Iran – Katar			0:0
11. 9. 12	Usbekistan – Südkorea			2:2
11. 9. 12	Libanon – Iran			1:0
16. 10. 12	Katar – Usbekistan			0:1
16. 10. 12	Iran – Südkorea			1:0
14. 11. 12	Katar – Libanon			1:0
14. 11. 12	Iran – Usbekistan			0:1
26. 3. 13	Südkorea – Katar			2:1
26. 3. 13	Usbekistan – Libanon			1:0
4. 6. 13	Katar – Iran			0:1
4. 6. 13	Libanon – Südkorea			1:1
11. 6. 13	Südkorea – Usbekistan			1:0
11. 6. 13	Iran – Libanon			4:0
18. 6. 13	Usbekistan – Katar			5:1
18. 6. 13	Südkorea – Iran			0:1

1.	Iran	8	8:2	16
2.	Südkorea	8	13:7	14
3.	Usbekistan	8	11:6	14
4.	Katar	8	5:13	7
5.	Libanon	8	3:12	5

Gruppe 2

3. 6. 12	Japan – Oman			3:0
3. 6. 12	Jordanien – Irak			1:1
8. 6. 12	Japan – Jordanien			6:0
8. 6. 12	Oman – Australien			0:0
12. 6. 12	Australien – Japan			1:1
12. 6. 12	Irak – Oman			1:1
11. 9. 12	Japan – Irak			1:0
11. 9. 12	Jordanien – Australien			2:1
16. 10. 12	Oman – Jordanien			2:1
16. 10. 12	Irak – Australien			1:2
14. 11. 12	Oman – Japan			1:2
14. 11. 12	Irak – Jordanien			1:0
26. 3. 13	Australien – Oman			2:2
26. 3. 13	Jordanien – Japan			2:1
4. 6. 13	Australien – Jordanien			1:1
4. 6. 13	Oman – Irak			1:0
11. 6. 13	Australien – Jordanien			4:0
11. 6. 13	Oman – Japan			0:1
18. 6. 13	Australien – Irak			1:0
18. 6. 13	Jordanien – Oman			1:0

1.	Japan	8	16:5	17
2.	Australien	8	12:7	13
3.	Jordanien	8	7:16	10
4.	Oman	8	7:10	9
5.	Irak	8	4:8	5

Play-offs zur Ermittlung des Asien-Fünften

6. 9. 13	Jordanien – Usbekistan			1:1
10. 9. 13	Usbekistan – Jordanien n. V. 1:1, Elfm. 8:9			

Play-offs

13. 11. 13	Jordanien – Uruguay			0:5
21. 11. 13	Uruguay – Jordanien			0:0

OZEANIEN

Kein Teilnehmer
Die vier in der Weltrangliste am schlechtesten platzierten der elf OFC-Mitglieder spielten zunächst ein Turnier auf Samoa. Der Sieger nahm an der Ozea- nienmeisterschaft auf den Salomonen teil. Der Sieger qualifizierte sich für den Confederations Cup 2013, die vier Halbfinalisten ermittelten anschließend den Ozeanienvertreter, der gegen den Vierten aus Nord- und Mittelamerika Play-offs bestreiten musste.

1. Runde

23. 11. 11	Amerikanisch-Samoa – Tonga			2:1
23. 11. 11	Cook-Inseln – Samoa			2:3
25. 11. 11	Amerikanisch-Samoa – Cook-Inseln			1:1
25. 11. 11	Samoa – Tonga			1:1
27. 11. 11	Tonga – Cook-Inseln			2:1
27. 11. 11	Samoa – Amerikanisch-Samoa			1:0

1.	Samoa	3	5:3	7
2.	Tonga	3	4:4	4
3.	Amerikanisch-Samoa	3	3:3	4
4.	Cook-Inseln	3	4:6	1

Ozeanienmeisterschaft

Gruppe A

1. 6. 12	Samoa – Tahiti			1:10
1. 6. 12	Vanuatu – Neukaledonien			2:5
3. 6. 12	Vanuatu – Samoa			5:0
3. 6. 12	Tahiti – Neukaledonien			4:3
5. 6. 12	Neukaledonien – Samoa			9:0
5. 6. 12	Tahiti – Vanuatu			4:1

1.	Tahiti	3	18:5	9
2.	Neukaledonien	3	17:6	6
3.	Vanuatu	3	8:9	3
4.	Samoa	3	1:24	0

Gruppe B

2. 6. 12	Fidschi – Neuseeland			0:1
2. 6. 12	Salomonen – Papua-Neuguinea			1:0
4. 6. 12	Papua-Neuguinea – Neuseeland			1:2
4. 6. 12	Fidschi – Salomonen			0:0
6. 6. 12	Papua-Neuguinea – Fidschi			1:1
6. 6. 12	Neuseeland – Salomonen			1:0

1.	Neuseeland	3	4:2	7
2.	Salomonen	3	2:1	5
3.	Fidschi	3	1:2	2
4.	Papua-Neuguinea	3	2:4	1

Halbfinale

8. 6. 12	Tahiti – Salomonen			1:0
8. 6. 12	Neuseeland – Neukaledonien			0:2

Spiel um den 3. Platz

10. 6. 12	Salomonen – Neuseeland			3:4

Endspiel

10. 6. 12	Tahiti – Neukaledonien			1:0

Endrunde

7. 9. 12	Salomonen – Tahiti			2:0
7. 9. 12	Neukaledonien – Neuseeland			0:2
11. 9. 12	Tahiti – Neukaledonien			0:4
12. 9. 12	Salomonen – Neukaledonien			2:6
12. 10. 12	Tahiti – Neuseeland			0:2
16. 10. 12	Neuseeland – Tahiti			3:0
16. 10. 12	Neukaledonien – Salomonen			5:0
22. 3. 13	Neuseeland – Neukaledonien			2:1
23. 3. 13	Tahiti – Salomonen			2:1
26. 3. 13	Salomonen – Neuseeland			0:2
26. 3. 13	Neukaledonien – Tahiti			1:0

1.	Neuseeland	6	17:2	18
2.	Neukaledonien	6	17:6	12
3.	Tahiti	6	2:12	3
4.	Salomonen	6	5:21	3

Play-offs

13. 11. 13	Mexiko – Neuseeland			5:1
20. 11. 13	Neuseeland – Mexiko			2:4

Die Spiele der Endrunde 2014

Gruppe A

Brasilien – Kroatien			3:1 (1:1)
Mexiko – Kamerun			1:0 (0:0)
Brasilien – Mexiko			0:0
Kamerun – Kroatien			0:4 (0:1)
Kamerun – Brasilien			1:4 (1:2)
Kroatien – Mexiko			1:3 (0:0)
1. Brasilien	3	7:2	7
2. Mexiko	3	4:1	7
3. Kroatien	3	6:6	3
4. Kamerun	3	1:9	0

Gruppe B

Spanien – Niederlande			1:5 (1:1)
Chile – Australien			3:1 (2:1)
Australien – Niederlande			2:3 (1:1)
Spanien – Chile			0:2 (0:2)
Australien – Spanien			0:3 (0:1)
Niederlande – Chile			2:0 (0:0)
1. Niederlande	3	10:3	9
2. Chile	3	5:3	6
3. Spanien	3	4:7	3
4. Australien	3	3:9	0

Gruppe C

Kolumbien – Griechenland			3:0 (1:0)
Elfenbeinküste – Japan			2:1 (0:1)
Kolumbien – Elfenbeinküste			2:1 (0:1)
Japan – Griechenland			0:0
Japan – Kolumbien			1:4 (1:1)
Griechenland – Elfenbeinküste			2:1 (1:0)
1. Kolumbien	3	9:2	9
2. Griechenland	3	2:4	4
3. Elfenbeinküste	3	4:5	3
4. Japan	3	2:6	1

Gruppe D

Uruguay – Costa Rica			1:3 (1:0)
England – Italien			1:2 (1:1)
Uruguay – England			2:1 (1:0)
Italien – Costa Rica			0:1 (0:1)
Italien – Uruguay			0:1 (0:0)
Costa Rica – England			0:0
1. Costa Rica	3	4:1	7
2. Uruguay	3	4:4	6
3. Italien	3	2:3	3
4. England	3	2:4	1

Gruppe E

Schweiz – Ecuador			2:1 (0:1)
Frankreich – Honduras			3:0 (1:0)
Schweiz – Frankreich			2:5 (0:3)
Honduras – Ecuador			1:2 (1:1)
Honduras – Schweiz			0:3 (0:2)
Ecuador – Frankreich			0:0
1. Frankreich	3	8:2	7
2. Schweiz	3	7:6	6
3. Ecuador	3	3:3	4
4. Honduras	3	1:8	0

Gruppe F

Argentinien – Bosnien-Herzegowina			2:1 (1:0)
Iran – Nigeria			0:0
Argentinien – Iran			1:0 (0:0)
Nigeria – Bosnien-Herzegowina			1:0 (1:0)
Nigeria – Argentinien			2:3 (1:2)
Bosnien-Herzegowina – Iran			3:1 (1:0)
1. Argentinien	3	6:3	9
2. Nigeria	3	3:3	4
3. Bosnien-Herzegowina	3	4:4	3
4. Iran	3	1:4	1

Gruppe G

Deutschland – Portugal			4:0 (3:0)
Ghana – USA			1:2 (0:1)
Deutschland – Ghana			2:2 (0:0)
USA – Portugal			2:2 (1:0)
USA – Deutschland			0:1 (0:0)
Portugal – Ghana			2:1 (1:0)
1. Deutschland	3	7:2	7
2. USA	3	4:4	4
3. Portugal	3	4:7	4
4. Ghana	3	4:6	1

Gruppe H

Belgien – Algerien			2:1 (0:1)
Russland – Südkorea			1:1 (0:0)
Belgien – Russland			1:0 (0:0)
Südkorea – Algerien			2:4 (0:3)
Südkorea – Belgien			0:1 (0:0)
Algerien – Russland			1:1 (0:1)
1. Belgien	3	4:1	9
2. Algerien	3	6:5	4
3. Russland	3	2:3	2
4. Südkorea	3	3:6	1

Achtelfinale

Brasilien – Chile	i. E. 3:2
Kolumbien – Uruguay	2:0 (1:0)
Niederlande – Mexiko	2:1 (0:0)
Costa Rica – Griechenland	i. E. 5:3
Frankreich – Nigeria	2:0 (0:0)
Deutschland – Algerien	n. V. 2:1
Argentinien – Schweiz	n. V. 1:0
Belgien – USA	n. V. 2:1

Viertelfinale

Frankreich – Deutschland	0:1 (0:1)
Brasilien – Kolumbien	2:1 (1:0)
Argentinien – Belgien	1:0 (1:0)
Niederlande – Costa Rica	i. E. 4:3

Halbfinale

Brasilien – Deutschland	1:7 (0:5)
Niederlande – Argentinien	i. E. 2:4

Spiel um Platz 3

Brasilien – Niederlande	0:3 (0:2)

Finale

Deutschland – Argentinien	n. V. 1:0

Zwei Baumeister des vierten Titelgewinns: Bundestrainer Joachim Löw (links) und Nationalmannschafts-Manager Oliver Bierhoff.

Ekstase im Maracana: André Schürrle, Thomas Müller und Benedikt Höwedes (von links) feiern den Torschützen Mario Götze.

Bisherige Weltmeisterschaften

1930 Uruguay, 13.–30. 7.

Gruppe 1:	1. Argentinien	10:4	6-0
	2. Chile	5:3	4-2
	3. Frankreich	4:3	2-4
	4. Mexiko	4:13	0-6
Gruppe 2:	1. Jugoslawien	6:1	4-0
	2. Brasilien	5:2	2-2
	3. Bolivien	0:8	0-4
Gruppe 3:	1. Uruguay	5:0	4-0
	2. Rumänien	3:5	2-2
	3. Peru	1:4	0-4
Gruppe 4:	1. USA	6:0	4-0
	2. Paraguay	1:3	2-2
	3. Belgien	0:4	0-4

Endrunde:	Argentinien – USA	6:1
	Uruguay – Jugoslawien	6:1
Endspiel:	**Uruguay – Argentinien**	**4:2**

1934 Italien, 24. 5.–10. 6.

Qualifikation:	USA – Mexiko	4:2
Achtelfinale:	Österreich – Frankreich	3:2 n.V.
	Ungarn – Ägypten	4:2
	Brasilien – Spanien	1:3
	Italien – USA	7:1
	Deutschland – Belgien	5:2
	Argentinien – Schweden	2:3
	Niederlande – Schweiz	2:3
	CSR – Rumänien	2:1
Viertelfinale:	Österreich – Ungarn	2:1
	Spanien – Italien	1:1 n.V
	Spanien – Italien	0:1
	Deutsch. – Schweden	2:1
	Schweiz – CSR	2:3
Halbfinale:	Österreich – Italien	0:1
	Deutschland – CSR	1:3
Um Platz 3:	Deutschland – Österreich	3:2
Endspiel:	**Italien – CSR**	**2:1 n.V.**

1938 Frankreich, 4.–19. 6.

Achtelfinale:	Italien – Norwegen	2:1 n.V.
	Frankreich – Belgien	3:1
	Brasilien – Polen	6:5 n.V.
	CSR – Niederlande	3:0 n.V.
	Deutschland – Schweiz	1:1 n.V.
	Deutschland – Schweiz	2:4
	Ungarn – Niederl. Ind.	6:0
	Kuba – Rumänien	3:3 n.V.
	Kuba – Rumänien	2:1

Österr. – Schweden fand nicht statt

Viertelfinale:	Frankreich – Italien	1:3
	Brasilien – CSR	1:1 n.V.
	Brasilien – CSR	2:1
	Schweiz – Ungarn	0:2
	Schweden – Kuba	8:0
Halbfinale:	Italien – Brasilien	2:1
	Ungarn – Schweden	5:1
Um Platz 3:	Brasilien – Schweden	4:2
Endspiel:	**Italien – Ungarn**	**4:2**

1950 Brasilien, 25. 6.–16. 7.

Gruppe 1:	1. Brasilien	8:2	5-1
	2. Jugoslawien	7:3	4-2
	3. Schweiz	4:6	3-3
	4. Mexiko	2:10	0-6
Gruppe 2:	1. Spanien	6:1	6-0
	2. England	2:2	2-4
	3. Chile	5:6	2-4
	4. USA	4:8	2-4
Gruppe 3:	1. Schweden	5:4	3-1
	2. Italien	4:3	2-2
	3. Paraguay	2:4	1-3
Gruppe 4:	1. Uruguay	8:0	2-0
	2. Bolivien	0:8	0-2
Endrunde:	**1. Uruguay**	**7:5**	**5-1**
	2. Brasilien	**14:4**	**4-2**
	3. Schweden	**6:11**	**2-4**
	4. Spanien	**4:11**	**1-5**

1954 Schweiz, 16. 6.–4. 7.

Gruppe 1:	1. Brasilien	6:1	3-1
	2. Jugoslawien	2:1	3-1
	3. Frankreich	3:3	2-2
	4. Mexiko	2:8	0-4
Gruppe 2:	1. Ungarn	17:3	4-0
	2. Deutschland	7:9	2-2
	3. Türkei	8:4	2-2
	4. Südkorea	0:16	0-4

Entscheidung um Platz 2:
Deutschland – Türkei 7:2

Gruppe 3:	1. Uruguay	9:0	4-0
	2. Österreich	6:0	4-0
	3. CSR	0:7	0-4
	4. Schottland	0:8	0-4
Gruppe 4:	1. England	6:4	3-1
	2. Schweiz	2:3	2-2
	3. Italien	5:3	2-2
	4. Belgien	5:8	1-3

Entscheidung um Platz 2:
Schweiz – Italien 4:1

Der 1. und 2. kamen weiter

Viertelfinale:	Uruguay – England	4:2
	Schweiz – Österreich	5:7
	Deutschland – Jugoslaw.	2:0
	Ungarn – Brasilien	4:2
Halbfinale:	Deutschland – Österreich	6:1
	Ungarn – Uruguay	4:2 n.V.
Um Platz 3:	Österreich – Uruguay	3:1
Endspiel:	**Deutschland – Ungarn**	**3:2**

1958 Schweden, 8.–29. 6.

Gruppe 1:	1. Deutschland	7:5	4-2
	2. Nordirland	4:5	3-3
	3. CSSR	8:4	3-3
	4. Argentinien	5:10	2-4

Entscheidung um Platz 2:
Nordirland – CSSR 2:1 n.V.

Gruppe 2:	1. Frankreich	11:7	4-2
	2. Jugoslawien	7:6	4-2
	3. Paraguay	9:12	3-3
	4. Schottland	4:6	1-5
Gruppe 3:	1. Schweden	5:1	5-1
	2. Wales	2:2	3-3
	3. Ungarn	6:3	3-3
	4. Mexiko	1:8	1-5

Entscheidung um Platz 2:
Wales – Ungarn 2:1

Gruppe 4:	1. Brasilien	5:0	5-1
	2. UdSSR	4:4	3-3
	3. England	4:4	3-3
	4. Österreich	2:7	1-5

Entscheidung um Platz 2:
UdSSR – England 1:0

Der 1. und 2. kamen weiter

Viertelfinale:	Deutschland – Jugoslawien	1:0
	Schweden – UdSSR	2:0
	Frankreich – Nordirland	4:0
	Brasilien – Wales	1:0
Halbfinale:	Schweden – Deutschland	3:1
	Brasilien – Frankreich	5:2
Um Platz 3:	Frankreich – Deutschland	6:3
Endspiel:	**Schweden – Brasilien**	**2:5**

1962 Chile, 30. 5.–17. 6.

Gruppe A:	1. UdSSR	8:5	5-1
	2. Jugoslawien	8:3	4-2
	3. Uruguay	4:6	2-4
	4. Kolumbien	5:11	1-5
Gruppe B:	1. Deutschland	4:1	5-1
	2. Chile	5:3	4-2
	3. Italien	3:2	3-3
	4. Schweiz	2:8	2-6
Gruppe C:	1. Brasilien	4:1	5-1
	2. CSSR	2:3	3-3
	3. Mexiko	3:4	2-4
	4. Spanien	2:3	2-4
Gruppe D:	1. Ungarn	8:2	5-1
	2. England	4:3	3-3
	3. Argentinien	2:3	3-3
	4. Bulgarien	1:7	1-5

Der 1. und 2. kamen weiter

Viertelfinale:	Chile – UdSSR	2:1
	Deutschland – Jugoslawien	0:1
	Brasilien – England	3:1
	Ungarn – CSSR	0:1
Halbfinale:	Chile – Brasilien	2:4
	CSSR – Jugoslawien	3:1
Um Platz 3:	Chile – Jugoslawien	1:0
Endspiel:	**Brasilien – CSSR**	**3:1**

1966 England, 11.–30. 7.

Gruppe A:	1. England	4:0	5-1
	2. Uruguay	2:1	4-2
	3. Mexiko	1:3	2-4
	4. Frankreich	2:5	1-5
Gruppe B:	1. Deutschland	7:1	5-1
	2. Argentinien	4:1	5-1
	3. Spanien	4:5	2-4
	4. Schweiz	1:9	0-6
Gruppe C:	1. Portugal	9:2	6-0
	2. Ungarn	7:5	4-2
	3. Brasilien	4:6	2-4
	4. Bulgarien	1:8	0-6
Gruppe D:	1. UdSSR	6:1	6-0
	2. Nordkorea	2:4	3-3
	3. Italien	2:2	2-4
	4. Chile	2:5	1-5

Der 1. und 2. kamen weiter

Viertelfinale:	England – Argentinien	1:0
	Deutschland – Uruguay	4:0
	Portugal – Nordkorea	5:3
	UdSSR – Ungarn	2:1
Halbfinale:	Deutschland – UdSSR	2:1
	England – Portugal	2:1
Um Platz 3:	Portugal – UdSSR	2:1
Endspiel:	**England – Deutschland**	**4:2 n.V.**

1970 Mexiko, 31. 5.–21. 6.

Gruppe 1:	1. UdSSR	6:1	5-1
	2. Mexiko	5:0	5-1
	3. Belgien	4:5	2-4
	4. El Salvador	0:9	0-6
Gruppe 2:	1. Italien	1:0	4-2
	2. Uruguay	2:1	3-3
	3. Schweden	2:2	3-3
	4. Israel	1:3	2-4
Gruppe 3:	1. Brasilien	8:3	6-0
	2. England	2:1	4-2
	3. Rumänien	4:5	2-4
	4. CSSR	2:7	0-6
Gruppe 4:	1. Deutschland	10:4	6-0
	2. Peru	7:5	4-2
	3. Bulgarien	5:9	1-5
	4. Marokko	2:6	1-5

Der 1. und 2. kamen weiter

Viertelfinale:	UdSSR – Uruguay	0:1 n.V.
	Italien – Mexiko	4:1
	Brasilien – Peru	4:2
	Deutschland – England	3:2 n.V.
Halbfinale:	Deutschland – Italien	3:4 n.V.
	Brasilien – Uruguay	3:1
Um Platz 3:	Deutschland – Uruguay	1:0
Endspiel:	**Brasilien – Italien**	**4:1**

1974 Deutschland, 13. 6.–7. 7.

1. Finalrunde:

Gruppe 1:	1. DDR	4:1	5-1
	2. Deutschland	4:1	4-2
	3. Chile	1:2	2-4
	4. Australien	0:5	1-5
Gruppe 2:	1. Jugoslawien	10:1	4-2
	2. Brasilien	3:0	4-2
	3. Schottland	3:1	4-2
	4. Zaire	0:14	0-6
Gruppe 3:	1. Niederlande	6:1	5-1
	2. Schweden	3:0	4-2
	3. Bulgarien	2:5	2-4
	4. Uruguay	1:6	1-5
Gruppe 4:	1. Polen	12:3	6-0
	2. Argentinien	7:5	3-3
	3. Italien	5:4	3-3
	4. Haiti	2:14	0-6

Der 1. und 2. kamen weiter

2. Finalrunde:

Gruppe A:	1. Niederlande	8:0	6-0
	2. Brasilien	3:3	4-2
	3. DDR	1:4	1-5
	4. Argentinien	2:7	1-5
Gruppe B:	1. Deutschland	7:2	6-0
	2. Polen	3:2	4-2
	3. Schweden	4:6	2-4
	4. Jugoslawien	2:6	0-6

Um Platz 3:	Polen – Brasilien	1:0
Endspiel:	**Deutschland – Niederlande**	**2:1**

1978 Argentinien, 1. 6.–25. 6.

1. Finalrunde:

Gruppe 1:	1. Italien	6:2	6-0
	2. Argentinien	4:3	4-2
	3. Frankreich	5:5	2-4
	4. Ungarn	3:8	0-6
Gruppe 2:	1. Polen	4:1	5-1
	2. Deutschland	6:0	4-2
	3. Tunesien	3:2	3-3
	4. Mexiko	2:12	0:6
Gruppe 3:	1. Österreich	3:2	4-2
	2. Brasilien	2:1	4-2
	3. Spanien	2:2	3-3
	4. Schweden	1:3	1-5
Gruppe 4:	1. Peru	7:2	5-1
	2. Niederlande	5:3	3-3
	3. Schottland	5:6	3-3
	4. Iran	2:8	1-5

Der 1. und 2. kamen weiter

2. Finalrunde:

Gruppe A:	1. Niederlande	9:4	5-1
	2. Italien	2:2	3-3
	3. Deutschland	4:5	2-4
	4. Österreich	4:8	2-4

STATISTIK

Gruppe B:	1. Argentinien	8:0	5-1
	2. Brasilien	6:1	5-1
	3. Polen	2:5	2-4
	4. Peru	0:10	0-6
Um Platz 3:	Brasilien – Italien	2:1	
Endspiel:	**Argentinien – Niederlande 3:1 n.V.**		

1982 Spanien, 13. 6.–11. 7.

Gruppe 1:	1. Polen	5:1	4-2
	2. Italien	2:2	3-3
	3. Kamerun	1:1	3-3
	4. Peru	2:6	2-4
Gruppe 2:	1. Deutschland	6:3	4-2
	2. Österreich	3:1	4-2
	3. Algerien	5:5	4-2
	4. Chile	3:8	0-6
Gruppe 3:	1. Belgien	3:1	5-1
	2. Argentinien	6:2	4-2
	3. Ungarn	12:6	3-3
	4. El Salvador	1:13	0-6
Gruppe 4:	1. England	6:1	6-0
	2. Frankreich	6:5	3-3
	3. CSSR	2:4	2-4
	4. Kuwait	2:6	1-5
Gruppe 5:	1. Nordirland	2:1	4-2
	2. Spanien	3:3	3-3
	3. Jugoslawien	2:2	3-3
	4. Honduras	2:3	2-4
Gruppe 6:	1. Brasilien	10:2	6-0
	2. UdSSR	6:4	3-3
	3. Schottland	8:8	3-3
	4. Neuseeland	2:12	0-6

Finalrunde:

Gruppe A:	1. Polen	3:0	3-1
	2. UdSSR	1:0	3-1
	3. Belgien	0:4	0-4
Gruppe B:	1. Deutschland	2:1	3-1
	2. England	0:0	2-2
	3. Spanien	1:2	1-3
Gruppe C:	1. Italien	5:3	4-0
	2. Brasilien	5:4	2-2
	3. Argentinien	2:5	0-4
Gruppe D:	1. Frankreich	5:1	4-0
	2. Österreich	2:3	1-3
	3. Nordirland	3:6	1-3
Halbfinale:	Polen – Italien	0:2	
	Deutschl. – Frankreich	3:3 n.V.	
		5:4 im Elfmeterschießen	
Um Platz 3:	Polen – Frankreich	3:2	
Endspiel:	**Italien – Deutschland**	**3:1**	

1986 Mexiko, 31. 5.–29. 6.

Gruppe A:	1. Argentinien	6:2	5-1
	2. Italien	5:4	4-2
	3. Bulgarien	2:4	2-4
	4. Südkorea	4:7	1-5
Gruppe B:	1. Mexiko	4:2	5-1
	2. Paraguay	4:3	4-2
	3. Belgien	5:5	3-3
	4. Irak	1:4	0-6
Gruppe C:	1. UdSSR	9:1	5-1
	2. Frankreich	5:1	5-1
	3. Ungarn	2:9	2-4
	4. Kanada	0:5	0-6
Gruppe D:	1. Brasilien	5:0	6-0
	2. Spanien	5:2	4-2
	3. Nordirland	2:6	1-5
	4. Algerien	1:5	1-5
Gruppe E:	1. Dänemark	9:1	6-0
	2. Deutschland	3:4	3-3
	3. Uruguay	2:7	2-4
	4. Schottland	1:3	1-5
Gruppe F:	1. Marokko	3:1	4-2
	2. England	3:1	3-3
	3. Polen	1:3	3-3
	4. Portugal	2:4	2-4

Der 1. und 2. sowie die vier besten Gruppendritten kamen weiter.

Achtelfinale:	Mexiko – Bulgarien	2:0
	UdSSR – Belgien	3:4 n.V.
	Brasilien – Polen	4:0
	Argentinien – Uruguay	1:0
	Italien – Frankreich	0:2
	Marokko – Deutschl.	0:1
	England – Paraguay	3:0
	Dänemark – Spanien	1:5
Viertelfinale:	Brasilien – Frankreich	1:1 n.V.
		3:4 im Elfmeterschießen
	Deutschland – Mexiko	0:0 n.V.
		4:1 im Elfmeterschießen
	Argentinien – England	2:1
	Spanien – Belgien	1:1 n.V.
		4:5 im Elfmeterschießen
Halbfinale:	Frankreich – Deutschl.	0:2
	Argentinien – Belgien	2:0
Um Platz 3:	Frankreich – Belgien	4:2 n.V.
Endspiel:	**Argentinien – Deutschland**	**3:2**

1990 Italien, 9. 6.–8. 7.

Gruppe A:	1. Italien	4:0	6-0
	2. CSFR	6:3	4-2
	3. Österreich	2:3	2-4
	4. USA	2:8	0-6
Gruppe B:	1. Kamerun	3:5	4-2
	2. Rumänien	4:3	3-3
	3. Argentinien	3:2	3-3
	4. UdSSR	4:4	2-4
Gruppe C:	1. Brasilien	4:1	6-0
	2. Costa Rica	3:2	4-2
	3. Schottland	2:3	2-4
	4. Schweden	3:6	0-6
Gruppe D:	1. Deutschland	10:3	5-1
	2. Jugoslawien	6:5	4-2
	3. Kolumbien	3:2	3-3
	4. Ver.Ar.Emirate	2:11	0-6
Gruppe E:	1. Spanien	5:2	5-1
	2. Belgien	6:3	4-2
	3. Uruguay	2:3	3-3
	4. Südkorea	1:6	0-6
Gruppe F:	1. England	2:1	4-2
	2. Irland	2:2	3-3
	3. Niederlande	2:2	3-3
	4. Ägypten	1:2	2-4

Der 1. und 2. sowie die vier besten Gruppendritten kamen weiter.

Achtelfinale:	Kamerun – Kolumbien	2:1 n.V.
	CSFR – Costa Rica	4:1
	Brasilien – Argentinien	0:1
	Deutschland – Niederlande	2:1
	Irland – Rumänien	0:0 n.V.
		5:4 im Elfmeterschießen
	Italien – Uruguay	2:0
	Spanien – Jugoslawien	1:2 n.V.
	England – Belgien	1:0 n.V.
Viertelfinale:	Argentinien – Jugosl.	0:0 n.V.
		3:2 im Elfmeterschießen
	Irland – Italien	0:1
	CSFR – Deutschland	0:1
	Kamerun – England	2:3 n.V.
Halbfinale:	Argentinien – Italien	1:1 n.V.
		4:3 im Elfmeterschießen
	Deutschland – England	1:1 n.V.
		4:3 im Elfmeterschießen
Um Platz 3:	Italien – England	2:1
Endspiel:	**Deutschland – Argentinien 1:0**	

1994 USA, 17. 6.–17. 7.

Gruppe A:	1. Rumänien	5:5	6
	2. Schweiz	5:4	4
	3. USA	3:3	4
	4. Kolumbien	4:5	3
Gruppe B:	1. Brasilien	6:1	7
	2. Schweden	6:4	5
	3. Rußland	7:6	3
	4. Kamerun	3:11	1
Gruppe C:	1. Deutschland	5:3	7
	2. Spanien	6:4	5
	3. Südkorea	4:5	2
	4. Bolivien	1:4	1
Gruppe D:	1. Nigeria	6:2	6
	2. Bulgarien	6:3	6
	3. Argentinien	6:3	6
	4. Griechenland	0:10	0
Gruppe E:	1. Mexiko	3:3	4
	2. Irland	2:2	4
	3. Italien	2:2	4
	4. Norwegen	1:1	4
Gruppe F:	1. Niederlande	4:3	6
	2. Saudi-Arabien	4:3	6
	3. Belgien	2:1	6
	4. Marokko	2:5	0

Der 1. und 2. sowie die vier besten Gruppendritten kamen weiter.

Achtelfinale:	Deutschland – Belgien	3:2
	Spanien – Schweiz	3:0
	Rumänien – Argentinien	3:2
	Saudi-Ara. – Schweden	1:3
	Brasilien – USA	1:0
	Niederlande – Irland	2:0
	Nigeria – Italien	1:2 n.V.
	Mexiko – Bulgarien	1:1 n.V.
		1:3 im Elfmeterschießen
Viertelfinale:	Italien – Spanien	2:1
	Niederlande – Brasilien	2:3
	Rumänien – Schweden	2:2 n.V.
		4:5 im Elfmeterschießen
	Bulgarien – Deutschland	2:1
Halbfinale:	Bulgarien – Italien	1:2
	Schweden – Brasilien	0:1
Um Platz 3:	Schweden – Bulgarien	4:0
Endspiel:	**Brasilien – Italien**	**0:0 n.V.**
		3:2 im Elfmeterschießen

1998 Frankreich, 10. 6.–12. 7.

Gruppe A:	1. Brasilien	6:3	6
	2. Norwegen	5:4	5
	3. Marokko	5:5	4
	4. Schottland	2:6	1
Gruppe B:	1. Italien	7:3	7
	2. Chile	4:4	3
	3. Österreich	3:4	2
	4. Kamerun	2:5	2
Gruppe C:	1. Frankreich	9:1	9
	2. Dänemark	3:3	4
	3. Südafrika	3:6	2
	4. Saudi-Arabien	2:7	1
Gruppe D:	1. Nigeria	5:5	9
	2. Paraguay	3:1	5
	3. Spanien	8:4	4
	4. Bulgarien	1:7	1
Gruppe E:	1. Niederlande	7:2	5
	2. Mexiko	7:5	5
	3. Belgien	3:3	3
	4. Südkorea	2:9	1
Gruppe F:	1. Deutschland	6:2	7
	2. Jugoslawien	4:2	7
	3. Iran	2:4	3
	4. USA	1:5	0
Gruppe G:	1. Rumänien	4:2	7
	2. England	5:2	6
	3. Kolumbien	1:3	3
	4. Tunesien	1:4	1
Gruppe H:	1. Argentinien	7:0	9
	2. Kroatien	4:2	6
	3. Jamaika	3:9	3
	4. Japan	1:3	0
Achtelfinale:	Italien – Norwegen	1:0
	Brasilien – Chile	4:1
	Frankreich – Paraguay	1:0 n.V.
	Nigeria – Dänemark	1:4
	Deutschland – Mexiko	2:1
	Niederlande – Jugoslawien	2:1
	Rumänien – Kroatien	0:1
	Argentinien – England	2:2 n.V.,
		4:3 im Elfmeterschießen
Viertelfinale:	Italien – Frankreich	0:0 n.V.
		3:4 im Elfmeterschießen
	Brasilien – Dänemark	3:2
	Niederlande – Argentinien	2:1
	Deutschland – Kroatien	0:3
Halbfinale:	Brasilien – Niederlande	1:1 n.V.
		4:2 im Elfmeterschießen
	Frankreich – Kroatien	2:1
Um Platz 3:	Kroatien – Niederlande	2:1
Endspiel:	**Frankreich – Brasilien**	**3:0**

Letzter WM-Titel eines Gastgebers: Zinedine Zidane (ganz rechts) brachte mit seinem Kopfball zum 1:0 Frankreich gegen Brasilien auf die Siegerstraße.

Der entthronte Rekordmann: Ronaldo, hier nach dem Titelgewinn 2002, wurde beim Turnier in Brasilien nicht nur seinen Nimbus als bester WM-Torschütze los, sondern erlebte als TV-Kommentator auch das blamable Aus der »Selecao«.

2002 Südkorea/Japan, 31. 5.–30. 6.

Gruppe A:	1. Dänemark	5:2	7
	2. Senegal	5:4	5
	3. Uruguay	4:5	2
	4. Frankreich	0:3	1
Gruppe B:	1. Spanien	9:4	9
	2. Paraguay	6:6	4
	3. Südafrika	5:5	4
	4. Slowenien	2:7	0
Gruppe C:	1. Brasilien	11:3	9
	2. Türkei	5:3	4
	3. Costa Rica	5:6	4
	4. China	0:9	0
Gruppe D:	1. Südkorea	4:1	7
	2. USA	5:6	4
	3. Portugal	6:4	3
	4. Polen	3:7	3
Gruppe E:	1. Deutschland	11:1	7
	2. Irland	5:2	5
	3. Kamerun	2:3	4
	4. Saudi-Arabien	0:12	0
Gruppe F:	1. Schweden	4:3	5
	2. England	2:1	5
	3. Argentinien	2:2	4
	4. Nigeria	1:3	1
Gruppe G:	1. Mexiko	4:2	7
	2. Italien	4:3	4
	3. Kroatien	2:3	3
	4. Ecuador	2:4	3
Gruppe H:	1. Japan	5:2	7
	2. Belgien	6:5	5
	3. Russland	4:4	3
	4. Tunesien	1:5	1
Achtelfinale:	Deutschland – Paraguay	1:0	
	Dänemark – England	0:3	
	Schweden – Senegal	1:2 i. V.	
	durch »Golden Goal«		
	Spanien – Irland	1:1 n. V.	
	(3:2 im Elfm.)		
	Mexiko – USA	0:2	
	Brasilien – Belgien	2:0	
	Japan – Türkei	0:1	
	Südkorea – Italien	2:1 i. V.	
	durch »Golden Goal«		
Viertelfinale:	England – Brasilien	1:2	
	Deutschland – USA	1:0	
	Spanien – Südkorea	0:0 n. V.	
	(3:5 im Elfm.)		
	Senegal – Türkei	0:1 i. V.	
	durch »Golden Goal«		
Halbfinale:	Deutschland – Südkorea	1:0	
	Brasilien – Türkei	1:0	
Um Platz 3:	Südkorea – Türkei	2:3	
Endspiel:	**Deutschland – Brasilien**	**0:2**	

2006 Deutschland, 9. 6.–9. 7.

Gruppe A:	1. Deutschland	8:2	9
	2. Ecuador	5:3	6
	3. Polen	2:4	3
	4. Costa Rica	3:9	0
Gruppe B:	1. England	5:2	7
	2. Schweden	3:2	5
	3. Paraguay	2:2	3
	4. Trinidad & Tobago	0:4	1
Gruppe C:	1. Argentinien	8:1	7
	2. Niederlande	3:1	7
	3. Elfenbeinküste	5:6	3
	4. Serbien-Montenegro	2:10	0
Gruppe D:	1. Portugal	5:1	9
	2. Mexiko	4:3	4
	3. Angola	1:2	2
	4. Iran	2:6	1
Gruppe E:	1. Italien	5:1	7
	2. Ghana	4:3	6
	3. Tschechien	3:4	3
	4. USA	2:6	1
Gruppe F:	1. Brasilien	7:1	9
	2. Australien	5:5	4
	3. Kroatien	2:3	2
	4. Japan	2:7	1
Gruppe G:	1. Schweiz	4:0	7
	2. Frankreich	3:1	5
	3. Südkorea	3:4	4
	4. Togo	1:6	0
Gruppe H:	1. Spanien	8:1	9
	2. Ukraine	5:4	6
	3. Tunesien	3:6	1
	4. Saudi-Arabien	2:7	1
Achtelfinale:	Deutschland – Schweden	2:0	
	Argentinien – Mexiko	2:1 n. V.	
	England – Ecuador	1:0	
	Portugal – Niederlande	1:0	
	Italien – Australien	1:0	
	Schweiz – Ukraine	0:3 n. V, i. E.	
	Brasilien – Ghana	3:0	
	Spanien – Frankreich	1:3	
Viertelfinale:	Deutschland – Argentinien	n. V. 1:1, i. E. 4:2	
	Italien – Ukraine	3:0	
	England – Portugal	n. V. 0:0, i. E. 1:3	
	Brasilien – Frankreich	0:1	
Halbfinale:	Deutschland – Italien	n. V. 0:2	
	Portugal – Frankreich	0:1	
Um Platz 3:	Deutschland – Portugal	3:1	
Endspiel:	**Italien – Frankreich**	**n. V., i. E. 5:3**	

2010 Südafrika, 11. 6.–11. 7.

Gruppe A:	1. Uruguay	4:0	7
	2. Mexiko	3:2	4
	3. Südafrika	3:5	4
	4. Frankreich	1:4	1
Gruppe B:	1. Argentinien	7:1	9
	2. Südkorea	5:6	4
	3. Griechenland	2:5	3
	4. Nigeria	3:5	1
Gruppe C:	1. USA	4:3	5
	2. England	2:1	5
	3. Slowenien	3:3	4
	4. Algerien	0:2	1
Gruppe D:	1. Deutschland	5:1	6
	2. Ghana	2:2	4
	3. Australien	3:6	4
	4. Serbien	2:3	3
Gruppe E:	1. Niederlande	5:1	9
	2. Japan	4:2	6
	3. Dänemark	3:6	3
	4. Kamerun	2:5	0
Gruppe F:	1. Paraguay	3:1	5
	2. Slowakei	4:5	4
	3. Neuseeland	2:2	3
	4. Italien	4:5	2
Gruppe G:	1. Brasilien	5:2	7
	2. Portugal	7:0	5
	3. Elfenbeinküste	4:3	4
	4. Nordkorea	1:12	0
Gruppe H:	1. Spanien	4:2	6
	2. Chile	3:2	6
	3. Schweiz	1:1	4
	4. Honduras	0:3	1
Achtelfinale:	Uruguay – Südkorea	2:1	
	USA – Ghana	n. V. 1:2	
	Deutschland – England	4:1	
	Argentinien – Mexiko	3:1	
	Niederlande – Slowakei	2:1	
	Brasilien – Chile	3:0	
	Paraguay – Japan	n. V. 0:0, n. E. 5:3	
	Spanien – Portugal	1:0	
Viertelfinale:	Niederlande – Brasilien	2:1	
	Uruguay – Ghana	n. V. 1:1, i. E. 4:2	
	Argentinien – Deutschland	0:4 (0:1)	
	Paraguay – Spanien	0:1 (0:0)	
Halbfinale:	Uruguay – Niederlande	2:3	
	Deutschland – Spanien	0:1	
Um Platz 3:	Uruguay – Deutschland	2:3	
Endspiel:	**Niederlande – Spanien**	**n. V. 0:1**	

192

Alle Torjäger seit 1930

1930
- Guillermo Stabile (Argentinien) — 8
- Cea (Uruguay) — 5
- Subiabre (Chile) — 4

1934
- Oldrich Nejedly (Tschechoslowakei) — 5
- Angelo Schiavio (Italien) — 4
- Edmund Conen (Deutschland) — 4

1938
- Leonidas da Silva (Brasilien) — 8
- Gyula Zsengeller (Ungarn) — 7
- Silvio Piola (Italien) — 5

1950
- Ademir (Brasilien) — 9
- Juan A. Schiaffino (Uruguay) — 5
- E. Basora (Spanien) — 5

1954
- Sandor Kocsis (Ungarn) — 11
- Max Morlock (Deutschland) — 6
- Josef Hügi (Schweiz) — 6

1958
- Just Fontaine (Frankreich) — 13
- Pelé (Brasilien) — 6
- Helmut Rahn (Deutschland) — 6

1962
- Valentin Iwanow (UdSSR) — 4
- Leonel Sanchez (Chile) — 4
- Garrincha (Brasilien) — 4
- Vava (Brasilien) — 4
- Florian Albert (Ungarn) — 4
- Dranzan Jerkovic (Jugoslawien) — 4

1966
- Eusebio (Portugal) — 9
- Helmut Haller (Deutschland) — 6
- Geoff Hurst (England) — 4
- Franz Beckenbauer (Deutschland) — 4
- Valerij Porkujan (UdSSR) — 4
- Ferenc Bene (Ungarn) — 4

1970
- Gerd Müller (Deutschland) — 10
- Jairzinho (Brasilien) — 7
- Teofilo Cubillas (Peru) — 5

1974
- Grzegorz Lato (Polen) — 7
- Amdrzej Starmach (Polen) — 5
- Johannes Neeskens (Holland) — 5

1978
- Mario Kempes (Argentinien) — 6
- Teofilo Cubillas (Peru) — 5
- Rob Rensenbrink (Holland) — 5

1982
- Paolo Rossi (Italien) — 6
- K.-H. Rummenigge (Deutschland) — 5
- Zbigniew Boniek (Polen) — 4

1986
- Gary Lineker (England) — 6
- Emilio Butragueno (Spanien) — 5
- Careca (Brasilien) — 5
- Diego Maradona (Argentinien) — 5

1990
- Salvatore Schillaci (Italien) — 6
- Thomas Skuhravy (CSSR) — 5
- Michel (Spanien) — 4
- Roger Milla (Kamerun) — 4
- Gary Lineker (England) — 4
- Lothar Matthäus (Deutschland) — 4

1994
- Christo Stoitschkow (Bulgarien) — 6
- Oleg Salenko (Rußland) — 6
- Romario (Brasilien) — 5
- Jürgen Klinsmann (Deutschland) — 5
- Roberto Baggio (Italien) — 5
- Kennet Andersson (Schweden) — 5

1998
- Davor Suker (Kroatien) — 6
- Christian Vieri (Italien) — 5
- Gabriel Batistuta (Argentinien) — 5
- Ronaldo (Brasilien) — 4
- Marcelo Salas (Chile) — 4
- Luis Hernandez (Mexiko) — 4

2002
- Ronaldo (Brasilien) — 8
- Rivaldo (Brasilien) — 5
- Miroslav Klose (Deutschland) — 5
- Jon Dahl Tomasson (Dänemark) — 4
- Christian Vieri (Italien) — 4

2006
- Miroslav Klose (Deutschland) — 5
- Hernán Crespo (Argentinien) — 3
- Maximiliano Rodriguez (Argentinien) — 3
- Ronaldo (Brasilien) — 3
- Lukas Podolski (Deutschland) — 3
- Thierry Henry (Frankreich) — 3
- Zinedine Zidane (Frankreich) — 3
- Fernando Torres — 3
- David Villa (Spanien) — 3

2010
- Thomas Müller (Deutschland) — 5
- Wesley Sneijder (Niederlande) — 5
- David Villa (Spanien) — 5
- Diego Forlan (Uruguay) — 5
- Gonzalo Higuaín (Argentinien) — 4
- Miroslav Klose (Deutschland) — 4
- Robert Vittek (Slowakei) — 4

2014
- James (Kolumbien) — 6
- Thomas Müller (Deutschland) — 5
- Lionel Messi (Argentinien) — 4
- Neymar (Brasilien) — 4
- Robin van Persie (Niederlande) — 4
- Karim Benzema (Frankreich) — 3
- Arjen Robben (Niederlande) — 3
- André Schürrle (Deutschland) — 3
- Xherdan Shaqiri (Schweiz) — 3
- Enner Valencia (Ecuador) — 3

Der neue Rekordmann: Miroslav Klose feierte bei seiner vierten WM-Teilnahme einen ganz persönlichen Triumph und ist nun mit 16 Treffern bester Torschütze der WM-Geschichte.

Tore und Zuschauer bei WM-Turnieren

Jahr	Ausrichter	Sp.	Tore	Schnitt	Zuschauer	Schnitt	Torschützenkönig	
1930	Uruguay	18	70	3,89	434 500	24 139	Stabile (Argentinien)	8
1934	Italien	17	70	4,12	395 000	23 235	Nejedly (Tschechoslowakei)	5
1938	Frankreich	18	84	4,67	483 000	26 833	Leonidas (Brasilien)	8
1950	Brasilien	22	88	4,00	1 337 000	60 773	Ademir (Brasilien)	9
1954	Schweiz	26	140	5,38	943 000	36 269	Kocsis (Ungarn)	11
1958	Schweden	35	126	3,60	868 000	24 800	Fontaine (Frankreich)	13
1962	Chile	32	89	2,78	776 000	24 250	Sechs Spieler*	je 4
1966	England	32	89	2,78	1 614 677	50 459	Eusebio (Portugal)	9
1970	Mexiko	32	95	2,97	1 673 975	52 312	G. Müller (Deutschland)	10
1974	Deutschland	38	97	2,55	1 744 022	46 685	Lato (Polen)	7
1978	Argentinien	38	102	2,68	1 610 215	42 374	Kempes (Argentinien)	6
1982	Spanien	52	146	2,80	1 856 277	35 698	Rossi (Italien)	6
1986	Mexiko	52	132	2,54	2 407 431	46 297	Lineker (England)	6
1990	Italien	52	115	2,21	2 517 348	48 411	Schillaci (Italien)	6
1994	USA	52	141	2,71	3 568 567	68 626	Stoitschkow (Bulgarien)**	6
1998	Frankreich	64	171	2,67	2 868 446	44 814	Suker (Kroatien)	6
2002	Korea/Japan	64	161	2,52	2 705 566	42 274	Ronaldo (Brasilien)	8
2006	Deutschland	64	147	2,30	3 353 655	52 401	Klose (Deutschland)	5
2010	Südafrika	64	145	2,27	3 178 856	49 670	Müller (Deutschland)***	5
2014	Brasilien	64	171	2,67	3 429 873	53 592	James (Kolumbien)	6

*Je vier Tore erzielten: Garrincha, Vava (beide Brasilien), Sanchez (Chile), Jerkovic (Jugoslawien), Iwanow (UdSSR) und Albert (Ungarn).
**Ebenfalls sechs Tore erzielte Oleg Salenko (Russland). ***Ebenfalls fünf Tore: Sneijder (Niederlande), Villa (Spanien), Forlan (Uruguay).